山东社会科学院出版资助项目

克罗斯兰
社会主义思想及影响研究

钟丽丽 著

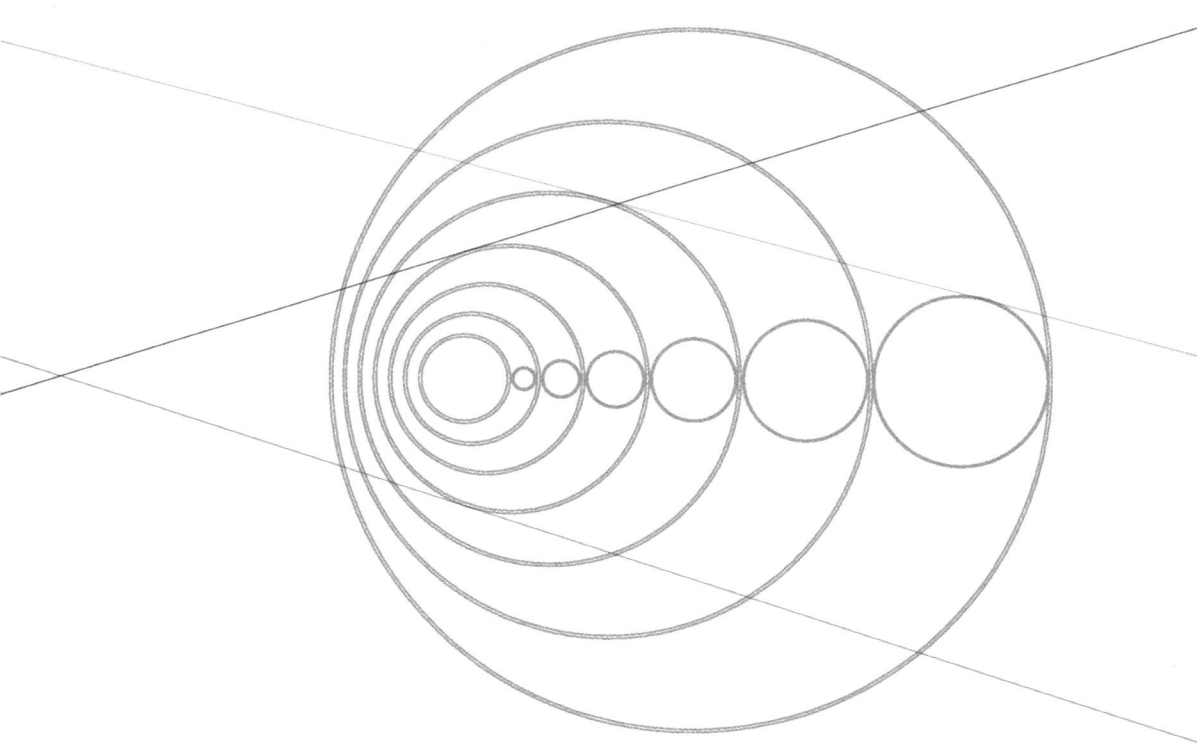

中国社会科学出版社

图书在版编目（CIP）数据

克罗斯兰社会主义思想及影响研究 / 钟丽丽著 . —北京：中国社会科学出版社，2023.11
ISBN 978 – 7 – 5227 – 2755 – 4

Ⅰ.①克… Ⅱ.①钟… Ⅲ.①克罗斯兰—社会主义—政治思想—研究 Ⅳ.①D095.61②D091.6

中国国家版本馆 CIP 数据核字（2023）第 224860 号

出 版 人	赵剑英
责任编辑	田　文
责任校对	张爱华
责任印制	王　超

出　　版	中国社会科学出版社
社　　址	北京鼓楼西大街甲 158 号
邮　　编	100720
网　　址	http://www.csspw.cn
发 行 部	010 – 84083685
门 市 部	010 – 84029450
经　　销	新华书店及其他书店

印　　刷	北京明恒达印务有限公司
装　　订	廊坊市广阳区广增装订厂
版　　次	2023 年 11 月第 1 版
印　　次	2023 年 11 月第 1 次印刷

开　　本	710 × 1000　1/16
印　　张	14.25
插　　页	2
字　　数	220 千字
定　　价	75.00 元

凡购买中国社会科学出版社图书，如有质量问题请与本社营销中心联系调换
电话：010 – 84083683
版权所有　侵权必究

前　　言

　　第二次世界大战后，经济上，英国进入了"丰裕社会"，工人阶级生活水平逐步提高，可见的社会差距缩小，社会群体趋于稳定。政治上，工党首次组建多数党政府，建立了福利国家，实行了国有化，取得了一定的成就。但之后工党连续两次竞选失败，国有化的弊端也开始显现。而共识政治的出现则意味着保守党与工党政府在意识形态和经济、社会政策方面趋同，这使得社会主义和资本主义的界限不像过去那样明确了，社会主义对传统资本主义的批判也几乎过时了，社会主义本身的目标也需要重新检视。正是在这样的背景下，以克罗斯兰为代表的修正主义者提出了新的社会和经济制度分析。

　　克罗斯兰是工党卓越的修正主义者，是英国民主社会主义的标志性人物。他关于资本主义新变化的"后资本主义"论和关于福利与平等的新社会主义观使其成为西欧民主社会主义思想的主要来源之一，其所处的时空方位和其思想理论在工党政治思想史上承上启下的地位也使他在工党的战后转型过程中堪称中坚。但是，国内关于这样一位在工党历史上，特别是工党政治思想发展史上的重要人物的研究却很少。国外关于克罗斯兰的研究相对来说较多，但研究者多是工党的理论家、政治家，或与克罗斯兰关系比较密切的人，囿于其立场，多对克罗斯兰溢美而少批判，也缺少关于克罗斯兰思想产生的背景及发展轨迹的研究成果。

　　本研究以国内外已有研究成果为基础，遵循"背景—内容—影响—评价"这一逻辑顺序，对克罗斯兰的社会主义思想进行了较为全面和深入的研究。第一章在简单介绍了克罗斯兰的生平和著述之后，分析了克罗斯兰社会主义思想形成的时代背景、理论渊源和现实参照。第二章根据发展历程将其社会主义思想分为20世纪30—40年代的初步形成时期、50—60年代初的成熟时期以及60年代末到70年代的晚期反思时期。第三章介绍了克罗斯兰社会主义思想的主要内容，包括作为其社会主义思想逻辑起点的"后资本主义"论，作为其社会主义思想本质的平等观，实现社会主义的手段，对国有化、计划化的再认识，温和渐进的政治策略以及独具特色的文化观。第四章和第五章分析了克罗斯兰社会主义思想对20世纪50年代以来的工党和工党政府的影响。根据工党发展的历史演变，将工党的发展划分为20世纪50—70年代和80年代以来工党现代化两个阶段，并分别分析了在这两个发展阶段中克罗斯兰对工党以及工党政府的影响。第六章分析了克罗斯兰社会主义思想的合理性和局限性，并从科学社会主义的角度对其进行了客观评价，这一部分这也是全书的落脚点。基于以上内容，本书主要阐述和论证了以下观点和结论。

首先，克罗斯兰社会主义思想的产生是多方面因素共同作用的结果。克罗斯兰虽出身于中产阶级家庭，但其父母都是利物浦兄弟会会员，崇尚简单的宗教仪式和活动，信仰"上帝眼中众生皆平等"，这种平等主义对克罗斯兰产生了深刻的影响。英国国内和国际的时代变迁也影响和塑造了克罗斯兰的社会主义思想。除此之外，伯恩施坦的经典修正主义和英国工党所特有的修正主义也都促成了克罗斯兰社会主义思想的产生。凯恩斯主义为克罗斯兰修正所有制理论提供了经济理论支持，马克思主义学者洛拉也对克罗斯兰重新认识资本主义起到了重要作用。美国和瑞典社会政治的变革也为克罗斯兰社会主义思想的形成提供了现实参考。

其次，克罗斯兰社会主义思想的内容是多方面、立体式的。他基于英国资本主义社会发生的新变化，提出了"后资本主义"论。以此作为逻辑起点和理论前提，他重新界定了社会主义的价值目标——福利与平等，并区分了社会主义的目标与手段，改变了以往人们以所有制判定社会性质的标准，认为国有化只是实现社会主义的手段之一，计划化也不是社会主义的核心特征和属性。他提倡私人生活中的自由和快乐、强调文化价值的社会责任的文化观也给人耳目一新的感觉。他提出通过改革教育、改变消费观念、改革税收制度以及重新分配财产和企业内部的权力和地位等措施实现社会主义。虽然克罗斯兰的目标很激进，但在实现策略方面，他又是温和而渐进的，这主要体现在他对待税收改革、教育改革和民主政治的态度方面。

再次，根据工党自身的发展和政治思想的演进，将克罗斯兰社会主义思想对工党及工党政府的影响分为20世纪50—70年代和80年代以来的工党现代化改革时期两大阶段。在第一阶段，克罗斯兰的社会主义思想日益成熟，加上他在威尔逊—卡拉汉政府中的任职经历，使得他在工党意识形态转型、党内左右翼之争、竞选策略以及教育和住房、社会保障、就业等社会政策方面直接影响了工党和工党政府。第二阶段包括80年代后期金诺克、史密斯领导的"政策反省"运动，布莱尔领导的"新工党"以及2012年艾德·米利班德提出的"全民国家"。通过分析，得出的结论是不管是承认还是否定，工党的每一步改变或转型都直接或者间接受到克罗斯兰社会主义思想的影响。

最后，克罗斯兰社会主义思想的最大贡献在于强调福利与平等的社会主义核心价值，区分了手段与目的，将国有化看作实现社会主义的手段之一。但他的思想也存在着局限性，其关于社会、经济和国家的分析还存在着缺陷与不足。这种缺陷和不足一方面来源于他对二战后英国的政治制度和机构过于乐观，另一方面源于其学术观点的内在弱点。此外，克罗斯兰的著作中很少提及性别、女性主义以及合法性和认同等议题，而正是这一系列议题影响了新左派并最终塑造了20世纪90年代"新工党"，这在一定程度上影响了克罗斯兰社会主义思想与当代的相关性，凸显出其思想的不足。

即便如此，克罗斯兰对于当下的工党政治仍然具有重要意义，原因在于他在主张将政治原则与政治权力结合起来的同时，还留下了一种在新社会中践行社会民主政治的方法论。一方面，他强调工党必须适应社会的变化，但政治原则和政治权力之间并没有内在的冲突，工党可以在不放弃核心信念的前提下，通过民主的竞选程序上台执政；另一方面，他主张制度手段与意识形态目的的分离，而且强调这是修正主义的必要条件。他认为工党必须永远以一个以阶级为基础的社会主义政党身份，又必须以一个真正无阶级社会的名义，成为全国性政党来赢得选民支持。他强调社会主义是一种道德事业，工党必须充分理解英国社会和文化变化的复杂性，并积极地接受和适应这些变化。

同时，我们也应清醒认识到克罗斯兰的民主社会主义与科学社会主义有着根本区别，是非科学的。在克罗斯兰看来，资本主义已经克服了固有矛盾，生产力提高，工人阶级生活水平和地位提高，不存在马克思所预言的阶级关系紧张和阶级矛盾尖锐。但实际上这些变化仅仅是资本主义制度框架内的变化，并不意味着资本主义生产关系、阶级关系的本质变化。他认为所有制不是决定社会性质的关键因素，以平等这一价值作为社会主义的目标，否定消灭生产资料私有制，认为只要社会主义的因素不断增长，就会逐步实现社会主义，是对马克思主义的背叛。

目　　录

导　论 …………………………………………………………（1）
　一　选题依据和研究意义 …………………………………（2）
　　（一）选题依据 …………………………………………（2）
　　（二）研究意义 …………………………………………（4）
　二　有关概念界定 …………………………………………（5）
　　（一）社会主义、社会民主主义和民主社会主义 ………（5）
　　（二）修正主义和改良主义 ……………………………（8）
　三　研究综述 ………………………………………………（10）
　　（一）国内外研究综述 …………………………………（10）
　　（二）研究现状评析 ……………………………………（29）
　四　研究思路与方法 ………………………………………（31）
　　（一）研究思路 …………………………………………（31）
　　（二）研究方法 …………………………………………（31）

第一章　克罗斯兰社会主义思想的形成 ……………………（33）
　一　克罗斯兰的生平与著述 ………………………………（33）
　二　克罗斯兰社会主义思想形成的背景 …………………（36）
　　（一）英国国内政治、经济和社会的新变化 …………（36）
　　（二）二战后欧洲的新格局 ……………………………（46）
　三　克罗斯兰社会主义思想的理论渊源 …………………（48）
　　（一）伯恩施坦修正主义的启发 ………………………（49）
　　（二）对工党修正主义传统的继承 ……………………（53）

（三）卢西恩·洛拉的影响 …………………………………（63）
（四）凯恩斯主义的影响 …………………………………（66）
四　美国和瑞典的政治实践对克罗斯兰社会主义思想的
　　影响 ………………………………………………………（69）
（一）美国资本主义的新发展影响了克罗斯兰对资本主义
　　　和社会主义的认识 …………………………………（70）
（二）瑞典的社会改革影响了克罗斯兰关于平等的看法 ……（73）
本章小结 …………………………………………………………（75）

第二章　克罗斯兰社会主义思想的发展历程 …………………（77）
一　初步形成时期 ………………………………………………（77）
二　成熟时期 ……………………………………………………（81）
三　晚期反思 ……………………………………………………（85）
（一）关于平等的思考 ……………………………………（86）
（二）关于经济增长的思考 ………………………………（88）
（三）对英国政治未来的思考 ……………………………（90）
本章小结 …………………………………………………………（91）

第三章　克罗斯兰社会主义思想的内容 ………………………（93）
一　克罗斯兰的"后资本主义"论 ……………………………（93）
（一）"后资本主义"论的提出 …………………………（94）
（二）"后资本主义"论对马克思主义的修正 …………（98）
（三）"后资本主义"论的意义和局限性 ………………（103）
二　克罗斯兰的福利观与平等观 ………………………………（105）
（一）克罗斯兰的福利观 …………………………………（106）
（二）克罗斯兰的平等观 …………………………………（108）
（三）克罗斯兰的福利和平等观的意义 …………………（111）
三　实现社会主义的手段 ………………………………………（112）
（一）改革私立教育，建立综合式教育体制 ……………（114）
（二）改变消费观念，促进合理消费 ……………………（115）

（三）改革税收制度，重新分配财产 ……………………（116）
　　（四）合理分配企业内部的权力和地位 …………………（117）
　四　重新认识社会主义经济问题 ………………………………（118）
　　（一）社会主义与国有化 …………………………………（118）
　　（二）社会主义与计划化 …………………………………（122）
　五　温和而渐进的政治策略 ……………………………………（124）
　六　独具特色的社会主义文化观 ………………………………（127）
　本章小结 …………………………………………………………（129）

第四章　克罗斯兰社会主义思想对 20 世纪 50—70 年代的工党及工党政府的影响 ……………………………（131）
　一　影响英国工党意识形态的转型 ……………………………（132）
　　（一）工党主流意识形态及党内修正主义的发展 ………（133）
　　（二）克罗斯兰社会主义思想对工党意识形态转型的
　　　　　影响 ……………………………………………………（135）
　二　影响工党内部的左右翼之争 ………………………………（137）
　　（一）克罗斯兰与 20 世纪 50—60 年代工党内部的
　　　　　左右翼之争 ……………………………………………（137）
　　（二）克罗斯兰与 20 世纪 70 年代工党内部的左右翼
　　　　　之争 ……………………………………………………（143）
　三　影响工党的竞选策略 ………………………………………（145）
　　（一）克罗斯兰竞选策略提出的背景 ……………………（146）
　　（二）克罗斯兰竞选策略的内容及对工党竞选策略的
　　　　　影响 ……………………………………………………（148）
　四　影响工党政府的社会政策 …………………………………（152）
　　（一）教育政策 ……………………………………………（153）
　　（二）住房政策 ……………………………………………（156）
　本章小结 …………………………………………………………（158）

第五章 克罗斯兰社会主义思想对20世纪80年代以来工党现代化的影响 ……………………………（160）

一 克罗斯兰社会主义思想对20世纪80年代工党现代化的影响 …………………………………………（160）
（一）20世纪70年代末工党左翼重新崛起 ……………（160）
（二）"政策反省"运动的兴起 …………………………（162）
（三）"政策反省"是对克罗斯兰社会主义思想的继承与发展 ……………………………………………（165）

二 克罗斯兰社会主义思想对"新工党"的影响 …………（167）
（一）"新工党"新理念的提出 …………………………（167）
（二）"新工党"对克罗斯兰社会主义思想的继承 ……（171）
（三）"蓝色工党"对"新工党"的批评与布莱尔主义者的反击 ……………………………………（174）

三 克罗斯兰社会主义思想对"全民国家"的影响 ………（180）
（一）"全民国家"的提出 ………………………………（180）
（二）"全民国家"对克罗斯兰社会主义思想的继承和批判 ……………………………………………（181）

本章小结 ………………………………………………………（184）

第六章 克罗斯兰社会主义思想评析 ………………………（186）

一 克罗斯兰社会主义思想的合理性 ………………………（186）
（一）改变了工党对社会主义的认识 ……………………（186）
（二）促使工党重新认识社会主义与国有化之间的联系 …（187）

二 克罗斯兰社会主义思想的局限性 ………………………（188）
（一）对英国政治制度和机构过于乐观 …………………（189）
（二）学术观点具有内在弱点 ……………………………（189）

三 应客观评价克罗斯兰的社会主义思想 …………………（192）
（一）影响英国社会民主主义思想的发展 ………………（192）
（二）影响战后欧洲其他社会党的选择 …………………（193）
（三）对当下工党政治仍具有重要意义 …………………（194）

（四）从科学社会主义的角度看克罗斯兰社会主义思想的
非科学性 …………………………………………………（196）

附录1　克罗斯兰年表 ……………………………………（200）

附录2　克罗斯兰的著作 …………………………………（201）

参考文献 ……………………………………………………（202）

后　记 ………………………………………………………（215）

导　　论

在英国近代以来政治历史的重要节点上，最具天赋的政治家们往往会对政党的未来发展方向产生决定性影响。工党前内阁大臣、重要的政治人物和社会主义理论家、《社会主义的未来》一书的作者克罗斯兰就是这样一位人物。他的社会主义思想在工党意识形态转型过程中起着承上启下的作用，对第二次世界大战后工党身份和学说的重塑起到了关键性作用，也是欧洲民主社会主义思想的主要来源之一，在欧洲民主社会主义的发展史上具有阶段性意义。

当今世界已经发生剧烈变化，特别是自20世纪90年代"新工党"和2010年艾德·米利班德领导工党以来，工党的学说和政治轨迹变化深刻。2015年杰里米·科尔宾在党内胜出，预示着工党从社会民主主义的退化，也促使党内温和派开始反思中左派政治，重申工党应作为执政党进行社会改革，以切实提高劳动人民的生活水平，而不仅仅是权力边缘化的反对党。在这一过程中，克罗斯兰与当代工党仍具有相关性，其丰富的民主社会主义思想和因时而变的修正主义策略仍是工党不竭的思想源泉和动力，因为他不仅对社会结构变化进行了缜密的分析，还有着强烈的道德信念，希望英国可以建设成为一个更公平、更平等的社会。此外，在进行学术分析的同时，他也为工党制定了可行的策略目标和政策，而不是无法实践的空想方案。在克罗斯兰看来，工党的策略目标非常明确，就是如何使工党在快速变化的世界里通过民主选举过程获得政治权力。他对于工党代表谁、如何适应新的现实有着合理的观点，认为工党要赢得选举，就必须广泛呼吁全国人民，形成英国政治中新的进步联盟。克罗斯兰身上的这些特质使得他的思想对于现如今的工党和欧洲民主社会主义仍具有警醒和借鉴意义。

自1997年工党取得议会多数党的胜利已过去二十多年，自2008年金融危机也已过去了十多年，工党现在仍面临着执政上台的压力。因此，有必要对克罗斯兰的思想遗产进行全面的考察，从中总结工党可以借鉴的经验。正如雷迪斯所说："我们周围的世界在变化。如果要重新评估（克罗斯兰），那无疑就是现在。"[①]

一 选题依据和研究意义

（一）选题依据

克罗斯兰是英国工党著名的思想家、政治家，代表作是《社会主义的未来》[②]，这本书被誉为英国左派里程碑式的文本，最充分地表达了他关于社会主义的哲学。克罗斯兰的社会主义思想对英国和欧洲民主社会主义的发展、对工党和工党政府政治思想的发展具有重要的意义。他的"后资本主义"论和社会主义就是福利与平等的论断使其思想成为欧洲民主社会主义思想的主要来源之一，对20世纪50年代工党内部政治辩论的性质至关重要，甚至90年代工党内部的争论仍反映了很多他的思想。对于党内右派，克罗斯兰的著作曾经是，现在仍然是可以把他们团结在一起的旗帜。可以这样说，在考察欧洲和英国民主社会主义发展史、英国修正主义、政党意识形态、工党政治思想、工党内部党派纷争时，克罗斯兰都是一个绕不过去的名字。而作为工党内部少有的将理论与实践结合起来的领袖，克罗斯兰曾担任过内阁经济事务部大臣、教育科技部大臣，曾竞选过党的领袖，去世前官至外交大臣，因此他的理论也深刻地影响了工党政府的教育、住房等社会政策。

---

① Giles. Radice, *In Praise of Revisionism: The Social Democratic Challenge Today*, Lecture at Policy Network, 14 May 2007. See Patrick Diamond, *The Crosland Legacy: The Future of British Social Democracy*, Bristol: Policy Press, 2016, p. Ⅸ.

② 以下简称《未来》。

英国学术界对克罗斯兰一直保持着很高的研究热情。在保守党大获全胜不久后的1981年,伦纳德和利普塞就合作编辑了《社会主义的议程:克罗斯兰的遗产》一书。1997年2月13日,费边社和《经济学人》联合举办了纪念克罗斯兰逝世20周年的追悼会。同年,大卫·雷斯曼出版了两本书,分别考察了克罗斯兰的平等观和混合经济观。[①] 1999年,伦纳德编辑出版了《克罗斯兰和"新工党"》一书,以期解决"新工党"是否背离了民主社会主义传统的争论。马丁·弗朗西斯和马克·威克汉姆-琼斯分别著文考察了克罗斯兰对20世纪八九十年代工党现代化进程的影响。[②] 继克罗斯兰的妻子苏珊为其写了一本传记之后,凯文·杰弗里斯与贾尔斯·雷迪斯又分别于2000年和2003年出版了两本关于克罗斯兰的传记。[③] 克罗斯兰的代表作《未来》一书自1956年出版以来,先后于1964年和2006年两次再版。2016年帕特里克·戴蒙德出版了《克罗斯兰的遗产:英国社会民主主义的未来》一书,从克罗斯兰的平等观、自由进步主义、竞选策略等方面介绍了克罗斯兰的民主社会主义思想,并从工党现代化的角度考察了克罗斯兰的思想遗产。

但与此同时,关于克罗斯兰及《未来》的争论一直未曾停息。一方面,《未来》可被视为历史悠久的欧洲修正社会主义传统中的一部重要著作,它维持并更新了激进主义;另一方面,它也可以被理解为对社会主义这一传统的背离,因为这是英国社会主义内部第一次认为社会主义已经获得了最重要的胜利,其他的也触手可及了。而对于克罗斯兰与"新工党"的关系,学者们的看法也迥异。以哈特斯利为代表的一派认为布莱尔政府已经抛弃了民主社会主义,不再致力于创造一个更平等的

[①] David Reisman, *Crosland's Future: Opportunity and Outcome*, Macmillan Press Ltd., 1997; David Reisman, *Anthony Crosland: The Mixed Economy*, Macmillan, 1997.

[②] Martin Francis, "Mr. Gaitskell's Ganymede: Reassessing Crosland's The Future of Socialism", *Contemporary British History*, Volume 11 (2), 1997; Mark Wickham-Jones, "The Future of Socialism and New Labour: An Appraisal", *The Political Quarterly*, No. 2, 2007.

[③] Susan Crosland, *Tony Crosland*, London: Jonathan Cape, 1982; Kevin Jeffreys, *Anthony Crosland: A New Biography*, London: John Blake, 1999; Giles Radice, *Friends and Rivals: Crosland, Jenkins and Healey*, London: Abacus, 2003.

英国社会，实际上也就抛弃了克罗斯兰；而以迪克·伦纳德和戈登·布朗为代表的另一派则认为克罗斯兰会认可"新工党"的有限干预主义，并从核心价值观方面论证了"新工党"对克罗斯兰民主社会主义的相承性，二者不同的只是政策偏好和实现手段。

国内关于克罗斯兰的研究才刚刚起步，直到2011年才有了《未来》一书的中译本，目前还没有关于克罗斯兰社会主义思想整体性、专门性的研究，只有关于克罗斯兰社会主义思想的某一方面的研究，如彭远的博士学位论文考察了克罗斯兰的所有制思想，以之为研究对象的研究成果也很少，缺乏系统性的、有深度的研究。因此，对克罗斯兰的社会主义思想进行全面的介绍，分析其思想形成的背景，挖掘其对第二次世界大战后英国工党的意识形态、执政策略和现代转型的影响，厘清其思想在工党政治思想、英国民主社会主义思想乃至整个欧洲民主社会主义思想史中的重要地位就显得极为必要和迫切。

（二）研究意义

现有研究表明，关于克罗斯兰的研究多集中于英国，且主要研究者多为工党政治家或学者，研究的内容也多关注克罗斯兰的社会主义观、克罗斯兰的思想与"新工党"之间的关系，缺乏全面性和系统性的阐释。而国内关于克罗斯兰的专门研究则很少，且多集中于对克罗斯兰的代表作《未来》一书的介绍和评价，基本不涉及克罗斯兰的其他著作。本课题力图综合已有的研究资料和成果，全面介绍克罗斯兰的社会主义观，挖掘其思想形成背后的社会、经济、政治因素，考量其对英国工党乃至欧洲民主社会主义的影响和意义。

研究克罗斯兰的思想具有重要的意义。

在西方，克罗斯兰是与凯恩斯、熊彼特齐名的三大民主社会主义理论家之一，是工党历史上著名的修正主义者。他的关于资本主义转型的"后资本主义"论和对社会主义价值目标的重新阐释使其思想成为欧洲民主社会主义理论的主要来源之一，也影响着工党意识形态的转型，对工党的竞选策略和工党政府的执政政策具有深远影响。但中国学术界关于这样一位在工党历史上和民主社会主义思想史上重要人物的研究却很少。因此，研究克罗斯兰的思想有利于进一步增进对英国工党数次意识形态的转型、社会政策的调整以及英国和整个欧洲民主社会主义发展的理解。

克罗斯兰最大的成就在于他基于英国资本主义社会发生的新变化，将社会主义重新界定为福利与平等这一价值目标。他区分了目标与手段，改变了以往人们以所有制来判定社会性质的标准，将国有化由传统认为的社会主义的本质特征"降级"为实现社会主义的手段之一，而计划化既不是社会主义的核心特征和属性，也不是社会主义同资本主义最直接的差别，只是确保资源合理配置的一种手段。他提倡混合经济，主张扩大社会支出以促进社会的平等。而在实现了社会主义的上述目标后，他又建议社会主义者应关注个人休闲自由和文化价值的社会责任这两个领域。此外，克罗斯兰不是空谈理论，他还是务实的实践者。他对传统社会主义的修正不是空想出来的，而是来自对当时英国现实的实证观察；他关于社会主义目标的实现手段也参考了美国和瑞典两国在实现经济、社会平等方面所取得的成就。而且，担任政府内阁大臣的经历也使得他有机会尝试和实践其社会主义主张。这些都为我们理解民主社会主义及实践提供了参考意义。

二 有关概念界定

不同语境中同一概念具有不同的含义，因此就文章中出现的几个概念作以下界定。

（一）社会主义、社会民主主义和民主社会主义

社会主义一词有着各种不同的含义和解释。从广义上来说，所有批判、反对资本主义的理论和学说都被称为"社会主义"。作为社会思潮的社会主义，从作为其起点的空想社会主义算起，已经有500多年的历

史；作为社会运动的社会主义，从19世纪40年代的欧洲革命算起，已经有170多年的历史；作为社会制度的社会主义，从俄国十月革命算起，也有100多年的历史。从狭义上来说，社会主义特指马克思主义的科学社会主义，其基本思想是"消灭私有制"，实现手段是"用暴力推翻全部现存的社会制度"。①

"社会民主主义"一词最早出现于1848年大革命时期。在19世纪40—60年代，社会民主主义具有不同的含义。这一时期的马克思、恩格斯除了自称为共产党人和共产主义者之外，也曾自称为社会民主党人或社会民主主义者。在他们看来，"社会民主主义共和国"就是无产阶级掌握政权的社会主义国家。法国和德国的激进民主主义者和小资产阶级社会主义者也提出建立社会民主共和国，虽然他们也表示要在进行民主革命的同时实行有利于无产阶级的社会改革，但并没有明确提出将全部生产资料收归社会所有和消灭剥削等要求。② 因此，虽然都自称为社会民主主义者，但由于政治倾向不同，其宣称的"社会民主主义"的内涵具有本质的不同。第二国际时期，社会民主主义等同于马克思主义科学社会主义，因为这一时期的"社会民主主义是革命的主义，是工人阶级解放的指导思想"③。第一次世界大战爆发后，欧洲多数国家的社会党背叛了第二国际反对帝国主义战争的决议，从而"也就背弃了革命的社会民主主义，使社会民主主义发生了质的变化"④，最终，它与列宁所代表的共产主义"成为国际公认运动中两大对立的意识形态和政治派别，社会民主主义也就成了修正主义、改良主义的同义词"⑤。为了攻击列宁的暴力革命与无产阶级专政的理论与实践，鼓吹自己的社会主义是民主的，他们有时也自称为民主社会主义者。这样，"民主社会主义就以突出反对共产主义和无产阶级专政为显著特征的概念，与社

---

① 《马克思恩格斯选集》第1卷，人民出版社2012年版，第416、435页。
② 高放主编：《当代世界社会主义新论》，云南人民出版社2002年版，第275页。
③ 胡瑾主编：《民主社会主义的由来与实质》，陕西人民出版社1994年版，第4页。
④ 胡瑾主编：《民主社会主义的由来与实质》，陕西人民出版社1994年版，第18页。
⑤ 高放主编：《当代世界社会主义新论》，云南人民出版社2002年版，第277页。

会民主主义一词相继流行开来"①。

作为社会民主党的意识形态和指导思想,民主社会主义作为一种理论体系正式形成的文件是1951年社会党国际成立大会上发表的《民主社会主义的目标和任务》,即《法兰克福宣言》。这一宣言确立了民主社会主义的基本理论框架,"正式把民主社会主义确立为社会党国际的思想体系的总称"②。1959年德国社会民主党哥德斯堡代表大会上通过的《哥德斯堡纲领》从伦理社会主义角度论证了民主社会主义,放弃了马克思主义的指导地位。东欧剧变后,许多共产党改名为社会党,提出以"民主社会主义"作为指导思想。为了改变社会党的不利地位,社会党国际十九大决定恢复使用社会民主主义。社会党和社会党国际先后使用的社会民主主义和民主社会主义两个名词的本质是一致的,它们的"目标仍然是对当代资本主义进行符合民主社会主义或社会民主主义原则的改良"③。

立场决定观点。虽然在我们看来,不管是民主社会主义还是社会民主主义,都不是马克思主义意义上的社会主义,而是修正主义和渐进的改良主义,他们的目的不是要推翻资本主义,而是甘做"资本主义病床前的护士"。但是在英国工党看来,他们的社会主义才是真正的社会主义,只有他们的社会主义才真正继承并发展了马克思主义,社会主义不是制度追求,而是价值追求,实现社会主义就是要实现福利、平等、公正等价值目标。

由此,本书中出现的"社会主义"指的是民主社会主义,题目中的"克罗斯兰社会主义思想"确切地说是克罗斯兰民主社会主义思想。虽然英国最早开始了第一次工业革命的进程,工人阶级占劳动人口的比例也很高,但由于英国独特的政治传统,马克思主义从未在英国这个工人阶级占主体的国家的意识形态中占据主流地位,也从未成为工人阶级的主要指导思想。因此,英国的社会主义从来都不是马克思的社会主

---

① 高放主编:《当代世界社会主义新论》,云南人民出版社2002年版,第277页。
② 高放主编:《当代世界社会主义新论》,云南人民出版社2002年版,第275页。
③ 赵明义、蒋锐、臧秀玲等:《中国特色社会主义与相关"主义"比较研究》,人民出版社2017年版,第396页。

义，而是糅合了费边主义、自由主义传统、渐进主义、经验主义等英国政治传统的社会主义。它只认同马克思主义对资本主义的批判意义和批判方法，主张以渐进、和平的方式改造资本主义，相信民主不仅是实现社会主义的途径和手段，还是社会主义的目的和形式，强调阶级合作和社会改良，关注社会经济领域的改革，回避对资本主义的制度替代。本书中的民主社会主义和社会民主主义可通用，是工党在不同阶段指导思想的不同表达，但其本质都是一致的。

此外，传统社会主义一般指的是苏联模式的社会主义，而本书中的"传统社会主义"指的是1918年工党党章"第四条"确立的以费边社会主义为主流地位的、逐渐成为几十年间工党正统意识形态的社会主义意识形态，并且这种意识形态在艾德礼政府的以国有化和福利国家为核心的社会改革中得到了延续与坚持。工党党章"第四条"宣布在生产资料、分配和交换领域实行公众管理和监督，并在分配领域实行公平分配，既表达了在生产、交换和分配领域的公有制诉求，还包括大众管理以及公平分配的思想。《工党和新社会秩序》中承诺的最低生活标准、充分就业、国有化、资本税与累进税、用直接税和国有化的成果为教育、住房、医疗保健等公共服务提供资金等目标诉求也都是社会主义愿望的多方面表达。因此，克罗斯兰社会主义思想中既有对马克思主义的修正，如"后资本主义"论，也有对工党费边社会主义意识形态的修正，如将国有化视为实现社会主义的手段之一而非目的和特征。

（二）修正主义和改良主义

修正的原意是修改，使正确。修正主义具有特定的含义，指在国际工人运动中打着马克思主义旗号，对马克思主义进行修正的资产阶级机会主义思潮，首先出现于19世纪90年代的德国社会民主党内，其社会基础是资本主义和平发展时期逐步形成起来的工人贵族阶层以及补充到工人阶级队伍中的小资产阶级[①]，代表人物是德国社会民主党的爱德

---

① https：//baike.baidu.com/item/%E4%BF%AE%E6%AD%A3%E4%B8%BB%E4%B9%89/199203？fr=aladdin。

华·伯恩施坦。当时，马克思主义已在国际工人运动中取得领导地位，伯恩施坦打着马克思主义的旗号，对马克思主义系统进行歪曲、篡改和否定。

在我国，修正主义一般指德国社会民主党人伯恩施坦在恩格斯去世后否定马克思主义的思想体系和基本原理，用资产阶级的思想体系对马克思主义进行的公然的、全面的修正。哲学方面，伯恩施坦否认辩证唯物主义和历史唯物主义；政治经济学方面，他攻击马克思的劳动价值论和剩余价值论，并在修正马克思哲学和经济学的基础之上批判了马克思的社会主义学说，鼓吹和平长入社会主义的观点。伯恩施坦认为应发展而不是摧毁资本主义民主制度，坚称现代制度可以在不发生巨变的情况下和平过渡到一种更高级的制度，民主则是实现社会主义这一高级制度的唯一手段和形式。19世纪末20世纪初，修正主义曾经风光无限，成为一种国际现象。

而在英国，修正主义一词的概念不那么精确，范围也要广泛得多。修正主义最初指的也是19世纪末伯恩施坦对马克思主义的修正，后其使用范围慢慢扩大，修正主义者"不仅被用来指代社会民主主义改革者，或幻灭的年轻共产主义者，还被用来指代共产主义体制的领导人"[1]。格林利夫也对修正主义作过界定，将修正主义定义为"某种重新解释教条的形式的同义词，而且这种解释达到了异端或背离的程度"[2]。和伯恩施坦根据欧洲资本主义发展的新变化而重新评估资本主义的社会、经济和政治一样，20世纪三四十年代的英国也开始出现类似的情况，工党的政治家和理论家开始认为资本主义已经不是之前的资本主义了，因此之前关于资本主义的旧观点已不适用了，应根据新的条件设计新的方案。而作为意识形态出现于五六十年代工党内部的修正主义就是这样一种趋势，它试图分析第二次世界大战后变化了的英国社会的经济和社会条件，重新阐述社会主义的原则，继而修正工党的政策。

---

[1] Leopold Labedz, *Revisionism*, Allen & Unwin, 1962, p. 9, quoted from Tudor Jones, *Remaking the Labour Party: From Gaitskell to Blair*, Routledge, 1996, p. 19.

[2] W. H. Greenleaf, *The British Political Tradition*. Vol. 2: The Ideological Heritage, Methuen, 1983, p. 475.

改良主义是一种试图以非革命手段解决资本主义社会矛盾的资产阶级和小资产阶级思潮。它宣扬阶级调和与合作，反对暴力革命和无产阶级专政，主张在不触动资本主义制度的前提下，实行微小的社会改良，通过法令和立法途径实行社会改革，变资本主义为"普遍福利"社会。从这一意义上说，修正主义也是一种改良主义，因此，伯恩施坦修正主义也被称为修正改良主义。

本书中的"修正主义"是宽泛意义上的修正主义，除了包括伯恩施坦的修正主义之外，还包括工党内部出现的对资本主义和社会主义的重新思考，包括克罗斯兰对马克思主义的修正以及对工党内部传统社会主义的修正，也包括后来被称为新修正主义事业的布莱尔领导的"新工党"对克罗斯兰修正社会主义思想的继承和发展。

三 研究综述

（一）国内外研究综述

综合国内外文献，涉及克罗斯兰的研究主要有两方面：一是关于欧洲社会主义、修正主义、欧洲社会民主党，尤其是英国工党的研究；二是关于克罗斯兰的专门研究。关于欧洲社会主义及其政党、修正主义和英国工党的研究中提到了克罗斯兰，这有助于我们从更广阔的视野认识并理解克罗斯兰的社会主义思想。作为工党的理论家和政治家，克罗斯兰社会主义思想的形成、发展与工党的意识形态变迁、执政实践密切相关，工党意识形态的变革和每一次现代转型在价值追求上都受到克罗斯兰社会主义观的影响，工党政府的很多社会政策也都直接体现了克罗斯兰的社会主义思想。而关于克罗斯兰的专门研究则从克罗斯兰的生平、思想、影响等诸多角度为我们全面了解克罗斯兰及其社会主义思想提供了丰富而又宝贵的资料。

1. 国内研究综述

国内学术界在研究欧洲社会主义、欧洲社会民主党，特别是研究英国政党政治思想、工党历史、工党意识形态以及社会主义观演变、工党修正主义和工党内部左右翼之争和工党的社会经济政策时，都会提到克罗斯兰的影响和作用，基本认为以克罗斯兰为代表的修正主义派既对工党"正统"社会主义意识形态提出了挑战，又影响了工党的现代化转型，其平等思想在社会民主主义思想发展史上也具有阶段性意义。

如张志洲、刘成都认可克罗斯兰是20世纪50年代工党内最有代表性的理论人物，他基于艾德礼政府后期国有化所体现出来的弊端以及战后英国社会出现的新变化，将社会主义意识形态的调整与变化了的现实联系起来，系统地重新论述了社会主义，将社会主义的目标重新界定为福利与平等，公有制只是实现社会主义的手段而不是目标。这一思潮对其后工党社会主义意识形态的变迁与转型具有开创性影响，直接引发了工党在坚持还是修改传统的社会主义目标问题上的激烈争论，并最终导致了1995年工党废除"旧四条"，为"第三条道路"理论奠定了思想基础。①

关于这一点，刘成在其另一本著作《英国工党与公有制》中也有阐述。他认为克罗斯兰的《未来》"对1945年以后工党内部修正主义思想思潮进行了最全面、最系统的阐述"②，影响了工党对公有制的态度，因为既然生产资料所有制已在战后资本主义社会中不起主要作用，那显然关于公有制的党章第四条也已经过时，需要对其进行修正了。

在《论战后英国工党的修正主义理论》一文中，杨光斌从英国社会性质的分析、国有化与社会主义的关系、社会主义的目标和修正主义理论对工党纲领的影响四个方面考察了战后英国工党内部以克罗斯兰、盖茨克尔和斯特拉彻为代表的新理论家的修正主义理论。③ 而在《论战后英国工党关于英国社会性质的讨论》中，杨光斌论及正是20世纪50

---

① 张志洲：《英国工党社会主义意识形态变迁研究》，社会科学文献出版社2011年版；刘成：《英国工党主流意识形态形成和变化的原因》，《欧洲》2002年第2期。
② 刘成：《英国工党与公有制》，江苏人民出版社2003年版，第83页。
③ 杨光斌：《论战后英国工党的修正主义理论》，《当代世界与社会主义》1989年第5期。

年代关于社会性质的讨论使以克罗斯兰等人为代表的新理论成为战后英国工党的理论基础,但需要指出的是,杨并不认为经历革命意味着经济权力已转移到工人阶级手中。在杨看来,克罗斯兰认为英国已不存在资产阶级、统治阶级的观点显然是把问题表面化了。[①]

在考察工党百年发展进程中指导思想的嬗变时,李华锋将克罗斯兰视为工党 20 世纪 50 年代民主社会主义思想变革的主要理论家,认为他的思想有力地论证了修正民主社会主义观的必要性和合理性。虽然克罗斯兰在其生活的时代未能成功变革工党的政治思想,"但其激起的关于民主社会主义本质的认识确实深远,引发了工党内部长达四十年的争论,为布莱尔在 20 世纪 90 年代成功变革工党奠定了思想基础"[②]。罗星在考察第二次世界大战后英国工党社会主义观的演变时也认为这种演变的历程始于战后工党五六十年代以克罗斯兰和盖茨克尔为代表的修正主义者对传统社会主义观的反思。[③]

对于克罗斯兰与英国工党政府政策之间的关系,学者们也是持肯定态度。如李华锋等认为因曾担任工党政府经济事务部大臣、教育科技部大臣、地方政府和区域规划部大臣,克罗斯兰的思想也直接影响了威尔逊政府、威尔逊—卡拉汉政府的经济与社会政策,这些政策在一定程度上实践了克罗斯兰的修正社会主义思想。[④] 林德山在对英国工党的社会政策进行解读时,也认为以克罗斯兰为代表的修正主义意识和力量的发展改变了工党对社会主义和福利国家目标的认识。[⑤]

在考察欧洲社会民主主义运动、欧洲社会民主党指导思想的演变以及欧洲民主党平等观的发展时,学者们都提到了克罗斯兰的名字。杨光

---

① 杨光斌:《论战后英国工党关于英国社会性质的讨论》,《欧洲研究》1989 年第 4 期。
② 李华锋:《英国工党政坛沉浮与主导思想的关系研究》,中国社会科学出版社 2013 年版,第 123 页。
③ 罗星:《从替代到超越——战后英国工党社会主义观的演变》,硕士学位论文,中共中央党校,2016 年,第 27 页。
④ 李华锋、李媛媛:《英国工党执政史论纲》,中国社会科学出版社 2014 年版,第 117、175—176 页。
⑤ 林德山:《英国工党的社会政策解读——观念变化与政策变迁》,《欧洲研究》2009 年第 2 期。

斌认为克罗斯兰"是战后工党重要的理论家和著名的政治活动家,也是当代西欧民主社会主义理论的创造人之一"①,其代表作《未来》"最系统、最典型地论述了修正主义"②。在介绍 20 世纪西欧社会主义运动的三次修正主义浪潮时,陈祥勤以克罗斯兰为例,将第二次修正主义浪潮的主要特征总结为资本主义的修正主义解释和社会主义的价值化和伦理化。作者在文章的结尾对修正主义进行了评价,这对我们正确认识克罗斯兰修正社会主义具有重要的启发意义。在陈看来,修正主义者对其信奉的社会主义的辩解只是通过对马克思主义原则——改造资本主义或克服资本主义问题——来实现的,其理论的正当性必须回到对资本主义的超越和改造上才能实现,"如果未来只是现实(资本主义)社会的自然延伸,那么,左翼的政治实践和社会主义运动就会丧失其基础、价值和变革社会的动力,也就不可避免地会蜕变为对现代政治生活无足轻重的单纯的改良运动了。"③

在考察西欧社会民主党指导思想的历史演变时,张世鹏提及英国工党内部的修正主义派别,分析了修正主义产生的历史背景和历史源头,介绍了典型代表人物盖茨克尔,尤其是克罗斯兰的思想。他认为克罗斯兰"在新修正主义派别中占据突出地位,曾被称为'时代最伟大的思想家'"④。他介绍了克罗斯兰的"后资本主义"论,将《未来》称作"新修正主义的典型代表作"⑤,认为"用伦理社会主义来填补传统社会主义目标被取消以后所留下的真空"的做法是第二次世界大战后"西欧社会民主主义政党普遍的做法,也是它们第二次自由主义化的一个重

---

① 杨光斌:《查理·安东尼·拉文·克罗斯兰》,载《当代西欧社会党人物传》,殷叙彝编,黑龙江人民出版社 1988 年版,第 119 页。
② 杨光斌:《查理·安东尼·拉文·克罗斯兰》,载《当代西欧社会党人物传》,殷叙彝编,黑龙江人民出版社 1988 年版,第 120 页。
③ 陈祥勤:《20 世纪西欧社会主义运动的三次修正主义浪潮——兼论马克思主义的历史命运和对左翼政治的启示》,《社会科学》2012 年第 9 期。
④ 张世鹏:《西欧社会民主主义政党指导思想的历史演变》,山东人民出版社 2014 年版,第 228 页。
⑤ 张世鹏:《西欧社会民主主义政党指导思想的历史演变》,山东人民出版社 2014 年版,第 228 页。

要内容"①。

在研究欧洲社会民主党平等观念的发展时,林德山认为克罗斯兰关于社会主义目标与手段的论述——应根据对社会主义的各种不同理解中共同的不变因素来界定社会主义,这种不变因素就是某种道德价值和理想,而生产资料、分配和交换的国有化不过是实现这些价值或理想的具体政策或手段,而不是目的本身——影响了二战后社会民主党人的平等观,丰富了民主社会主义理论。②

国内关于克罗斯兰的专门研究成果较少。在知网上以克罗斯兰作为主题词进行搜索,自1985年至今只有9篇期刊论文的题目中出现了"克罗斯兰"这一字眼,只有4篇学位论文是以克罗斯兰作为研究对象的。1988年杨光斌著文介绍了克罗斯兰及其代表作《未来》,1990年谢宗范辨析了凯恩斯、熊彼特、克罗斯兰的民主社会主义思想,这之后直到2011年学界才有了《未来》的中译本。从2012年开始,专门介绍克罗斯兰的文章逐渐多了起来,但研究内容趋同。除了陈挺比较了斯图亚特·霍尔与克罗斯兰的阶级观以及彭远考察了克罗斯兰的所有制思想之外,其他研究内容都是对《未来》一书的介绍和评价或是基于《未来》一书对克罗斯兰社会主义思想的简单介绍,对其思想的评价也多以此书为依托,较少提及他的其他著作。

国内学者多关注克罗斯兰社会主义思想中的某一方面。如陈挺著文比较了斯图亚特·霍尔和克罗斯兰的阶级观,并分析了二者之间的关系。③ 他认为二者的阶级观是二战后马克思主义阶级理论本土化带来的不同路径选择,二者的分歧在于如何看待传统社会主义的分析框架及其政治实践。不同于克罗斯兰对马克思主义阶级观的否定和修正,霍尔在一定程度上肯定并强调了马克思经济基础的客观决定作用,认为社会主

---

① 张世鹏:《西欧社会民主主义政党指导思想的历史演变》,山东人民出版社2014年版,第230页。
② 林德山:《欧洲社会民主党的平等观念及其变化》,《科学社会主义》2013年第3期。
③ 陈挺:《英国二战后马克思阶级理论本土化的路径选择及其启示——兼评安东尼·克罗斯兰和斯图亚特·霍尔的阶级观》,《苏州科技大学学报》(社会科学版)2018年第1期;陈挺:《斯图亚特·霍尔的阶级抵抗政治及其与克罗斯兰的潜在对话》,《马克思主义与现实》2016年第3期。

义应当抵抗资本主义大众消费文化和由此导致的无阶级感,应重新发掘无产阶级的革命意识。而对于二者的关系,作者认为《未来》在价值追求、社会政治分析的阶级指向与全盘否定马克思主义的资产阶级改良立场等方面为霍尔提供了共同的话语实践场地。从这种意义上说,二者实现了潜在的对话。

彭远考察了克罗斯兰的所有制思想。① 彭远认为克罗斯兰所有制思想是战后民主社会主义关于所有制问题的经典表述,在工党意识形态发展史上具有承上启下的关键作用。在他看来,克罗斯兰对传统社会主义理论的最大修正就是对公有制诉求的批评,将社会主义的目标定义为改善社会福利和实现社会平等的价值目标,而国有化只是实现这些价值目标的手段之一。这一观点直接引发了工党内部关于国有化长达40年的争论,促使工党放弃了大规模的国有化政策,也为20世纪90年代吉登斯的"第三条道路"思想和布莱尔及布朗领导的"新工党"政府的相应政策提供了重要启迪。彭远在肯定克罗斯兰敢于探索、与时俱进的理论勇气的同时也批判了克罗斯兰严重误解和低估了马克思主义,过分推崇凯恩斯主义,忽视了经济全球化对国家经济职能的影响,认为其所有制思想在理论的严谨、周密和系统性方面也有比较明显的不足。

国内学术界对克罗斯兰社会主义思想的认识和评价比较一致,基本肯定了《未来》一书的理论价值,认可克罗斯兰在英国工党意识形态转型、工党政府社会政策调整乃至整个欧洲社会民主主义发展中的重要作用。如《未来》的中译者轩传树对此书进行了详细的解读和中肯的评价。他认为《未来》中的思想多有局限,也未能全部付诸实践,但其主要思想和基本价值、思想方法和态度对其后的英国工党、欧洲社会民主党乃至当今社会主义都具有深远的影响。② 在另一篇文章中,轩传树依据"理论预设—价值追求—实现手段"这一逻辑顺序,逐一介绍了克罗斯兰的"后资本主义"论、社会主义的价值目标以及实现手段,

---

① 彭远:《克罗斯兰所有制思想研究》,博士学位论文,南京航空航天大学,2017年。
② 参见[英]安东尼·克罗斯兰《社会主义的未来》,轩传树等译,上海人民出版社2011年版,译者序。

并从经济和社会层面总结了克罗斯兰对国有化和计划化的看法，最后总结了《未来》一书的历史影响和精神遗产。①谢忠文根据克罗斯兰的论证逻辑，论述了克罗斯兰的政治思想，总结了其在工党意识形态转型中的理论贡献。他认为克罗斯兰政治思想的具体内容具有自洽性和逻辑性，在整个西方社会思潮中具有重要地位，对工党及其意识形态转型影响巨大，从20世纪五六十年代的民主社会主义到90年代的工党内部关于修改党章第四条的争论，都体现着克罗斯兰的政治思想。②谢宗范主要考察了克罗斯兰的"后资本主义"论，认为这一理论为社会民主党在丰裕的五六十年代摆脱传统思想的束缚，推行以实现社会福利、平等和无阶级社会的民主社会主义目标提供了新的理论依据，在战后民主社会主义的发展史上具有阶段性的意义。③

学界对《未来》及克罗斯兰社会主义思想局限性的认识也比较统一。如杨光斌认为《未来》一书的局限性在于克罗斯兰的研究虽然基于英国变化了的社会、经济结构，但他过高地估计了第二次世界大战后英国社会变化的优越性质，而且其全面否定马克思主义的态度也是不科学的。④高莉娟、王斌也认为从克罗斯兰开始提出社会主义观，他就一直将"非科学"贯穿始终，鼓吹用价值社会主义代替科学社会主义，否定科学社会主义的基本原则。⑤

2. 国外研究综述

国外方面，特别是英国学术界对克罗斯兰一直保持着很高的研究热情。这些研究成果从不同角度、不同侧面为我们全面了解克罗斯兰的生

---

① 轩传树：《对社会主义价值目标的一种追问——A.克罗斯兰的理论逻辑与精神遗产》，《当代世界与社会主义》2012年第2期。
② 谢忠文：《克罗斯兰与英国工党意识形态转型》，硕士学位论文，上海社会科学院，2008年。
③ 谢宗范：《凯恩斯、熊彼特、克罗斯兰的民主社会主义思想剖析》，《上海社会科学院学术季刊》1990年第4期。
④ 杨光斌：《安东尼·克罗斯兰和他的〈社会主义的未来〉》，《当代世界与社会主义》1988年第5期。
⑤ 高莉娟、王斌：《安东尼·克罗斯兰的社会主义观——〈社会主义的未来〉求解》，《知与行》2017年第2期。

平、社会主义思想形成的背景、社会主义思想的内容及影响提供了丰富而翔实的资料。根据研究内容，可以把关于克罗斯兰的研究分为以下五类。

（1）关于克罗斯兰社会主义思想本身的研究

在考察第二次世界大战后何种思想塑造了英国时，大卫·马昆德和安东尼·谢尔顿以克罗斯兰及《未来》为例，分析了社会民主主义的内涵、影响以及面对的挑战。① 约翰·卡拉汉在介绍工党的意识形态时，以时间为轴，考察了工党内部不同历史背景下的意识形态潮流，并解释了其中的变化和悖论。这些意识形态潮流包括世纪之初工党对资本主义的批判、1918 年党章"第四条"、20 世纪 20 年代的社会主义理论和工党实践、1945 年工党政府执政以及工党对社会主义和资本主义的再思考。在最后一部分，作者除了简要解释了盖茨克尔、杰伊、德宾等经济学家和政治学家的思想之外，尤其关注克罗斯兰的"后资本主义"论、资产阶级权力转移理论以及公有制与社会主义目标——平等之间的关系等理论。②

也有学者专门对克罗斯兰的平等观和混合经济观进行了研究。③ 如大卫·雷斯曼考察了克罗斯兰的平等观。他将克罗斯兰的机会平等归结为平等的起点以及开放的、公平竞争的过程，实现机会平等的途径包括国家教育、公共住房和收入补贴三方面，而要实现结果平等则需从财富、权力和文化三方面减少社会差距。在《安东尼·克罗斯兰：混合经济》一书中，雷斯曼阐述了克罗斯兰混合经济观的两大核心：所有制和控制。他总结了克罗斯兰对待国有化的态度、国家控制的原则以及产业政策的目标，并将克罗斯兰的社会主义总结为：机会平等＋结果平等＋经济发展＋生产资料的所有制＋经济活动的监管。

---

① David Marquand and Anthony Seldon, *The Ideas That Shaped Post-war Britain*, Fontana Press, 1996.
② John Callagan, *The Left: The Ideology of the Labour Party*, in Party Ideology in Britain, edited by Leonard Tivey and Anthony Wright, Routledge, 1989.
③ David Reisman, *Crosland's Future: Opportunity and Outcome*, Macmillan Press Ltd., 1997; David Reisman, *Anthony Crosland: The Mixed Economy*, Basingstoke: Macmillan, 1997.

曾是克罗斯兰的国会助理议员的迪克·伦纳德和曾是克罗斯兰研究助理和特别顾问的大卫·利普西于 1981 年合编了《社会主义议程：克罗斯兰的遗产》①。在第二部分中，大卫·利普西概括性介绍了克罗斯兰的社会主义思想，分析了克罗斯兰的平等与经济增长、平等与自由的关系，并就克罗斯兰招致的部分批评作了回应：人们往往认为 20 世纪五六十年代工党政府的失败代表着克罗斯兰修正主义思想的失败，但实际上正好相反。修正主义并未失败，而是从未被实践过。迪克·伦纳德关注克罗斯兰自身也很关注的一个问题，即工党应该如何对待支持他们的选民。他认为工党对实际潜在选民的偏见和忽视致使当选的工党政府未能将克罗斯兰所设想的社会主义付诸实践。

2016 年帕特里克·戴蒙德出版了《克罗斯兰的遗产：英国社会民主主义的未来》一书，全面介绍了克罗斯兰的社会民主主义思想，从克罗斯兰的平等观、自由进步主义、竞选策略以及工党现代化等方面对克罗斯兰及其思想遗产进行了全面的考察。②

（2）关于克罗斯兰社会主义思想影响的研究

这一类研究可以分为两派。肯定派的学者们对克罗斯兰给予了高度评价，基本认为克罗斯兰是战后英国工党最重要的人物之一，是"英国社会民主主义的著名哲学家"，甚至"可能是英国最重要的社会思想家"③。莫利斯·科根认为克罗斯兰是 20 世纪 60 年代工党的启蒙教育大臣，他的贡献在于为修正主义提供了思想基础，使工党从国有化是达至更平等社会的方法中解放出来，这使得他成为工党的标志人物④。刘易斯·明金和帕特里克·赛德在介绍英国工党修正主义时，特别提到

---

① *The Socialist Agenda*: *Crosland's Legacy*, edited by David Lipsey and Dick Lenard, Jonathan Cape, 1981.

② Patrick Diamond, *The Crosland Legacy*: *The Future of British Social Democracy*, Policy Press, 2016.

③ See David Reisman, *Crosland's Future*: *Opportunity and Outcome*, Macmillan Press Ltd., 1997, p. 1.

④ Maurice Kogan, "Anthony Crosland: Intellectual and Politician", *Oxford Review of Education*, Vol. 32, No. 1, 2006.

"50 年代中期，最著名的修正主义者是盖茨克尔、戈登·沃克、詹金斯以及后来二十年中最有影响的修正主义思想家安东尼·克罗斯兰"，修正主义在1956年发展到高潮的标志之一就是克罗斯兰《未来》一书的出版。①

《未来》更是收获了无数好评。休·道尔顿高度评价了《未来》，认为"这是一本非常重要的书，精彩、新颖并且勇敢。它明确影响着当今工党内外的思想，而且它的影响还会继续增长。"② 库尔特·希尔认为《未来》"第一次广泛地、具体地，并很大程度上成功地实现了对社会主义立场的重新思考"③，是英国"新修正主义的最重要的文本"，是"对修正主义立场最充分的表述"，"或许也是欧洲新修正主义最为重要的著作"④，甚至"被描述为工党修正主义的圣经"⑤。迪克·伦纳德认为《未来》是"目前为止关于民主社会主义的价值观最具说服力、最流畅、最全面的阐述，并将在未来很多年里使新的读者着迷或愤怒"⑥。罗伊·詹金斯认为其是"战后25年来英国中左派政治学中最重要的理论巨著"⑦。戈登·布朗更是不吝对它的赞美，认为"1956年《未来》的出版是战后工党历史上的决定性时刻，战后任何关于工党的反思都不如它的影响大，所有读过这本书的人无不为克罗斯兰的学术活力和清晰思维所折服，或者被他的为政治献身而感动"⑧。伯纳德·多诺霍也曾说过《未来》深深鼓舞了他，因为20世纪50年代中期"艾德礼仅是党的领袖，比万去世了，工党历史上非常富于创新的莫里森派

---

① ［英］刘易斯·明金、帕特里克·赛德：《英国工党》，参见［英］威廉·佩德森、阿拉斯泰尔·托马斯编《西欧社会民主党》，林幼琪等译，上海译文出版社1982年版，第116页注脚。

② Mark Wickham-Jones, *Economic Strategy and the Labour Party: Politics and Policy-making, 1970-1983*, St. Martin's Press, Inc., 1996, p. 34.

③ Kurt L. Shell, *Political Science Quarterly*, Vol. 73, No. 1, p. 128.

④ 转引自杨光斌《安东尼·克罗斯兰和他的〈社会主义的未来〉》，《当代世界与社会主义》1988年第3期。

⑤ See Patrick Diamond, *The Crosland Legacy: The Future of British Social Democracy*, Policy Press, 2016, p. 2.

⑥ *Crosland and New Labour*, Edited by Dick Leonard, Macmillan Press Ltd., 1999, p. 7.

⑦ See David Reisman, *Crosland's Future: Opportunity and Outcome*, Macmillan Press Ltd., 1997, p. 1.

⑧ *Crosland and New Labour*, Edited by Dick Leonard, Macmillan Press Ltd., 1999, p. 35.

已完结。似乎唯一有活力的就是左派中的比万派……克罗斯兰书作的出版给了我们巨大的希望,我们又重新看到了民主社会主义的未来。从学术方面来说这本书是严密的,从政治方面来说这本书是中肯的,鼓舞人心的"[①]。2015年彼得·海恩出版了《回到社会主义的未来》一书,更将《未来》视为"克罗斯兰对工党最重要、最持久的贡献"[②]。

《未来》一书也获得了国外学者的关注和肯定。法国著名学者雅克·德罗斯兹指出:欧洲社会党人在经济方面经常引证的是"凯恩斯和熊彼特,特别是C. A. R. 克罗斯兰的新费边社宣言——《未来》(1956年)",美国学者罗伯特·凯尔多伊赞扬《未来》是对"战后社会主义理论最重要的贡献"[③],甚至有学者将之和德国社民党的哥德斯堡纲领并称为"社会主义的里程碑"[④]。

在肯定克罗斯兰社会主义思想和高度评价《未来》的同时,学者们也进行了客观的评价。克罗斯兰研究视角的局限性是学者们关注点之一。如艾尔肯定了《未来》一书的经验主义方法,但同时也指出克罗斯兰仅将自己的视野局限于英国本土而未能放眼世界。这一点也为亚萨·布里格斯所赞同。[⑤] 肯尼斯·摩根也认为克罗斯兰的研究视角仅局限于英国国内,关注的只是英国社会主义的未来,而且他在阐述英国资本主义社会发生的变化时未注意到科技的重大推动作用,过分渲染管理资本主义一定会成功而未提及参与问题或代际变化问题。[⑥]

其他学者从其他角度对克罗斯兰思想的局限性进行了分析。迈克

[①] See Patrick Diamond, *The Crosland Legacy: The Future of British Social Democracy*, Policy Press, 2016, p. 13.

[②] Peter Hain, *Back to the Future of Socialism*, Policy Press, 2015, p. 14.

[③] 以上两种观点均转引自杨光斌《安东尼·克罗斯兰和他的〈社会主义的未来〉》,《国际共运史研究》1988年第3期。

[④] 殷胥彝:《当代西欧社会党人物传》,黑龙江人民出版社1998年版,第134页。

[⑤] See Mark Wickham-Jones, "The Future of Socialism and New Labour: An Appraisal", *The Political Quarterly*, Volume 78, No. 2, 2007, p. 225.

[⑥] Kenneth O. Morgan 在对 *The Labour Government, 1964–1970: Labour and Cultural Change* 作书评时提到的, *The English Historical Review*, Vol. 119, No. 483, 2004, p. 1106.

尔·杨认为克罗斯兰最大的疏忽在于他很少谈论重新分配的方式或均衡国家与工会等其他机构的权力。① 唐纳德·萨松认为克罗斯兰的社会主义观是模糊不清的,有时候是一种目的状态,另外的时候又是一套价值原则,而且他最大的局限在于只是批判传统马克思主义,未能实现新的理论构建。② 布莱恩·马吉则从平等和影响英国政治的因素方面总结了克罗斯兰的局限性,提及虽然克罗斯兰认同教育在实现他所设想的社会主义社会中的重要作用,但《未来》一书有500多页,仅有20页是关于教育的。此外,马吉认为克罗斯兰关于平等的态度是家长式的,他虽然关注工人想要的,但似乎从未想过让工人自己决定。③

以安东尼·阿博拉斯特和马克·威克姆—琼斯为代表的反对派则认为克罗斯兰的社会主义思想是站不住脚的,《未来》一书的理论意义和现实意义被夸大了。安东尼·阿博拉斯特从失业率上升、经济未能实现增长和政府与工会关系交恶三方面分析了克罗斯兰的失败之处,并逐个反驳了克罗斯兰关于资本主义已经发生转变的观点。他认为克罗斯兰的修正主义先天不足,但的确提供了一种关于社会主义明确的、特别的定义和一种连贯、清晰的策略来实现社会主义。④ 马克·威克姆-琼斯教授则考察了"新工党"内关于克罗斯兰的争论,分析了《未来》一书对于工党的现实意义。⑤ 琼斯认为《未来》并没有为关于社会主义的争论作出本质贡献,它既不是一本理论著作,也没有塑造过去100多年来英国社会主义的轨迹,这本书的重要性不在于是原创的政治理论著作或它的规范性内容,而只是因为它是20世纪50年代英国社会主义者们实际愿望的实证描绘。因此,对于工党内部的争斗而言,《未来》一书

---

① Michael Young, *Anthony Crosland and Socialism*, in *Crosland and New Labour*, edited by Dick Leonard, Macmillan Press Ltd., 1999, p.52.
② 参见[英]唐纳德·萨松《欧洲社会主义百年史:20世纪的西欧左翼》(上),姜辉、于海青、庞晓明译,社会科学文献出版社2013年版,第283—184页。
③ Bryan Magee, *Tony Crosland as I Knew Him*, The Political Quarterly, Vol. 81, No. 2, 2010.
④ Anthony Arblster, "Anthony Crosland: Labour's Last 'Revisionist'?", *Political Quarterly*, Vol. 48, No. 2, 1977.
⑤ Mark Wickham-Jones, *The Future of Socialism and New Labour: An Appraisal*, The Political Quarterly, No. 2, 2007.

的象征意义大于理论内容。斯图尔特·霍兰德认为"中观经济力量的崛起从根本上削弱了克罗斯兰的分析"①，所有者的权力并没有像克罗斯兰所声称的那样萎缩，因此克罗斯兰也未能预料到所有权会继续集中到少数人手中。

（3）关于克罗斯兰社会主义思想渊源的研究

学者们在分析克罗斯兰思想渊源时观点基本上比较一致。他们基本上认同克罗斯兰的学术灵感源于19世纪末的伯恩施坦及其修正主义，经济理论基础是凯恩斯主义，同时也是工党内部的、非马克思主义政治思想的进一步发展，"代表着对于首先由埃文·德宾以及后来聚集在《社会主义评论》周围的修正主义工党党员以一种非系统方式提出的观点的最好总结"②。但同时，这些学者又各有侧重，为我们全面了解、深入分析克罗斯兰社会主义思想的理论渊源提供了宝贵的资料和启发。

如杰夫·霍尔就认为克罗斯兰修正社会主义学说的传统可以追溯到伯恩施坦的修正主义，认为其仍将是未来修正主义者的思想灵感来源。凯恩斯主义证明了国家可以通过财政手段来控制经济而无须借助大规模的国有化，这促使克罗斯兰重新思考公有制与平等目标之间的关系。工党思想家杰伊、德宾以及领袖盖茨克尔的作品和思想为克罗斯兰进一步发展战后修正主义提供了学术基础。③ 大卫·雷斯曼在《安东尼·克罗斯兰：混合经济》一书的第三部分介绍了克罗斯兰混合经济观的时代背景及理论渊源和实践支持，认为克罗斯兰的修正主义受益于庇古、凯恩斯关于经济失灵的理论，受益于贝弗里奇和马克米伦关于社会改革的理论，受益于柯尔、唐尼、休·道尔顿及杰伊的影响，同时也植根于英国工党的理论传统——反对马克思关于资本主义必然崩溃的预言但坚持

---

① Stuart Holland, *The Socialist Challenge*, Quarter, 1975, p. 70.
② ［英］唐纳德·萨松：《欧洲社会主义百年史：20世纪的西欧左翼》（上），姜辉、于海青、庞晓明译，社会科学文献出版社2013年版，第280页。
③ Geoff Horn, *Crosland's Socialism: A History of the British Labour Party's Revisionist Tradition, 1951 – 1981*, Doctoral thesis of London Metropolitan University, 2006.

激进的改革。而在实践中,克罗斯兰又得到当时工党领袖盖茨克尔的支持。①

除此之外,凯瑟琳·埃利斯聚焦于吕西安·洛拉,透过克罗斯兰与菲利普·威廉姆斯的通信,论证了正是吕西安·洛拉及其《马克思主义与民主》(1940年)帮助克罗斯兰厘清了马克思主义与民主社会主义之间的关系,认清了马克思对于当代分析的局限性,而对资本主义的重新认识对于克罗斯兰二战后的写作至关重要。作者在文中也分析了克罗斯兰和洛拉二者在经理革命、自由放任经济以及国有化等问题上观点的异同之处,证明了英国的修正社会主义与欧洲大陆的社会主义有着千丝万缕的联系。②

对于克罗斯兰和盖茨克尔社会主义思想之间的关系,学者们持不同意见。斯蒂芬·汉斯勒在其1969年出版的《盖茨克尔者们》中将《未来》视为"盖茨克尔宣言"③,对此,马丁·弗朗西斯则持反对意见。他认为如果仅仅将《未来》置于20世纪50年代中期至60年代早期工党内左右两派的斗争中,那对这部著作的理解将大打折扣。弗朗西斯从三方面进行了论证。④ 首先,早在50年代的党争之前,克罗斯兰就深受道格拉斯·杰伊和埃文·德宾的影响,克罗斯兰甚至将《未来》视为德宾的《民主社会主义的政治》的续篇,接受了德宾关于资本主义已变得比马克思所预料的人性化和产业所有制与管理权相分离等思想,而这正是《未来》一书的基本思想。其次,早在50年代的党争之前,克罗斯兰在很多的文章和讲话中就已论述过《未来》一书中所阐述的思想。也就是说,克罗斯兰的修正主义远早于盖茨克尔主义。最后,克罗斯兰的后物质主义并不仅仅是"右派"的,而是超越了党派,为如理查德·克洛斯曼所代表的左派所认同,因为二者都坚信产业的管理权

---

① David Reisman, *Anthony Crosland: The Mixed Economy*, Macmillan Press Ltd., 1997.
② Catherine Eliis, "'The New Messiah of My Life': Anthony Crosland's Reading of Lucien Laurat's Marxism and Democracy (1940)", *Journal of Political Ideologies*, Vol. 17, No. 2.
③ Stephen Hasler, *The Gaitskellites: Revisionism in the British Labour Party 1951–1964*, Macmillan, 1969.
④ Martin Francis, "Mr. Gaitskell's Ganymede: Reassessing Crosland's The Future of Socialism", *Contemporary British History*, Volume 11 (2), 1997.

与所有制的分离。

(4) 关于克罗斯兰与"新工党"的关系研究

对于克罗斯兰与"新工党"的关系,有两派截然不同的观点。以哈特斯利为代表的一派认为布莱尔政府已经抛弃了民主社会主义,不再致力于创造一个更平等的英国社会,实际上也就抛弃了克罗斯兰;而以迪克·伦纳德和戈登·布朗为代表的另一派则认为克罗斯兰会认可"新工党"的有限干预主义,并从核心价值观方面论证了"新工党"对克罗斯兰民主社会主义的相承性,不同的只是政策偏好和实现手段。

否定派如哈特斯利认为"布莱尔追求的精英政治的英国不是真正的社会民主主义者的追求","新工党""与社会民主主义的共同点几乎没有"①。安东尼·霍华德也认为"对于克罗斯兰来说,总有一些终极原则,比如公共支出本身就有优势,如平等是社会主义之所在,如即使在现代社会,财富的重新分配也很重要,应是追求的目标",而布莱尔不关注平等,"新工党"最终断绝了与克罗斯兰的联系。②马克·威克姆-琼斯教授则考察了"新工党"内关于克罗斯兰的争论,分析了《未来》一书对于工党的现实意义,最终的结论是《未来》一书对于工党内部的争斗象征意义大于理论内容,其实用主义致使它缺乏明确的主旨,其实证的内容也致使当今工党无法从中吸取教训以解决当下的危机。③

与以上学者的观点一样,克里斯·哈曼对于克罗斯兰与"新工党"的关系也持否定态度。他认为布莱尔主义者们关于资本主义变化的分析与伯恩施坦和克罗斯兰的观点截然相反。后者的分析起点是认为资本主义越来越不容易发生危机,越来越服从社会管理,也越来越能从工人立场进行改革,而布莱尔的修正主义则是基于资本主义的力量太强大、太

---

① Stephen Merdith, "Mr. Crosland's Nightmare? New Labour and Equality in Historical Perspective", *Political Studies Association*, Vol. 8, 2006, p. 238.

② Stephen Merdith, "Mr. Crosland's Nightmare? New Labour and Equality in Historical Perspective", *Political Studies Association*, Vol. 8, 2006, p. 238.

③ Mark Wickham-Jones, *The Future of Socialism and New Labour: An Appraisal*, The Political Quarterly, No. 2, 2007.

有活力而无法对之进行管理和控制这一认知。布莱尔废除"旧四条"不是因为克罗斯兰声称的还有其他控制经济的方式（如国家运用财政、税收等政府权力对经济施加影响和控制），而是因为经济的公有制并不能保证对市场的控制。① 弗农·波格丹诺更是直接声称布莱尔担任首相和"第三条道路"的思想在本质上标志着左派试图接受社会民主主义的消亡。② 他认为中央政府是克罗斯兰实现平等的主要工具，但在当下，中央政府的权力日益萎缩：新右派的改革已致使中央政府无力控制私有部门，全球化致使民族—国家的权力日渐式微，次国家政府权力的下放又进一步削弱了国家权力。因此，克罗斯兰的思想在当下已不具有意义，英国实行社会民主主义的范围非常有限。

更多的学者考察了"新工党"与克罗斯兰社会主义思想之间的关联性。迪克·伦纳德于1999年编辑出版了《克罗斯兰与"新工党"》一书。这本书源于1997年2月13日在伦敦举行的纪念克罗斯兰逝世20周年的一次会议，收录了包括大卫·利普西、雷蒙德·普兰特、戈登·布朗、迈克·杨、克里斯托弗·普莱斯等人的演讲和文章，目的是从克罗斯兰的作品、政治生涯和担任大臣的经历中为"新工党"总结经验。其中，雷蒙德·普兰特以克罗斯兰的平等观作为切入点，考察了"新工党"对克罗斯兰思想的继承和发展。他认为"新工党"并没有背弃克罗斯兰的平等观，"新工党"仍以实现机会平等为目标，致力于提高就业能力和改革教育；"新工党"推行的"由福利到工作"的策略就是要确保更多的人从工作中得到好处，而不仅仅依靠福利政策；"新工党"所处的时代与克罗斯兰所处的时代相比有了极大的变化，这必然要求"新工党"的政策也要随之改变，这也符合克罗斯兰实现目标的手段要随着环境的变化而变化的修正主义思想。③ 戈登·布朗从三方面

---

① Chris Harman, From Bernstein to Blair: One Hundred Years of Revisionism, *International Socialism*, 2: 67, summer 1995, http://www.marxists.org/archive/harman/1995/xx/revision.htm.

② Vernon Bogdanor, *Social Democracy*, in *Blair's Britain 1997 – 2007*, edited by Anthony Sheldon, Cambridge University Press, 2007.

③ Raymond Plant, *Crosland, Equality and New Labour*, in *Crosland and New Labour*, edited by Dick Leonard, Macmillan Press Ltd., 1999.

总结了克罗斯兰的遗产,认为克罗斯兰会为实现他的目标和价值而接受"新工党"的新举措,并且"那些曾被克罗斯兰视为工党使命最为核心的价值,仍然鲜活有效,只不过具体政策偏好可能有些变化罢了"①。米利班德认为克罗斯兰与"新工党"的关联性在于他的价值观和灵活性。一方面,米利班德认为全球化、环境问题、不断革新的技术以及劳动力的流动性等变化动摇了《未来》一书中所设计的政策的正确性;另一方面,他也坚持认为克罗斯兰有一套价值观一以贯之,而这套价值观是"新工党"在消除不平等、建设美好社会的过程中可以利用的。②杰克·斯特劳认为"新四条"最初的灵感来自克罗斯兰,而"新四条"是布莱尔执政初期所取得的影响深远的成就,而且他认为克罗斯兰会为工党在消除贫困方面所取得的成就而自豪。③大卫·马昆德和雪莉·威廉姆斯更是将布莱尔将公有制从党章里去除的行为视为始于99年前伯恩施坦和49年前克罗斯兰修正主义的最终胜利。④

彼得·曼德尔森也认为"新工党"仍根植于现代化的社会民主主义中,只是"新工党"应更强调与克罗斯兰修正社会主义的联系,以避免被批评为仅追求"便利的、模糊的、中立的政治学"。他认为"克罗斯兰与工党思想仍有很大的相关性",这些相关性体现在:"左派应关注目标,而灵活对待手段;认识到持续的经济发展的重要性;通过增加经济允许的公共支出来促进平等;广义上将平等视为一种过程而非一次性的行为,强调通过教育实现个人成就;更广泛的个人消费;所有人都可以获得的更有趣的、更多的文化机会"⑤。

许多社会民主主义者认为在当代变化的语境下,尤其是全球化和

---

① [英]戈登·布朗,《社会主义的未来》,前言,第 1 页,参见 [英]安东尼·克罗斯兰《社会主义的未来》,轩传树等译,上海人民出版社 2011 年版。

② See Mark Wickham‑Jones, *The Future of Socialism and New Labour: An Appraisal*, The Political quarterly, No. 2, 2007, p. 229.

③ See Mark Wickham‑Jones, *The Future of Socialism and New Labour: An Appraisal*, The Political Quarterly, No. 2, 2007, p. 229.

④ From *International Socialism*, 2: 67, summer 1995, http://www.marxists.org/archive/harman/1995/xx/revision.htm.

⑤ See Stephen Merdith, "Mr. Crosland's Nightmare? New Labour and Equality in Historical Perspective", *Political Studies Association*, Vol. 8, 2006, p. 240.

工人阶级碎片化，克罗斯兰的社会主义在很大程度上已经与新形势不相关了，需要提出一种新的社会主义概念。针对这一现实，马特·比奇和凯文·希克森从三方面分析了克罗斯兰社会主义思想与当下的相关性。① 首先，方式与目标之间的关系远比当代社会民主主义者认为的复杂。现代社会民主主义者倾向于认为虽然制定政策时已考虑到不断变化的情况，但这并没有改变根本的价值。这种方式改变、原则不变的见解实则将方式和目标之间的关系过分简单化了。其次，在现代条件下，应同样甚至比克罗斯兰更加强调平等，因为现在财富和收入的不平等程度比克罗斯兰所在的 20 世纪 50 年代更加严重。最后，修正主义者对于公有制存在的理由、有限的公有制以及竞争性公共企业形式的阐释在当下仍有意义：一方面"新工党"对于公有制采取的是混合的方法，在核心领域实行私有化，增加医疗和教育方面的私有份额；另一方面又增强了国家在规范和更直接有效的重新国有化方面的权力和角色，认可非盈利的活动在提升价值观方面具有不可替代的作用。

在另一篇文章中，凯文·希克森在介绍完克罗斯兰的观点、左右派在理论上和实践中对克罗斯兰的批评，以及认为克罗斯兰社会主义思想已经过时的观点后，引用雷蒙德·普朗特的观点反击了以哈耶克为代表的右派对社会民主主义哲学的批评，并从两方面阐述了克罗斯兰思想的当代意义。一是区分了自下而上努力改变公共舆论或观点的道德改革者和通过行政行为和立法自上而下推动变革的机械改革者，并将克罗斯兰归为后者。当 20 世纪七八十年代经济自由主义对社会民主主义发起挑战时，社会民主主义者发现很难从伦理上捍卫他们的观点和地位。因此，有必要明确说明为何要平等，反对经济自由主义，坚信社会民主主义在道德上是优越的。克罗斯兰与当代相关联的第二个问题是 80 年代如戴蒙德·普兰特和罗伊·哈特斯利等修正主义者非常重视平等，并将其定义为超越机会平等的东西，而这一平等的定义与克罗斯兰在《未

---

① Matt Beech and Kevin Hickson, *Labour's Thinkers: The Intellectual Roots of Labour from Tawney to Gordon Brown*, Tauris Academic Studies, 2007, pp. 194 - 167.

来》一书中提出的平等定义非常相似。当审视"新工党"国内政策议程中更具争议性的方面时,克罗斯兰对于平等中心地位的强调就显得尤为重要。①

保罗·拉尔金认为,布莱尔领导下的"新工党"的变革符合克罗斯兰以来工党一贯坚持的修正主义传统,也就是与时俱进、不断调整政治路线以适应时代变革的特性。正是在这个意义上,萨松指出:"五十年代的工党修正主义者已经充分表达了未来八九十年代修正主义者的多数主题和思想。不过,二者的主要差异在于,克罗斯兰的修正主义强调的是社会平等以及通过税收进行财富再分配的重要性,后来的现代化者则更喜欢强调'共同体'和'个人自由'等缺乏争议性的概念。"②

(5) 关于克罗斯兰的传记

关于克罗斯兰的传记一共有三部,分别是克罗斯兰的第二任妻子苏珊·克罗斯兰于 1982 年出版的《托尼·克罗斯兰》③、凯文·杰弗里斯于 2000 年出版的《安东尼·克罗斯兰:一部新传记》④和贾尔斯·雷迪斯于 2002 年出版的《朋友和对手:克罗斯兰、詹金斯和希利》⑤。这三部著作从不同侧面为我们了解克罗斯兰的生平提供了宝贵的素材,也为我们全面理解克罗斯兰思想的形成、演变提供了巨大的帮助。

苏珊以她独特的优势和视角描写了克罗斯兰的后半生,也为我们认识威尔逊、卡拉汉政府的运作及紧张的大臣生活提供了详细的素材。但这本书的缺点也是显而易见的,它过于关注克罗斯兰的后半生,对克罗斯兰书作和思想也只是简单地概括,未能分析克罗斯兰的思想遗产,未对克罗斯兰进行评析,因此苏珊的书主要是一部个人回忆录,"它告诉

---

① Kevin Hickson, *The Continuing Relevance of Croslandite Social Democracy*, in *In Search of Social Democracy: Responses to Crisis and Modernization*, edited by John Callaghan, Nina Fishman, Ben Jackson and Martin Mclvor, Manchester University Press, 2009, pp. 216 – 230.

② [英] 唐纳德·萨松:《欧洲社会主义百年史:20 世纪的西欧左翼》(上), 姜辉、于海青、庞晓明译, 社会科学文献出版社 2013 年版, 第 296—297 页。

③ Susan Crosland, *Tony Crosland*, London: Jonathan Cape, 1982.

④ Kevin Jefferys, *Anthony Crosland: A New Biography*, London: Politico's Publishing, 2000.

⑤ Giles Radice, *Friends and Rivals: Crosland, Jenkins and Healey*, London: Abacus, 2003.

我们克罗斯兰认为正在发生什么——或者更确切地说，他告诉他的妻子他认为正在发生什么——而不是发生了什么。"[1]

杰弗里斯的著作则将研究置于更广阔的视角，从克罗斯兰耀眼的前半生，延伸到其在工党政治中的崛起，再到 1964 年后成为大臣后的政绩，直到达到职业顶峰的、短暂的外交大臣时期，试图在克罗斯兰的政治思想和形成背景以及政治生涯的起伏中实现平衡。作者最后分析了克罗斯兰与"新工党"之间的异同点，总结了克罗斯兰的思想在当代仍重要的原因，并首次区分了克罗斯兰主义、修正主义和社会民主主义这三个经常混用的概念，认为克罗斯兰主义的最大特点就是对平等理想的信奉。

雷迪斯以处于同时代的、最杰出的三位政治家——克罗斯兰、詹金斯和希利为研究对象，既描写了三人的友谊和成就，也研究了他们之间作为竞争对手的盛衰沉浮以及对其自身事业和 20 世纪七八十年代工党命运，乃至整个英国的破坏性影响。

此外，在《安东尼·克罗斯兰：混合经济》一书的第二章中，大卫·雷斯曼也按照时间顺序对克罗斯兰的家庭、学习经历、从政经历以及作品、思想等方面作了细致的描述和评价[2]，为我们全面了解克罗斯兰提供了宝贵的材料。

（二）研究现状评析

通过对文献的梳理，我们可以看到克罗斯兰已经引起了越来越多学者的研究兴趣。目前国内关于克罗斯兰的研究正在增多，从 20 世纪 80 年代开始有零星学者著文介绍克罗斯兰的社会主义思想，到 2011 年有了其代表作《未来》的中译本，到近两三年年轻学者的学术成果日益增多。研究内容也有所扩展和深化，不仅局限于泛泛介绍克罗斯兰的社会主义思想，而且开始着眼于有针对性的研究克罗斯兰社会主义思想中

---

[1] David Marquand, *The Progressive Dilemma: From Lloyd George to Blair*, Phoenix, 1999, p. 169.

[2] David Reisman, *Anthony Crosland: The Mixed Economy*, Basingstoke: Macmillan, 1997.

某一方面的内容，如克罗斯兰的阶级观或者所有制思想。对于克罗斯兰社会主义思想的影响和作用，国内学术界基本认可他既挑战了工党传统社会主义意识形态，也影响了工党的现代化转型，在欧洲社会民主主义的发展史上也具有阶段性意义。而对于局限性，学界普遍认为克罗斯兰过分高估了战后英国资本主义社会的新变化，而且他否定马克思主义，鼓吹用价值社会主义代替科学社会主义，是非科学的。

国外的研究成果则比较丰硕，研究内容广泛，既有将克罗斯兰置于整个欧洲社会民主主义发展史的宏观研究，也有从英国工党思想、政治发展和党内派系斗争等中观层面的研究，还有专门研究克罗斯兰的微观研究，这些研究涉及克罗斯兰的生平、修正社会主义观、平等观、混合经济观、克罗斯兰与"新工党"的关系以及克罗斯兰对英国工党和欧洲社会民主主义的影响等。对于克罗斯兰的评价也呈现出两极化的局面，肯定的人对其极尽赞美之词，认为克罗斯兰是工党的标志性人物，甚至可能是英国最重要的社会主义思想家，认为《未来》是对民主社会主义价值观的最全面阐述，是战后英国中左派政治学中的最重要的理论巨著。反对派则认为克罗斯兰的社会主义思想是站不住脚的，《未来》一书的理论意义和现实意义被夸大了。此外，对于克罗斯兰与"新工党"的关系，学者们也看法迥异，仍无定论。

国内外学者的研究成果为我们全面了解克罗斯兰的社会主义思想提供了宝贵的资料，但也存在着一定的不足。国内方面，总的来看，关于克罗斯兰的专门研究还是很不充分，而且多为介绍性的。除了极少的学者研究了克罗斯兰的教育思想和所有制思想，国内学者的研究多以《未来》为依托，整体介绍克罗斯兰的社会主义思想，较少提及他的其他著作，不成系统，更谈不上深刻，缺乏对克罗斯兰思想形成、发展的轨迹以及形成原因及影响的系统性的、宏观性的、有深度的研究。而国外的研究相对来说较多，研究的关注点集中于对克罗斯兰思想以及与"新工党"的关系方面的研究，但研究者多是工党内部的理论家、政治家，或者与克罗斯兰关系比较密切的人，囿于其立场，多对克罗斯兰溢美而少于批判，也缺少关于克罗斯兰思想产生的背景以及发展轨迹的研究成果。

四 研究思路与方法

(一) 研究思路

遵循"形成背景—内容—影响—评价"这一逻辑顺序,除去导论和结语,课题共分为六章。第一章在简单介绍了克罗斯兰的生平和著述之后,分析了克罗斯兰社会主义思想形成的背景、理论渊源和现实参照。第二章根据发展历程将克罗斯兰社会主义思想分为 20 世纪三四十年代的初步形成时期、50 年代到 60 年代初的成熟时期以及 60 年代末到 70 年代的晚期反思时期。第三章介绍了克罗斯兰社会主义思想的主要内容,包括作为其逻辑起点的"后资本主义"论、作为其社会主义思想本质的平等观、实现社会主义的手段、对国有化、计划化的再认识、温和渐进的政治策略及其独具特色的社会主义文化观。第四章着重考察了克罗斯兰社会主义思想对 50—70 年代工党及工党政府的影响,包括对工党意识形态的转型、党内左右派之争、工党竞选策略以及工党政府的社会政策等方面的影响。第五章考察了克罗斯兰与 20 世纪 80 年代之后的工党现代化之间的关系,得出的结论是:不管是承认还是否定,工党的每一步改变或转型都直接或者间接受到克罗斯兰的影响。第六章对克罗斯兰的社会主义思想进行了评析,既分析了其强调平等和福利、区分目标与手段的合理性,也剖析了其平等观、其对于国家机构和经济增长的过分乐观等局限性,最后从科学社会主义的角度和立场对其思想进行了客观评价。

(二) 研究方法

课题在研究过程中始终坚持马克思主义的立场、观点和方法,坚持辩证唯物主义和历史唯物主义方法论。除此之外,课题还借鉴了以下研究方法。

一是文献研究法。文献资料是开展研究的基础,通过查阅相关文献,可以了解本领域已有研究成果和前沿研究动态,发现现有研究的不足与局限性,构建研究的起点,并继而进一步推进此领域的研究。本研究综合国内外关于克罗斯兰的已有研究成果,并力图在此基础上进一步推进关于克罗斯兰研究的广度和深度。

二是比较研究法。比较研究就是通过对主要研究对象与相关现象的比较分析,或者通过比较同一事物在不同时期的形态,从而对事物及其发展形成较为客观准确的认识。本研究在分析克罗斯兰社会主义思想的形成和阐释克罗斯兰社会主义思想的内容时,既有与19世纪末的伯恩施坦、20世纪二三十年代的工党思想家的社会主义思想的异同比较,也有与克罗斯兰同时代的工党左派以及右派的思想及策略的异同比较,还从克罗斯兰社会主义思想发展的不同阶段分析了其思想在不同时期的侧重点和自我发展,从而全方位分析和阐释了克罗斯兰社会主义思想的形成和内容。

第一章

克罗斯兰社会主义思想的形成

一 克罗斯兰的生平与著述

克罗斯兰于 1918 年 8 月 29 日出生于英国苏塞克斯郡的一个公务员家庭。他的父亲约瑟夫·克罗斯兰毕业于牛津大学三一学院，后来成为白厅陆军部的一名高级公务员。他的母亲杰西·克罗斯兰是格林威治皇家海军学院院长雷文的女儿，在获得伦敦贝德福德学院的文学硕士学位后，成为韦斯特菲尔德学院的讲师，撰写了大量有关法国中世纪文学的文章，并在 1907 年出版了自己的第一本书。

1929—1937 年，克罗斯兰在海格特中学上学，并在此期间加入工党和左派读书俱乐部。1937 年进入牛津大学三一学院学习，1940 年中断学业，在英国皇家威尔士燧发枪团和伞降兵团服役 5 年，先后在北非、意大利、法国和奥地利战斗过。1946 年重新回到牛津大学，哲学、政治学和经济学成绩一流，并担任牛津大学民主社会主义俱乐部主席和牛津大学生联合会会长。1947—1950 年在三一学院做研究员和经济学教师。1950 年开始从政，任南格洛斯特郡下议院议员。从 1959 年开始，一直到 1977 年去世，他一直担任格里姆斯比下议院议员。从 1964 年开始，克罗斯兰开始在工党内阁中任职，先后担任威尔逊政府经济事务部大臣（1964—1965）、教育科技部大臣（1965—1967）、商务部大臣（1967—1969）、地方政府和区域规划部大臣（1969—1970）和环境事务部大臣（1974—1976），1976—1977 年担任卡拉汉政府内阁外交及联邦事务部大臣。他还曾于1971年和1975年两次竞选党的副领袖,均以失败告终。1977年2月19日因中风病逝于牛津大学。

政治上,克罗斯兰受到道尔顿的提携和盖茨克尔的拥戴,但不幸的是,道尔顿和盖茨克尔都英年早逝,一定程度上影响了其政治仕途的发展。作为一名精通经济的政治家,克罗斯兰最心仪的职位是财政部大臣。1973年在BBC的一次采访中,当被问到如果可以在下届工党政府中选择一个职位,他是否会选择财政部大臣一职时,克罗斯兰的回答是:"正如我以前所说的,我的回答是明确的'是'。"[①] 但遗憾的是他始终没能得到这一职位。有人就曾猜测如果盖茨克尔没有那么早去世,那么克罗斯兰在工党内的政治表现会更耀眼得多。作为党内右翼的理论代表,他提倡混合经济,拒绝将国有化视为英国社会的决定性力量,但20世纪70年代左翼当权,鼓吹国有化,克罗斯兰一直处于边缘化地位,再加上当时英国经济条件恶化,无法维持较高的公共开支,因此他从未有机会真正实现政治抱负。

相比较于政治上的表现,克罗斯兰在学术方面的表现更为出色。正如贾尔斯·雷迪斯所回忆的,虽然他非常钦佩作为大臣的克罗斯兰,但对他影响最大的还是作为社会主义作家和理论家的克罗斯兰,"事实上,他的巨著《未来》完全改变了我的政治方法。即使是现在,克罗斯兰思想的智慧和敏锐仍然从书中脱颖而出。"[②] 克罗斯兰通过两部著作初步奠定了他作为重要的社会主义理论家的名声,一部是1952年克罗斯曼编辑出版的《新费边文集》,其中收录了克罗斯兰的《资本主义的转变》一文,另一部著作是同年出版的《英国经济问题》。

在《资本主义的转变》中,克罗斯兰将变化了的英国资本主义社会称为"国家主义",这是他之后系统阐述社会主义的逻辑前提。实现

[①] Quoted from Jeremy Nuttall, "The Labour Party and the Improvement of Minds: The Case of Tony Crosland", *The Historical Journal*, Vol. 46, No. 1, p. 146.

[②] Gile Radice, "Speech to the Fabian Society Crosland Memorial Conference", Grimsby, 16 September 2006, see from Patrick Diamond, *The Crosland Legacy: The Future of British Social Democracy*, Policy Press, 2016, p. 37.

英国社会由"国家主义"向社会主义的转变取决于如何界定社会主义，由此他提出了关于社会主义的定义，即柯尔在1935年提出的社会主义的核心是平等，而且这种平等不仅是机会平等，而且是广泛意义上的地位的平等。[1] 解决总的财富分配不公问题、改革教育体制和解决产业关系是克罗斯兰提出的实现社会主义的最主要的三大策略。在《英国经济问题》中，克罗斯兰详细阐释了英国的收支平衡问题，并将之归因于世界经济关系的逐步变化，认为解决英国经济问题的根本之道在于提高投资和促进产业的现代化，而这反过来也意味着更有效的计划与控制。

以上两部作品使得克罗斯兰声名鹊起，而真正使克罗斯兰达到学术巅峰的则是1956年发表的、集中体现和代表了克罗斯兰社会主义思想的《未来》。在这本书中，克罗斯兰以英国资本主义社会已经转型作为逻辑起点，证明了英国已经不是传统意义上的资本主义社会，已进入"后资本主义"社会，借以修正了马克思主义关于资本主义的论断。他将社会主义重新定义为福利与平等，阐述了实现途径，并在重新认识国有化和计划化等传统社会主义经济问题之后，提出了最具个人特色的文化观，建议未来的社会主义者"应该把注意力逐渐转向从长远来看更加重要的其他领域——比如，个人自由、幸福，以及培养休闲、美、优雅、愉悦、激情等文化追求"[2]。

《未来》一经出版，收获了无数好评。人们认为它是英国"新修正主义的最重要的文本"，"明确影响着当今工党内外的思想，而且它的影响还会继续增长"[3]，克罗斯兰也被称为"各时代最伟大的社会主义思想家"[4]。

之后，克罗斯兰又分别于1962年和1974年出版了《保守的敌人》

---

[1] Kevin Jefferys, *Anthony Crosland: A New Biography*, Politico's Publishing, 2000, p. 45.

[2] ［英］安东尼·克罗斯兰：《社会主义的未来》，轩传树等译，上海人民出版社2011年版，第334页。

[3] Mark Wickham-Jones, *Economic Strategy and the Labour Party: Politics and Policy-making, 1970–1983*, St. Martin's Press, Inc., 1996, p. 34.

[4] ［英］唐纳德·萨松：《欧洲社会主义百年史：20世纪的西欧左翼》（上），姜辉、于海青、庞晓明译，社会科学文献出版社2013年版，第280页。

和《当代社会主义及其他论文论丛》,于1971年和爱德华·博伊尔合著了《教育政治学》,还发表了诸如《工党会胜利吗?》《一个社会民主主义的英国》《社会民主主义在欧洲》等小册子。这些作品从不同角度阐释和丰富了克罗斯兰的社会主义思想。

在帕特里克·戴蒙德看来,在众多的工党政治家和英国的社会主义理论家中,只有克罗斯兰罕见地将二者完美地结合在一起。对于克罗斯兰的生平和思想贡献,戴蒙德给了一个非常高的总结和评价,他是这么说的:"他是一位鼓舞人心的思想家、一位老练的政治家、一位受人尊敬的学者,以及一位团结工党温和派的坚定的实干家……尽管身居高位,他仍坚持广泛写作,出版书籍。这是一种非同寻常的禀赋,基本上可以说是前无古人,后无来者。"[①] 这可以被称为克罗斯兰的最佳注脚。

二 克罗斯兰社会主义思想形成的背景

出身于中产阶级家庭的克罗斯兰缘何成为社会主义者?马克思主义唯物史观告诉我们,"物质生活的生产方式制约着整个社会生活、政治生活和精神生活的过程。不是人们的意识决定人们的存在,相反,是人们的社会存在决定人们的意识"[②],克罗斯兰的社会主义思想无疑也是其所处时代的产物,它既与其所处的国内、国际的时代大背景有关,又与国内外思想家以及工党的理论家、政治家的影响分不开,而美国和瑞典的政治实践和社会变革也为他社会主义思想的形成提供了现实参照。

(一)英国国内政治、经济和社会的新变化

如萨松所言,"当许多社会主义者,尤其是德国和英国的社会主义者,尝试对社会主义应该是什么以及社会主义的支持者应该做什么等问

[①] Patrick Diamond, *The Crosland Legacy*: *The Future of British Social Democracy*, Policy Press, 2016, p.45.

[②] 《马克思恩格斯选集》第2卷,人民出版社2012年版,第2页。

题进行重新界定时,他们将这种修正视为对于现代性和环境变化的必要适应。工人阶级丰裕程度的提高、消费社会的发展、社会群体的明显稳定、资本主义所带来的毋庸置疑的繁荣以及国有化表面上的失败,甚至是福利国家的成功,都成为需要对社会主义思想的意识形态武库进行全面检视的理由"[1],这是对克罗斯兰社会主义思想形成的国内背景的全面概括。张志洲也认为历史地看工党的修正主义是在20世纪30年代后逐渐形成的,但其之所以在50年代形成潮流,"不仅在于它有'理论源头',更重要的是在于战后变化了的经济、社会和政治现实,促使工党的一些理论家们对社会主义的含义进行重新思考"[2]。

1. 工党的发展壮大与艾德礼政府的上台

工党由压力集团逐步发展成为全国性的政治力量,并于1924年和1929年短暂组阁,影响力增强,吸引了更多的追随者。工党成立初期依附于自由党的发展策略、第一次世界大战的爆发、英国选举制度的变化以及工党1918年引入个人党员的组织变革以及自由党的分裂,都为工党吸引更多中产阶级提供了机会。

由于自我力量弱小,为实现维护劳工利益、争取工会支持和壮大议会力量的基本诉求,劳工代表委员会在成立之初采取了与自由党合作的策略,而自由党出于自身发展的需求,也需要劳动代表委员会的支持和议席。于是,1903年劳工代表委员会领袖麦克唐纳和自由党领袖格莱斯顿达成了一个选举合作协议,并在1906年的大选中赢得29个议席,组成独立的议会党团。

为了实现更好的发展,在工会的坚持下,劳工代表委员会于1906年改名为工党。之后工党也取得了一定的成就,工党党员数量和议席数继续增加,但随后以合并工会为基础、以罢工为主要形式的工团主义运动的兴起严重损害了以工会为主要力量的工党,1910年的两次大选中

---

[1] [英]唐纳德·萨松:《欧洲社会主义百年史:20世纪的西欧左翼》(上),姜辉、于海青、庞晓明译,社会科学文献出版社2013年版,第276页。
[2] 张志洲:《英国工党社会主义意识形态变迁研究》,社会科学文献出版社2011年版,第134—136页。

工党分别获得 40 个议席和 42 个议席，但到第一次世界大战爆发时，工党仅剩 37 个议席①，面临着被泡沫化的危险。

第一次世界大战的爆发为工党提供了新的发展契机。工党通过投票，决定支持政府参加战争的决定，同时积极参加政府的招募新兵计划，同意在战争期间停止竞选活动，并分别于 1915 年 5 月、1916 年 12 参加了阿斯奎斯和劳合·乔治领导的联合政府。这使工党一方面获得了政府管理的资格和经验，另一方面，其与自由党的合作也削弱了除劳工之外的其他社会群体对工党的敌视和恐惧情绪，加上战时工业的发展致使工人人数增加，加入工会的人数也增加，工党党员人数激增。②

1918 年的《人民代表制法案》在英国历史上第一次保证了人民真正享有民主权利，"选民人数由 800 万猛增到 2100 万，占人口的 75%"③。而这些新增选民中的劳工、农民，特别是中低收入的女性选票，大多数流向工党，④ 工会会员人数也增至 600 多万，"这使得改组后的工党的经费也有了相应的增加"⑤。

1918 年工党新党章的颁布进一步促进了工党的发展。新党章颁布以后，很多中小资产阶级青年或对联合政府不满的自由党人也加入工党，进一步扩大了工党的群众基础和影响力。盖茨克尔、威尔逊、卡拉汉等工党领袖都是非劳工出身，还有从自由党党员转变为工党党员的，如劳合·乔治政府中"重整运动"的副官克里斯托弗·艾迪生。⑥ 青年自由党人宣称"我们青年自由主义者在工党中找到了我们的理想"，

---

① 参见李华峰、李媛媛《英国工党执政史论纲》，中国社会科学出版社 2014 年版，第 34 页。
② 参见李华峰、李媛媛《英国工党执政史论纲》，中国社会科学出版社 2014 年版，第 35—36 页。
③ 刘建飞等：《英国议会》，华夏出版社 2002 年版，第 160 页。
④ 参见李华峰、李媛媛《英国工党执政史论纲》，中国社会科学出版社 2014 年版，第 41 页。
⑤ [英] 阿萨·勃里格斯：《英国社会史》，陈叔平、陈小惠、刘幼勤、周俊文译，商务出版社 2015 年版，第 335 页。
⑥ [英] 阿萨·勃里格斯：《英国社会史》，陈叔平、陈小惠、刘幼勤、周俊文译，商务出版社 2015 年版，第 337 页。

"正大批地加入工党"。① 特别是工党赢得战后第一次大选后，很多青年知识分子议员进入工党内，劳工议员进一步下降，比例不足三分之一。②

在工党快速发展的同时，自由党也一步步走向衰落。自由党的衰败有多重原因，而其与工党联合的竞选策略虽然短期之内成效明显，实则加速了自由党的衰败。工党的建立本身对自由党的选民基础形成冲击，与自由党的联盟为工党的发展壮大提供了时机。阿斯奎斯和劳合·乔治的最高领导权之争更是加速了自由党的衰败，并最终走向泡沫化。而击败保守党成立多数党政府的工党终得以实践其长期以来坚持的社会主义改革纲领，在经济领域进行了国有化改造，在社会领域建立了福利国家建设体系，证明了国家有能力以一种马克思从未预料到的方式来变革经济和社会。这一现实也加快了克罗斯兰由马克思主义立场向中间立场的转变。

1945—1951年工党上台执政被视为英国社会民主主义发展的制高点。对于工党上台的原因，萨松作过精彩的分析。他赞同佩里·安德森将第二次世界大战称为工党的"历史性的意外横财"，因为"工党在不必进行号召动员的情况下，就被纳入政权；在不必提出其背后蕴含的思想的情况下，就获得了一份治理纲领"③。工党在大选中获得绝对优势地位还因为"它表达了一种时代感，这包括：战争的平等主义精神，由于面对共同敌人而激发的团结感，苏联的威望，1939年前保守党未能阻止希特勒的进攻，对于30年代大萧条的记忆，以及心甘情愿地承认需要进行改革"④。此外，工党参加战时联合政府的经历一方面为其赢得了爱国主义政党的身份，另一方面也使其获得了宝贵的执政经验，

---

① ［德］马克斯·比尔：《英国社会主义史》（下卷），何新舜译，商务印书馆1959年版，第352页。
② 周穗明：《20世纪西方三大左翼关于社会结构演变的理论沿革》，《当代世界社会主义问题》2008年第1期。
③ ［英］唐纳德·萨松：《欧洲社会主义百年史：20世纪的西欧左翼》（上），姜辉、于海青、庞晓明译，社会科学文献出版社2013年版，第144页。
④ ［英］唐纳德·萨松：《欧洲社会主义百年史：20世纪的西欧左翼》（上），姜辉、于海青、庞晓明译，社会科学文献出版社2013年版，第145页。

实现了从反对党到执政党的过渡。

艾德礼政府上台后,实施了大量的社会改革计划,实现了大多数基础产业的国有化,通过实现充分就业和建立现代福利国家勾画了民主社会主义的大致轮廓。艾德礼政府所取得的成就"证明了工党在英国政治中所能扮演的角色,这在意识形态上和政治上都具有重要意义。从意识形态上来说,它向马克思主义左派证明了民主社会主义是可以实现的。从政治上来说,它向选民们证明了工党能够有效治理国家"[1]。

但艾德礼政府的成功也随之在工党核心之中产生了智识真空,这为重新叙述英国社会主义的含义和目标提供了有利的条件。正如肯尼斯·摩根所言:"计划已经完成……英国已经崛起,艾德礼的社会主义思想已再无所贡献"[2],这暗示着需要与当代社会关系更密切的新一代领导人为英国政治注入新的活力。艾德礼政府虽然成功促进和扩大了福利国家的范围,但他未能在激进的社会主义方面重新塑造英国社会。如果社会主义意味着传统的生产方式、分配和交换的公有制,那艾德礼政府的经济主要仍是资本主义的,因为80%的产业仍是私人所有,[3] 而且艾德礼政府也没有从根本上改变英国社会的阶级结构。[4] 这为克罗斯兰提出新的社会主义观和激进的社会改革方案以解决英国社会持续的、严重的阶级分化和社会不平等提供了现实土壤。

克罗斯兰认为艾德礼政府所采取的财政措施使收入差别进一步缩小,进一步的再分配基本不会再提高人类福利了,重新分配的传统论据正失去相关性,因此他提出通过财政机制和国家控制建设一个更平等的社会。在克罗斯兰看来,艾德礼政府已完成了历史使命,接下来的工党需要告诉人民工党将带领英国走向何处。而且,1945 年开始逐渐形成

---

[1] Roger Wicks, *Revisionism in the 1950s: The Ideas of Anthony Crosland*, in *British Politics and the Spirit of the Age*, Keel University Press, 1996, p. 203.

[2] Kenneth O. Morgan, *Labour People: Leaders and Lieutenants, Hardie to Kinnock*, Oxford University Press, 1987, p. 145.

[3] Peter Dorey, *British Politics Since 1945*, Blackwell, 1995, p. 38.

[4] Kenneth O. Morgan, *The People's Peace: British History 1945 – 1989*, Oxford University Press, 1990, pp. 107 – 109.

共识政治,为了争取尽可能多的选票和各个阶层的支持,保守党与工党政府在意识形态和经济、社会政策方面趋同,社会主义与自由主义互相影响、互相渗透,界限日益模糊。工党内部也更多地接受了自由主义的政治理念,开始了社会主义自由化的进程。再加上英国国内丰裕社会的发展和国际上和平时期的持续,这一切都使得社会主义和资本主义的界限似乎不那么明确了,对于资本主义的传统批判似乎也过时了,"甚至社会主义本身的目标,在国内经历了公有企业和在社会主义发源地出现了斯大林主义的阴沉冬天以后,也不再有同样的理想魅力了。基于此,以克罗斯兰为代表的修正主义者提出了新的社会和经济制度的分析"。[①]

2. 经济飞速发展

在经历过20世纪30年代的大萧条和第二次世界大战之后,50年代英国的经济进入飞速发展时期。正是基于这一社会现实,克罗斯兰开始修正马克思主义,提出了著名的"后资本主义"论,并最终确立了自己的社会主义观。

为了恢复和发展经济,改善英国的国际收支状况,缓和阶级矛盾,提高居民生活水平,第二次世界大战后上台的工党政府在紧缩私人消费的同时扩大公共福利。扩大公共福利的做法和政策取得了一定进展,安定了人民情绪,避免了国内政局的动荡,为大多数人所赞赏,后面执政的保守党政府也基本承袭了工党的福利计划和措施。但是,仅仅通过缩紧个人消费无法解决英国的"经济病",由此导致的低工资和高物价致使选民颇有微词。而且,战时遗留下来的问题很多,"资本输入和工业技术改造的收效不可能在很短的时间内显露出来",所以英国的经济发展一开始"看起来没有像人们或工党领导人原来所预计的那样顺利"[②]。

[①] [英]威廉·佩德森、阿拉斯泰尔·托马斯编:《西欧社会民主党》,林幼琪等译,上海译文出版社1982年版,第116页。

[②] 罗志如、厉以宁:《20世纪的英国经济——"英国病"研究》,人民出版社1982年版,第44页。

1951年朝鲜战争结束，此后十余年国际上没有发生大的战争，和平的国际环境为英国经济的进一步增长提供了良好的外部环境。随着时间的推移，新技术被采用，新设备开始运转，"1953年，英国工业生产率超过了历史上的最高水平（1937年）"，实际工资水平也提高了："以1947年为100，1951年为106.9，1954年为114.4，1957年为123.8，1960年达到136.9。"① 与此同时，英国的私人投资也很活跃，私人总投资支出不断增加，在国民生产总值中的比重也大幅提高："战前，30年代内，英国私人总投资支出平均不到国内总产值的10%，1954年为10.68%，1957年达到13.12%，1960年达到14.37%，1965年达到15.86%"。② 1956年，也就是《未来》发表的那一年，英国的失业率是1.2%，物价上涨3.3%，而工人工资则上涨7.6%，国际收支处于顺差状态，经济增长率为2%。③

充分就业和经济增长带来了消费领域的变化。根据玛格丽特·霍尔的观点，20世纪50年代英国消费领域的变化有以下五个方面："第一，配给制度结束了；第二，消费者实际收入增长，出现了一批有中等收入和有购买力的消费者；第三，对耐用消费品的需求扩大了；第四，分期付款购货制度盛行；第五，消费者利益受到了重视"④。工人阶级在耐用消费品的繁荣中分得一份羹，大规模生产和可分期付款的零售进一步缩小了可见的社会差距。曾有人这样描述50年代的英国社会："50年代是英国社会经济生活中开始发生巨大变化的十年……英国城市的郊区化开始了；私人拥有的小汽车不断增多；几乎家家都在添置耐用消费品；出国旅游和国内旅游变得时髦起来；在分期付款制度之下，家庭主妇纷纷出去工作，寻找赚钱的机会；饮食状况改善了，孩子们的平均身高和平均体重都超过了战后初期；养狗、养猫、养鸟大为流行，家庭饲

---

① 罗志如、厉以宁：《20世纪的英国经济——"英国病"研究》，人民出版社1982年版，第45页。
② 罗志如、厉以宁：《20世纪的英国经济——"英国病"研究》，人民出版社1982年版，第56页。
③ See from David Reisman, *Anthony Crosland: The Mixed Economy*, Macmillan, p.56.
④ 罗志如、厉以宁：《20世纪的英国经济——"英国病"研究》，人民出版社1982年版，第45—46页。

养的这些小动物的数目增加了好几倍"①,所以首相哈罗德·麦克米伦在 1957 年感叹说:"我们大多数人民的生活从来没有这么好。"② 克罗斯兰将这种缩小了的可见的社会差距视为经济动态的副产品,认为其证伪了马克思关于工人阶级日益贫困化的预言,意味着更多的社会平等。

3. 社会结构和阶级变化

随着第二次世界大战后经济的恢复和发展以及大众生活水平的提高,英国的社会结构也发生了变化。传统大规模生产的制造业部门逐渐萎缩,传统工人阶级的数量和比例都在下降,"服务性的第三产业的发展要比生产型产业快的多。体力劳动的比例(以及在某些国家的绝对数)正在下降,白领、技术、专业和服务业趋向正迅速扩大。现在的阶级结构不再是一座金字塔,倒像一颗钻石,两头小中间大"③。工人阶级内部也发生了分化,熟练工人的工资水平高,相对富裕,成为"'无产阶级贵族',非常稳固地融入市场经济中,共同分享着消费资本主义的富足"④,他们的收入、生活方式以及思想观念也不同于传统工人阶级,与雇主的关系也不再是激烈对抗性的。

充分就业所引起的买方市场,以及由此导致的雇佣双方力量均势和劳资关系的改变,再加上工会数量的增加及工会组织的强大,使企业内部权力由管理者向劳动者转移,工人的权力相对增强。"正是在阶级冲突逐渐缓解、甚至英国已进入无阶级社会的观点四处传播的背景下,工党内部的修正派对传统的工党社会主义信条提出了批评,认为古典的资本主义已经发生了重大的变化,私营企业所有权和经营权相分离的结果

---

① 转引自罗志如、厉以宁《20 世纪的英国经济——"英国病"研究》,人民出版社 1982 年版,第 46—47 页。
② David Reisman, *Anthony Crosland: The Mixed Economy*, Basingstoke: Macmillan, 1997, p.56.
③ [美]西摩·马丁·李普塞特:《一致与冲突》,张华青、林恒增、张哲等译,上海人民出版社 1997 年版,第 273 页。
④ [英]唐纳德·萨松:《欧洲社会主义百年史:20 世纪的西欧左翼》(上),姜辉、于海青、庞晓明译,社会科学文献出版社 2013 年版,第 751 页。

是资本主义剥削的概念伴随着资本家权力的丧失而消失了。"①

4. 国有化改革弊端显现

艾德礼政府在政治、经济、文化教育等诸多领域进行了社会主义改革实践。在这些改革中,最重要的是国有化政策、社会福利政策和计划经济,国有化改造尤被置于首要地位,因此艾德礼政府的改革也被称为"通过国有化进行了一次大规模的社会主义实验"②,并取得了显著的成绩。一方面,20%的企业国有化,就业机会增加,在一定程度上缓解了失业矛盾。国有企业还注意改善职工的生产条件,提高工人福利待遇,因此这一阶段也被视为"维多利亚后期鼎盛以来的最好时期"③。对资本家来说,国有化改变了资本家完全占有生产资料的形式,在一定程度上限制了资本家膨胀的赢利欲望。另一方面,国有化促使政府加大对基础部门技术改造和设备更新的力度,国家对国有化企业产品实行低廉政策,有利于降低私营企业的成本,从而增强英国商品的国际竞争能力,推动战后英国经济的恢复。到1948年,英国的工业生产总值超过战前水平,1951年工党下台时,英国已基本完成经济的战后重建任务。④

但是,由于在国有化改革方面缺乏经验,艾德礼政府虽然在短短几年时间内通过了大量的国有化立法,但实际上他们在组织机构、资金、对私人股东的补偿、价格政策、工人协商制度和消费者关系等方面缺乏详细的方案。⑤

国有化改革的成效也存在着不尽如人意的一面。首先,国有化加重了政府财政负担。一开始被国有化的产业都是长期处于亏损状态、私人

---

① 刘成:《英国现代转型与工党重铸》,生活·读书·新知三联书店2013年版,第178页。

② 倪学德:《和平的社会革命——战后初期英国工党艾德礼政府的"民主社会主义"改革》,中国社会科学出版社2005年版,第158页。

③ [英]肯尼迪·摩根主编:《牛津英国通史》,王觉非译,商务印书馆1990年版,第588页。

④ 参见李华峰《英国工党政坛沉浮与主导思想的关系研究》,中国社会科学出版社2013年版,第106页。

⑤ Kenneth Morgan, *Labour in Power: 1945–1951*, Oxford University Press, 1985, p. 97.

资本不愿介入但又关系其他产业发展的基础产业,而且英国政府是在坚持平等的基础上通过给予原业主补偿的方式把私有转变为公有,因此付出了巨大的代价。以煤炭工业为例,原来里德委员会报告中估计根本改造这门工业需投资 2 亿英镑,但 1950 年的估算是 5.2 亿英镑,这已远远超出报告中所要求的投资额。① 而且,政府还需要对这些收归国有的企业继续投资,进行技术改造,改变其长期亏损的经营处境,这对政府财政又是一个新的负担。

收归国有的某些部门承担着为公共服务的社会职能,因此无法追求利润的最大化。如 1948 年燃料短缺时,政府要求企业不能提高燃料价格,这种政府干预企业经济活动的做法很容易导致企业亏损。② 在经过政府管理和技术改造后,那些国有化了的产业虽然不像过去那样亏损了,但因为它们的产品或劳务价格需要维持较低的水平,以确保利用这些产品或劳务的私营企业能够降低生产费用,增强竞争能力,因此它们也无法向国家提供大量收入。

其次,国有化企业自身并没有表现出比私有企业更高的经济效率。一些传统产业由于行业特点或设备陈旧,更新成本高,即使被国有化了,也并没有实现产业的复苏与繁荣。而且,因为国有企业管理者自身经济效益与企业经济利益没有直接的关联,他们只是根据政府指令行事,往往官僚主义盛行,生产效率低下。正如刘成所言:"工党实行了国有化政策,但国有化却要以国有企业降低生产效率为代价,没有解决好公平与效益的矛盾。人们日益认识到,与私营企业相比,国有企业不是具有更多的,而是具有更少的生产性;国有化并没有带来人们所设想的更大的公正,相反产生了一种新的专制主义。"③

总的来说,"艾德礼政府后期国有化企业表现出来的弊端,以及战

---

① 转引自倪学德《和平的社会革命——英国工党艾德礼政府的民主社会主义改革研究》,博士学位论文,华东师范大学,2003 年,第 90 页。
② 参见李华峰《英国工党政坛沉浮与主导思想的关系研究》,中国社会科学出版社 2013 年版,第 106 页。
③ 刘成:《英国现代转型与工党重铸》,生活·读书·新知三联书店 2013 年版,第 205 页。

后英国人民生活水平的提高"使得"20世纪五十年代英国人开始重新探讨平等的问题"①，克罗斯兰就是其中的杰出代表。基于英国经济的发展和资本主义的新变化，他提出了"后资本主义"论；基于国有化实践中呈现出来的弊端，他否定了公有制和国有化作为社会主义目标和本质的合理性，重新界定社会主义，而国有化和公有制只是实现平等社会主义目标的手段之一。

（二）二战后欧洲的新格局

1. 社会党国际成立

第二次世界大战是世界历史发展的转折点和分水岭，战后"冷战局面和两极世界格局的形成，资本主义与共产主义两种意识形态和社会制度的尖锐对立，资本主义的新发展和现实社会主义国家遇到的一系列难题"② 等都影响了欧洲社会民主党人的思索，并进而对社会主义理论和政策进行了一系列的调整。这一调整过程与克罗斯兰社会主义思想的形成互相影响，互相促进。克罗斯兰社会主义思想的形成既是这一过程的产物，也是这一过程必不可少的一部分。

第二次世界大战结束后形成的雅尔塔体系确立了新的世界秩序，但美苏两国因社会制度、意识形态以及经济利益等方面冲突加剧，最终形成了以美国为首的帝国主义阵营和以苏联为首的社会主义阵营，二者对峙，冲突不断。围绕着这一国际形势及是否与共产党合作的问题，欧洲社会民主党逐渐发生分化，最终东欧社会民主党左翼选择与共产党合作，成立了工人阶级政党，而西欧和北欧社会民主党则主张重建社会党国际，进一步发展民主社会主义理论。

早在1944年，欧洲各国社会党人就开始筹划重建社会党国际，但由于在组织原则问题上存在分歧，即社会党国际是否对成员国有约束

---

① 刘成：《英国现代转型与工党重铸》，生活·读书·新知三联书店2013年版，第178页。

② 刘玉安、蒋锐等：《从民主社会主义到社会民主主义——当代欧洲社会民主党的理论与实践》，人民出版社2010年版，第83页。

力，各国没能形成统一的意见，因此1946年5月的第一次国际社会党人正式会议无果而终。此后历经数次会议，各国终于在1951年3月的会议上就国际的组织原则问题达成一致，即"各国社会党只对本党党员和本国选民负责，社会党人的合作必须建立在协商一致的基础上，国际社会党机构不能对各国发号施令，其通过的决议应当反映出自由达成的意见一致，这些决议对各党没有强制性的约束"①。

社会党国际指导思想的确定也经历了一番争论。以奥地利、瑞士、比利时等国为代表的社会党主张继续坚持马克思主义为指导思想，以英国工党和荷兰工党为代表的另一派则反对马克思主义的基本立场和原则。最终，1951年6月的社会党国际第一次代表大会通过了《民主社会主义的目标与任务》这一宣言，又称《法兰克福宣言》。会议将社会党国际界定为"一个寻求建立民主社会主义的政党和组织的联合会"②，目标是建立一个包括政治民主、经济民主、社会民主和国际民主的全面的民主社会。在指导思想方面，《法兰克福宣言》"拒绝把马克思主义当作唯一的指导思想，强调得益于各种人道主义传统的伦理原则如理性、自由、公正和福利等价值观念也是社会主义思想和社会主义政策的基础"③。

2. 欧洲资本主义蓬勃发展

得益于第二次世界大战后相对和平的环境和第三次科技革命的兴起，欧洲主要资本主义国家生产力迅速增长，生产力结构优化与规模扩大，产业结构调整，重心从工业转到第三产业，服务业、信息业在国民经济结构中的比重日益提高，出现了如电子工业、生物工程、宇航技术等新兴工业部门。与此相应的是脑力劳动者和技术工人增多，企业组织与管理也日趋科学化，出现了如联邦德国的雇员参与制度、英国和瑞典

---

① 刘玉安、蒋锐等：《从民主社会主义到社会民主主义——当代欧洲社会民主党的理论与实践》，人民出版社2010年版，第85页。

② 刘玉安、蒋锐等：《从民主社会主义到社会民主主义——当代欧洲社会民主党的理论与实践》，人民出版社2010年版，第86页。

③ 刘玉安、蒋锐等：《从民主社会主义到社会民主主义——当代欧洲社会民主党的理论与实践》，人民出版社2010年版，第86页。

的雇员参与计划、西班牙的社员参与制度等,这些新型的组织形式与管理制度调动了工人的积极性,缓和了资产阶级和工人阶级之间的关系。而股份公司的进一步发展以及股权的日益分散化和社会化使生产资料的资本主义私人占有形式发生了改变,资本社会化的程度进一步提高。

随生产发展和科技进步而发展的还有国有经济的发展。国有化涉及的主要部门包括基础设施和公共服务系统、大型或超大型的新兴产业、高新产业和支柱产业以及关系整个经济运转的金融产业。资本主义国家的国有化并未触及资本主义私有所有制的形式,因此也不会从根本上触及占统治地位的资本主义生产关系,但是它和股份制的发展一样,仍然是对资本所有权的一种积极扬弃,[1] 缓和了资本与劳动之间的对立。

两次世界大战以及经济危机的发生使国家垄断资本主义获得空前发展,国家对经济的干预和监督加强,特别是第三次科技革命的发展也要求国家加强基础科学的研究,提高国民教育水平,更新和发展基础设施。资本和劳动之间的矛盾也需要国家通过失业救济、医疗保险等社会福利政策来缓解。因此,国家的权力逐步增强,并通过货币政策、财政政策和计划管理对经济活动进行干预。

正如萨松所言,"资本主义本身取得的巨大成功,为五十年代亲资本主义思想的复兴奠定了明显的物质基础。'黄金时代'似乎已经到来,发达国家的经济增长超越了先前所有历史时期。"[2] 资本主义国家的这些新变化、新发展以及整个国际社会党指导思想的转变是克罗斯兰修正社会主义思想形成的大背景,与克罗斯兰重新认识资本主义、重新阐释社会主义基本是同步的。

三 克罗斯兰社会主义思想的理论渊源

克罗斯兰的社会主义思想根植于修正社会主义。历史上有两种不同

---

[1] 刘玉安、蒋锐等:《从民主社会主义到社会民主主义——当代欧洲社会民主党的理论与实践》,人民出版社2010年版,第97页。

[2] [英]唐纳德·萨松:《欧洲社会主义百年史:20世纪的西欧左翼》(上),姜辉、于海青、庞晓明译,社会科学文献出版社2013年版,第221页。

的修正主义,它们都促成了克罗斯兰的社会主义。一种是伯恩施坦的经典修正主义,另一种是英国工党所特有的修正主义。修正主义者往往借鉴伯恩施坦的分析和结论,即社会主义者应随时随地将价值观与时代的经济、社会、政治联系起来,策略和政策也应随时代发展而改变,而英国工党的修正主义则围绕公有制问题。这两种修正主义的共同特点是区分了手段和目的,并将经济目标视为手段,社会的道德建设才是目的,而且伦理目标高于经济目标。

此外,凯恩斯主义为克罗斯兰修正所有制理论提供了经济理论支持,而马克思主义学者洛拉则对克罗斯兰证实马克思主义对当代现实分析的局限性,从而重新认识资本主义起到了重要作用。

(一) 伯恩施坦修正主义的启发

伯恩施坦是德国社会民主主义理论家及政治家,修正主义的代表人物,也是民主社会主义学说的创始人之一。伯恩施坦出身于柏林的工人家庭,曾是一位马克思主义者,在担任德国社会民主党的机关报《社会民主党人报》主编期间,他因在宣传科学社会主义方面作出了杰出贡献而"赢得了'党的理论家'的称号,成为恩格斯生前指定的遗嘱执行人之一"[①]。但恩格斯逝世后,他开始批评和全面修正马克思主义。哲学方面,伯恩施坦否认辩证唯物主义和历史唯物主义;政治经济学方面,他攻击马克思的劳动价值论和剩余价值论,并在修正马克思哲学和经济学的基础之上批判了马克思的社会主义学说,阐述了其社会主义观。伯恩施坦社会主义观主要包括以下几点。[②]

第一,关于社会主义的概念。在《什么是社会主义?》一书中,伯恩施坦将社会主义定义为"现代资本主义社会中认识了自己的阶级地位和本阶级的任务的工人的社会要求和自然意向的总和"[③]。在他看来,

---

① 高放、黄达强主编:《社会主义思想史》(下册),中国人民大学出版社1986年版,第803页。

② 参见高放、黄达强主编《社会主义思想史》(下册),中国人民大学出版社1986年版,第808—821页。

③ 伯恩施坦:《什么是社会主义?》,生活·读书·新知三联书店1963年版,第24页。

社会主义的本质是资产阶级自由主义的发展，其"在事实上表现为一个更为深远得多的普遍的社会原则，这一原则的完成将是社会主义"，因此"在这一意义上可以把社会主义也称为有组织的自由主义"①。

第二，和平长入社会主义的观点。这一观点包括政治和经济两方面。政治方面，总的来说，伯恩施坦"用民主作为手段，以普选权作为杠杆，以议会为场所，以在议会中争取通过的社会立法为保证，在不打碎资产阶级国家机器的情况下，走立法或合法的改良道路，和平演变资本主义制度为社会主义制度，和平长入社会主义"②。具体来说，伯恩施坦认为应发展而不是摧毁资本主义民主制度，因为不同于封建制度，现代社会制度具有伸缩性、变化和发展能力，因此需要发展它们，而不是摧毁它们。在这些制度的影响以及工人运动的推动下，"开始出现一种反对资本的剥削倾向的社会反作用"③，现代制度可以在不发生巨变的情况下和平过渡到一种更高级的制度，而民主则是实现社会主义这一高级制度的唯一手段和形式。

民主在伯恩施坦的社会主义观中占据重要地位。他认为民主在实现社会主义的过程中起决定性作用，民主既是实现社会主义的手段，又是目的。而实现民主的关键在于工人拥有普选权。有了普选权，工人们就可以推选自己的议员参加议会，并对议会施加影响，以争取和实现有利于自身经济和社会政治的措施。

经济方面，伯恩施坦提出了资本民主化、资本主义适应论和新的经济制度萌芽论。在伯恩施坦看来，股份公司的兴起使资本分化，有产者增多，大资本家已不能像以前那样操纵公司，工人阶级可以通过购买股票成为有产者。因此，资本并非像马克思所预料的越来越集中。而且，劳动生产率的提高也明显改善了普通工人阶级的生活状况，缩小了资产

---

① 伯恩施坦：《社会主义的前提和社会民主党的任务》，生活·读书·新知三联书店1965年版，第200页。
② 高放、黄达强主编：《社会主义思想史》（下册），中国人民大学出版社1986年版，第814页。
③ 伯恩施坦：《致德国社会民主党斯图加特代表大会的书面声明》，载《伯恩施坦言论》，生活·读书·新知三联书店1973年版，第73页。

阶级和无产阶级之间的差距，没有出现马克思所预料的无产阶级的日益贫困化。

资本主义适应论是针对马克思的经济危机理论和资本主义必然灭亡的理论提出的。伯恩施坦认为当代社会的发展提高了工业的适应能力，加深了工业的分化，资本主义生产制度崩溃的可能性大大降低了；交通工具的完善、世界市场的扩大、信用的发展以及垄断组织的出现使资本主义生产变得可调节，大大提高了资本主义经济的适应性，从而能够消除经济危机，避免资本主义的灭亡。

新出现的工人合作社和地方自治机构的公共事业以及工人自己争取的包括劳资合同、工人参与管理等劳动立法被伯恩施坦称为新的经济制度的萌芽和社会改革措施。在他看来，这些萌芽都是社会主义的萌芽，"包含有工人阶级获得真正社会解放的可能性"[1]，监管之下的生产和国民经济的社会化是由产生了这些社会主义制度萌芽的资本主义制度过渡到社会主义的唯一的实现途径。伯恩施坦尤其推崇工厂法，主张让工人参加工厂管理，分享利润，认为这样可以解决社会主义经济制度的建立问题。

伯恩施坦并没有否认冲突，工会仍需与雇主就薪资进行谈判，不同议会党之间也有政治冲突，但所有的冲突都是现代民主国家内部的冲突，是和平的冲突，他断言"现代民族国家的政治组织愈是民主化，巨大政治灾难的必然性和机会就愈减少"[2]。

克罗斯兰的社会主义思想受到了伯恩施坦的影响。在牛津大学读书期间，克罗斯兰虽然没有加入共产党，但他是坚定的马克思主义者。随着二战的爆发，克罗斯兰的马克思主义立场逐渐动摇。1940年前后，克罗斯兰读到了伯恩施坦的书，并为之着迷。他在给菲利普·威廉姆斯的信中曾说过"正在对马克思主义进行重大修正"，并立志要"成为当

---

[1] 伯恩施坦：《致德国社会民主党斯图加特代表大会的书面声明》，载《伯恩施坦言论》，生活·读书·新知三联书店1973年版，第434页。

[2] 伯恩施坦：《致德国社会民主党斯图加特代表大会的书面声明》，载《伯恩施坦言论》，生活·读书·新知三联书店1973年版，第73页。

代的伯恩施坦"。① 遵循伯恩施坦修正马克思关于资本主义的经济分析和政治后果、主张通过政治方式实现理想的公正社会的修正主义传统，克罗斯兰从三方面重新对资本主义和社会主义进行了论证。

首先，英国资本主义的发展证明马克思关于资本主义的描述是错误的，至少不适用于当代英国社会。生产力和工人阶级生活水平的提高证伪了马克思主义关于资本主义必将崩溃的结论；政府权力加强、管理革命带来的资本家阶级权力向经理阶层转移以及企业内部权力由管理者向劳动者转移都使资本家经济权力日益转移和分散，证伪了马克思关于资本家阶级将随技术发展和市场垄断而有效控制整个社会的推论；英国资本主义经济持续发展所带来的工人阶级生活水平的提高以及经理阶层的出现使阶级进一步分化，阶级对抗减弱，阶级关系缓和，并未出现马克思所预言的阶级的两极分化、无产阶级日益贫困化以及随之而来的阶级关系紧张，而这一观点正是伯恩施坦批判马克思主义的核心。

其次，应从社会公正和平等等价值方面重新理解民主社会主义。社会主义究竟是什么？这是自成立以来工党一直追问的核心问题。战后英国社会的新变化为克罗斯兰重新界定社会主义提供了现实基础。在追溯和梳理了过去150年间里最有影响力的十二种社会主义学说之后，克罗斯兰最终发现这些不同理论所共有的唯一因素是某种基本道德价值和基本理想，并从五大方面总结了这些基本的道德和理想。结合英国实际，他将社会主义理想概括为"关注社会福利，实现一个平等而无阶级的社会"②。鉴于彼时的英国已建成福利国家，他更进一步地将平等视为社会主义的核心价值和本质。

最后，应相应地重视政治策略在实现公正平等社会中的作用。相比于激进的平等目标，克罗斯兰在实现手段上是温和而实用的。"他借鉴伯恩施坦的修正主义，相信议会民主有能力通过渐进的社会改革改造英

---

① See Matt Beech and Kevin Hickson, *Labour's Thinkers: The Intellectual Roots of Labour from Tawney to Gordon Brown*, Tauris Academic Studies, 2007, p. 145.

② [英] 安东尼·克罗斯兰：《社会主义的未来》，轩传树等译，上海人民出版社2011年版，第75页。

国社会",① 支持议会民主,主张渐进的经济和社会政策。他认为民主进程改变了英国经济和社会的性质,通过成立民主党派、工会组织、选举工人阶级代表等形式减少了贫困,扩大了与资本主义不良后果相抗衡的民主力量。克罗斯兰反对工党左派提倡的惩罚性资本税,担心征税的极端行为会引发不可预见的社会和政治后果。即便在改革其深恶痛绝的英国教育体制时,克罗斯兰的教育改革在课程内容和变革速度上仍是温和渐进的,充分尊重学校的自治权,"要求"而非"命令"地方政府和学校实施教育改革。

克罗斯兰继承了伯恩施坦创始的修正主义传统,坚持认为"资本主义不会因为一场自身产生的危机、一次革命或财产公共所有的稳步扩展而消灭"②,最终完成了对马克思主义的修正,确立了社会主义的本质就是平等这一价值目标的社会主义观,坚持议会民主,主张通过温和而渐进的政治策略逐步推进和实现社会主义。和伯恩施坦一样,克罗斯兰也试图为战后的英国社会民主主义策划同样的路径。③ 而在凯文·杰弗瑞看来,《未来》一书是克罗斯兰通过充实他早期著作中所概括的论点,来实现他模仿伯恩施坦的野心。④

(二)对工党修正主义传统的继承

《未来》发表时,修正社会主义的核心原则已经确定了。它出现于工党内部,代表着非马克思主义政治思想的进一步发展,为战后的民主社会主义奠定了思想基础。从 20 世纪 30 年代开始,工党内许多有影响力的著作就已发表,既有关注理论的,如伊万·德宾的《民主社会主

---

① Patrick Diamond, *The Crosland Legacy: The Future of British Social Democracy*, Policy Press, 2016, p. 48.

② [英]唐纳德·萨松:《欧洲社会主义百年史:20 世纪的西欧左翼》(上),姜辉、于海青、庞晓明译,社会科学文献出版社 2013 年版,第 848 页。

③ Kevin Hickson, "The Continuing Relevance of Croslandite Social Democracy", in *In Search of Social Democracy: Responses to Crisis and Modernization*, edited by John Callaghan, Nina Fishman, Ben Jackson and Martin Mclvor, Manchester University Press, 2009, p. 218.

④ Kevin Jefferys, *Anthony Crosland: A New Biography*, London: Politico's Publishing, 2000, p. 56.

义政治学》一书，也有关注社会改革的，如杰伊的《社会主义的理由》和道尔顿的《英国的实用社会主义》。费边社和社会主义联盟等团体也对社会主义进行了广泛的讨论，特别是1952年出版的《新费边文集》里已经包含了《未来》中的许多观点。正如萨松所言，"书中（指《未来》一书）的多数见解并非原创，但它代表着对于首先由埃文·德宾以及后来聚集在《社会主义评论》周围的修正主义工党党员以一种非系统方式提出的观点的最好总结"①。布莱恩·麦吉也持同样的观点，认为克罗斯兰"说出了工党中越来越多的人的想法，有些人已经思考了很长时间。但他表达得更好，因为他有坚实的学术论据支持和迷人的个人魅力。"②

迪克·伦纳德曾说过："对克罗斯兰影响最大的作家，除了爱德华·伯恩施坦以外，都是英国人。"③雷斯曼也认为克罗斯兰的《资本主义的转型》和《未来》继承了唐尼的传统，继承了道尔顿的《英国的实用社会主义》，也继承了道尔拉斯·杰伊在1937年出版的《社会主义的理由》一书的传统。④基于此，本书主要考察唐尼、德宾、杰伊和道尔顿四位政治学家的社会主义思想对克罗斯兰社会主义思想的影响。

1. 唐尼的社会主义思想及对克罗斯兰的影响

唐尼是工党的思想家，他的伦理社会主义为战后修正主义者提供了重要启发，盖茨克尔曾称其为"我们这一时代重要的社会主义哲学家"⑤。从他的影响中产生了这样一种观点：社会主义意味着对平等的

---

① ［英］唐纳德·萨松：《欧洲社会主义百年史：20世纪的西欧左翼》（上），姜辉、于海青、庞晓明译，社会科学文献出版社2013年版，第280页。
② Bryan Magee, *Tony Crosland as I Knew Him*, The Political Quarterly, Vol. 81, No. 2, 2010, p. 177.
③ ［英］安东尼·克罗斯兰：《社会主义的未来》，轩传树等译，上海人民出版社2011年版，导言，第2页。
④ David Reisman, *Anthony Crosland: The Mixed Economy*, Basingstoke: Macmillan, 1997, p. 87.
⑤ See Geoff Horn, *Crosland's Socialism: A History of the British Labour Party's Revisionist Tradition, 1951 – 1981*, Doctoral thesis of London Metropolitan University, 2006, p. 37.

追求，包括公有制在内的实际政策都应以多大程度上有助于实现这一核心目标来衡量。唐尼的社会主义哲学集中体现在 1931 年出版的《平等》一书中。

作为一位经济历史学家，唐尼注意到自由资本主义已经发生变化，变得更加"混合经济"，担心传统的习惯和观点没有随之改变，而这些习惯的继续存在将导致社会分裂。在他看来，仅通过机构改革或更高的收入平等无法克服英国社会的不平等，因此他想重建经济秩序而非简单改革。他对竞争性重复和无政府主义供应不足造成的经济浪费感到震惊，出于对资本主义伦理和经济的失望，他试图通过国有化来扭转局面。在唐尼看来，国有化有助于缩小特权阶层和不幸人群间的差距。同样地，通过征收遗产税、累进税和贫困收入补贴等财政政策和住房、医疗、教育等福利服务也能促进平等。

在唐尼设想的社会主义中，教育具有特别重要的作用，"除非全国各阶层的孩子都上同一所学校，否则英国的教育制度就不可能称得上是一个文明社会"[①]。和克罗斯兰一样，他不建议彻底废除隔绝的且昂贵的私立学校。尽管他也承认除了资本主义本身，私立学校体制比"其他任何单一因素都更持久地保持了国家的阶级分裂"[②]，但他身上的个人主义特质又提醒他渐进改革的不可避免性。

唐尼致力于实现广泛的环境、生活习惯、教育获得、文明化途径等方面的社会平等，他关注教育改革，强调机会平等和结果平等，认为尽管存在着不足，民主仍是社会主义者克服社会不平等的重要工具，这些思想都能在克罗斯兰那里找到共鸣。唐尼丰富的平等主义愿景更是完美地表达了道德社会主义者对无阶级社会的渴望。在这个社会中，"虽然个人的职业和收入各不相同，但他们生活在基本相同的环境中，享受着同样的医疗和教育条件。他们能平等地根据自己的能力找到不同的职位，彼此间可以自由通婚，他们不受任何形式的有辱人格的贫穷的影

---

① Tawney, *Equality*, George Allen and Unwin Ltd., 1931, p. 144.
② Tawney, *Equality*, George Allen and Unwin Ltd., 1931, p. 145.

响，也不受经济压迫"①。这与克罗斯兰所设想的无阶级社会非常相似，即人们在地位和收入上都是平等的，可以自由地混合在一起，而不削弱因人类多样性自然产生的差异。

2. 道尔顿的社会主义思想及对克罗斯兰的影响

作为工党的知识分子和政治家，道尔顿为战后工党社会主义思想的发展作出了卓越的贡献，其代表作《英国的实用社会主义》一书试图证明民主和支出都可以指向中左派的中间路线，②从而为"为社会民主主义的中间路线奠定了基础"③。

道尔顿的社会主义观攻击贫困和差距，认为它们阻碍了社会发展，贬低了公民权，支持"社会主义者通过消除贫穷、实现社会公正而建成一个繁荣的无阶级社会"④。他的社会主义是一种摆脱贫困、实现自由发展的社会主义，在他看来，"学者们往往太过于强调观点的自由表达，但更重要的应是食物充足的自由，住房宽敞的自由，衣可蔽体的自由，享受舒适和便利的自由，像人一样活着的自由。"⑤也就是说他关注的是积极自由，而非消极自由。道尔顿将社会主义的目标总结为："释放那些被资本主义制度禁锢和挫败的创造力；消除贫困、社会不平等和对战争的恐惧；使我们的社会进步、无阶级和自由"⑥。

确定了社会主义的目标之后，道尔顿又确立了社会主义的实现方式。道尔顿的社会主义包含两方面，一方面是结果的平等，另一方面是通过机会平等而实现的赋权。实现结果平等的手段包括更高的累进遗产税、赠与税、累进所得税，而将孩子离开学校的年龄从15岁提高到16岁、更好的教学楼、更小的授课班级、为年龄较大的在校生设置补助金、为大专学生设立大学生助学金、清除贫民窟并为居民建立新的房屋

---

① Tawney, *Equality*, George Allen and Unwin Ltd., 1931, p. 87.
② See David Reisman, *Anthony Crosland: The Mixed Economy*, Macmillan, 1997, p. 84.
③ New Labour's Old Roots: Revisionist Thinkers in Labour's History, edited by Patrick Diamond, Imprint Academic, p. 57.
④ Dalton, *Practical Socialism for Britain*, George Routledge & Sons, Ltd., 1936, p. 319.
⑤ Dalton, *Practical Socialism for Britain*, George Routledge & Sons, Ltd., 1936, p. 320
⑥ Dalton, *Practical Socialism for Britain*, George Routledge & Sons, Ltd., 1936, p. 26.

等措施则是实现权利平等的途径。

政治上，道尔顿是克罗斯兰步入政坛的领路人，帮助克罗斯兰获得了南格洛斯特郡的议员资格。学术上，他也深刻影响着克罗斯兰。间接地说，克罗斯兰受到德宾的《民主社会主义政治学》的影响，这本书发展了道尔顿在第二次世界大战前的思想。直接地说，克罗斯兰也受到了道尔顿个人修养的影响。道尔顿是阅读过《未来》手稿并提出批评意见的四个人之一，并且是其中唯一的政治家。①《未来》里包含了道尔顿的很多思想，书中除了柯尔和马克思，道尔顿的名字被提到的次数最多。

对于国有化，道尔顿的观点很明确：国有化只是一种手段，不是目的，绝不能与社会主义的本质如平等、赋权、效率等相混淆。这些思想在克罗斯兰的《资本主义的转变》《未来》等著作中都有明显的继承和体现。二者对原则和策略的关系的看法也是一致的。道尔顿建议工党政府在方法和细节上可以妥协，但在原则方面一定要坚定。克罗斯兰也认为社会主义者应"理解和解和妥协的必要性"，要在"既定条件下，坚持原则的前提下实现目标的最大化"②。

对于计划，道尔顿与克罗斯兰的看法不同。1932年道尔顿访问苏联，亲眼见识了资金和资源如何被调动，而同时期英国的自由企业则频繁地与他所认为的公众利益相冲突，"预付款往往给了纯粹的投机者，给了那些没有社会效用的企业，而从那些有社会价值和财政健全的企业中抽离出来"③。他认为在很大程度上，自由企业已经消失，但私营企业绝不是同样的东西，它仍然是占主导地位的经济组织类型，"把真正的权力集中在少数人的手中，这些人对我们的经济和金融生活施加了危险的独裁影响。"④ 因此，他提倡管制，支持控制，想把计划的权力政治化、民主化，认为这种权力如果被小集团和寡头们把持，可能会变成危险的独裁。

---

① David Reisman, *Anthony Crosland: The Mixed Economy*, Macmillan, 1997, p. 11.
② Anthony Crosland, *The Conservative Enemy*, Jonathan Cape, 1962, p. 144.
③ Dalton, *Practical Socialism for Britain*, George Routledge & Sons, Ltd., 1936, p. 234.
④ Dalton, *Practical Socialism for Britain*, George Routledge & Sons, Ltd., 1936, p. 332.

3. 道格拉斯·杰伊的社会主义思想及对克罗斯兰的影响

道格拉斯·杰伊的社会主义思想集中体现在 1937 年出版的《社会主义的理由》一书中。在这本书中，杰伊基于对当时英国社会存在的贫穷现象的考察，总结了实现社会主义的理由。在他看来，贫穷问题不仅与经济原因有关，而且与现代工业社会的社会制度有关，最终他得出的结论是：只有民主社会主义才是消除贫困的最好办法，也是增进人类幸福的最好方法，这也是实现社会主义的根本原因。

杰伊的社会主义思想抨击和批判了自由资本主义导致的贫困和差距。他对资本主义社会的阶级权力不感兴趣，而关注财富分配不平等导致的不平等和不公正。在他看来，严重的经济贫困是一种恶，长期的绝对贫穷"几乎是其他所有不幸的根源"，"是使生命有价值的不可逾越的障碍"①，"社会主义的根本原因就在于减轻这种经济贫困"②。他认为结果不平等本身就是一种恶，是贫穷的原因，"穷人之所以很穷的主要原因之一是富人太富了。只有当每个人都有足够多的财富时，这种不平等才有可能不会导致贫穷……而目前，人们的财富并不是足够的。因此，当前，贫穷意味着不平等，不平等意味着贫穷，不缓解不平等不可能消除贫穷。"③ 杰伊的社会主义思想是对贫穷和不平等宣战，而克罗斯兰则为福利和平等辩护，二者一脉相承。杰伊也对《未来》赞誉有加，称之为"一本开创性的、极具说服力的书"④。

杰伊相信受管制的市场经济是一种基本健全的经济，这是他社会主义观的根源。他是早期凯恩斯主义经济政策的狂热支持者，倡导以"有效总需求"作为失业问题的解决方法。⑤ 1936 年凯恩斯的《就业、利息和货币通论》一书使他在思考如何消灭贫穷和不平等时将富人的过度储蓄与穷人的失业和不安全感结合起来，用雷斯曼的话来说，杰伊

---

① Douglas Jay, *The Socialist Case*, London: Faber and Faber, 1937, p. 2.
② Douglas Jay, *The Socialist Case*, London: Faber and Faber, 1937, p. 2.
③ Douglas Jay, *The Socialist Case*, London: Faber and Faber, 1937, p. 3.
④ See David Reisman, *Anthony Crosland: the Mixed Economy*, Macmillan, 1997, p. 87.
⑤ Douglas Jay, *The Socialist Case*, London: Faber and Faber, 1937, p. 174.

"很明显地继承了前一年(指 1936 年出版)《通论》的衣钵"①,而克罗斯兰社会主义思想的一个构成要素就是凯恩斯主义。杰伊相信购买力的重新分配可以提高社会的整体幸福感:"我们毫不怀疑,一个人人富有的社区比多数人贫穷、少数人奢华富裕的社区更好。我们毫不怀疑,以牺牲少数富裕人群的代价增加相对贫穷人群的幸福感是正当的。"②克罗斯兰也认为收入水平的提高和消费方式的平等化能提高人们对于平等生活的主观感受,从而提升幸福感。

与克罗斯兰一样,杰伊不认为生产方式的所有制是经济发展的决定性因素。他意识到公有制的作用,但不是基于马克思主义的观点,即富人和穷人之间的划分是资本及赋予的权力的作用,认为"社会主义者们错误地把生产资料的所有权,而不是继承财产的所有权,当作社会化的检验"③。他没有从阶级和需求的视角为公有制辩护,也没有试图用贫穷和不平等为公有制辩护。相反,他倾向于主张在存在不劳而获的资本增值时或市场失灵时实行国有化。

而关于实现社会主义的手段,二者也有很多共同之处。杰伊设想有限地提高个人所得税的税率,但在很大程度上依赖于征收更严格的遗产税,甚至建议尽可能地取消遗产以及遗产收入。④ 二人都支持提高家庭津贴,改善教育机会。

杰伊强调良好法律的必要性,认为即便是控制也要在一定范围内,"对价格体系进行部分干预是可能的,但对其进行大规模破坏是不可取的"⑤。他认同通过税收和补贴分配,以免经济的自发性将富人的雪茄置于贫困儿童的牛奶之前。⑥ 从根本上来说,杰伊支持市场和选择。克罗斯兰曾评价杰伊的书缺乏进化经济学,认为他只关心短期问题,缺乏

---

① David Reisman, *Anthony Crosland*: *The Mixed Economy*, Basingstoke: Macmillan, 1997, p. 87.
② Douglas Jay, *The Socialist Case*, London: Faber and Faber, 1937, p. 33.
③ Douglas Jay, *The Socialist Case*, London: Faber and Faber, 1937, p. 238.
④ Douglas Jay, *The Socialist Case*, London: Faber and Faber, 1937, p. 236.
⑤ Douglas Jay, *The Socialist Case*, London: Faber and Faber, 1937, p. 350.
⑥ David Reisman, *Anthony Crosland*: *The Mixed Economy*, Basingstoke: Macmillan, 1997, p. 89.

关于资本主义未来的分析。① 但实际上，杰伊看到了资本主义经济的未来及本质，而且坚定地认为社会主义者的任务就是要有效解决英国混合经济中出现的问题。

4. 埃文·德宾的社会主义思想及对克罗斯兰的影响

德宾是杰出的修正主义学者，也是两次世界大战期间工党政治中的重要人物。因《民主社会主义政治学》一书，他被公认为对民主社会主义作出了最杰出的贡献，"在构思民主社会主义战略方面发挥了卓越作用，为1945—1951年的政府改革奠定了基础"②。德宾也被认为是第一个明确宣称政治民主高于社会主义目标的社会主义作家，并为打破马克思主义在知识界的魔咒作出了重大贡献。③

在对当代社会的修正主义分析方面，德宾是第一批观察到资本主义正从传统的自由放任中转型的工党知识分子之一。他指出郊区的发展和中下层阶级的崛起使马克思主义关于革命意识不断增强的观点成为伪命题，而20世纪30年代的经济复苏也表明资本主义并没有像马克思所宣称的将最终崩溃④，因此，马克思主义关于工人阶级的贫困和资本主义经济崩溃的预言已被证明是错误的，民主机构以及社会保护主义力量的发展迫使资本主义制度发生变化，新制度已出现。

德宾相信，社会主义是实现更大的社会正义，只有通过民主方法才能实现社会主义。⑤ 他关于公正社会的概念以致力于维护民主文化为基础，在这种文化中，公正、相互包容和妥协是至关重要的因素。这些价值观为追求平等和自由奠定了基础，并为修正主义的民主政治方式提供

---

① David Reisman, *Anthony Crosland: The Mixed Economy*, Basingstoke: Macmillan, 1997, p. 89.

② *New Labour's Old Roots: Revisionist Thinkers in Labour's History*, edited by Patrick Diamond, Imprint Academic, p. 71.

③ Kevin Jeffreys, *The Old Right*, *The Struggle for Labour's Soul*, Edited by Raymond Plant, Matt Beech and Kevin Hickson, London: Routledge, 2004, p. 70.

④ Kevin Jeffreys, *The Old Right*, *The Struggle for Labour's Soul*, Edited by Raymond Plant, Matt Beech and Kevin Hickson, London: Routledge, 2004, p. 70.

⑤ E. F. Durbin, *The Politics of Democratic Socialism*, London: George Routledge & Sons LTD, 1940, p. 235.

了政治基础,而这些承诺所引起的现实问题则是未来民主社会主义政治家必须面对和解决的难题。

不止一位学者将《未来》视为德宾《民主社会主义的政治学》的续篇。[①] 的确,克罗斯兰的很多思想在此书中已有表述。克罗斯兰关于资本主义转型的分析与德宾的分析非常接近。德宾注意到了工会权威的增长、社会支出的作用以及国家控制经济的能力,并预测"按照现在的速度,缓慢的、稳步的但不断扩大的政府和立法控制将在一代人的时间内对产业和金融产生更大的影响"[②]。和克罗斯兰一样,德宾也注意到变化了的阶级结构和工人阶级的新特点,"无产阶级开始有了资产阶级的特点",并详细讨论了现代公司内所有权与管理权的分离,而经理革命则创造了一支由技术人员、白领工人和郊区居民组成的新阶层。这种不断变化的格局意味着越来越多的体力劳动者拥有房产和抵押贷款,工党若要维持自己的地位,就必须赢得新中产阶级的支持。

更为重要的是,德宾将经济增长视为社会进步的原因,而不仅仅是经济效率的结果。"生产的普遍增长和随之而来的生活水平的提高,在很大程度上削弱了无产阶级的无产阶级性质",[③] 从而实现了无产阶级的资产阶级化,与资产阶级形成一种共同的文化。经济发展与人民对民主的信仰也是成正比的,德宾用德国的例子证明了当经济发展不顺的时候,人民对民主的接受程度也随之下降,转而希望有一个威权型的政府。[④] 此外,经济发展还会培育一种温和的利他主义,从而提高社会主义党派的受欢迎程度。在英国,"经济的繁荣往往促使英国选民左转"[⑤]。对于德宾来说,持续的经济增长是社会主义的内在组成部分,

---

[①] Mark Wickham-Jones, *The Future of Socialism and New Labour: An Appraisal*, The Political Quarterly, No. 2, 2007, p. 232.

[②] Mark Wickham-Jones, *The Future of Socialism and New Labour: An Appraisal*, The Political Quarterly, No. 2, 2007, p. 232.

[③] Evan Durbin, *The Politics of Democratic Socialism*, Routledge and Kegan Paul, 1940, p. 120.

[④] See Evan Durbin, *The Politics of Democratic Socialism*, Routledge and Kegan Paul, 1940, p. 260.

[⑤] Evan Durbin, *The Politics of Democratic Socialism*, Routledge and Kegan Paul, 1940, p. 144.

而克罗斯兰社会主义思想的一个重要前提就是经济的持续增长，认为经济增长与机会平等、结果平等是共生互利、循环往复的关系，即经济增长可促进机会平等和结果平等，而这种平等化的过程反过来也会促进经济的增长。

自然，二者也存在着不同之处。德宾非常重视心理学，并详细探讨了战争和冲突，关注武力对抗社会主义和苏联专制的可能性。而对于市场经济下的税收政策，他比克罗斯兰更现实，认为"社会服务的不断扩大和税收在国民收入中所占比例的稳步上升对资本主义制度造成了压力，资本主义制度已经降低了其潜在的发展速度，而且还将进一步降低"，[1]"如果进一步提高税收，将彻底消除社会储蓄，留给我们的是一个发展停滞的经济"[2]。因此"应限制税收所应达到的最高点"，因为"从长远来看，指望金蛋过活而杀鸡取卵是不明智的"，因此，在某种程度上，如果要想改善社会，就必须把经济力量置于社会改善之前"[3]。

更为重要的是，不同于克罗斯兰，德宾相信对于社会主义者来说，坚持公有制和实际控制权仍是十分重要的。[4] 国家在德宾的社会主义思想中具有特别重要的作用。在德宾看来，国家应弥补市场在教育、医疗、失业救济金和老年养老金方面的不足；国家应实施反周期措施以确保充分就业，在严重的经济衰退中，它甚至应该冒着预算赤字的风险为刺激经济的投资买单；必要时，国家也应采取监管立法的形式以确保权力的转移，比如可以通过社会所有制的形式对股份制银行的贷款政策进行调控。他支持国有化，赞成将"工业体系中的相当一部分"国有化，支持"最好对社会化的工业部门实行中央控制或成立最高经济机构"[5]，

---

[1] Evan Durbin, *The Politics of Democratic Socialism*, Routledge and Kegan Paul, 1940, p. 299.

[2] Evan Durbin, *The Politics of Democratic Socialism*, Routledge and Kegan Paul, 1940, pp. 294.

[3] Evan Durbin, *The Politics of Democratic Socialism*, Routledge and Kegan Paul, 1940, pp. 299 – 300.

[4] Evan Durbin, *The Politics of Democratic Socialism*, Routledge and Kegan Paul, 1940, pp. 301 – 305.

[5] Evan Durbin, *The Politics of Democratic Socialism*, Routledge and Kegan Paul, 1940, p. 301.

将工党的国有化计划视为"民主的胜利"和战后工党执政期间的"主要成绩"。① 但同时，德宾对国有化的态度也是谨慎的，认为"国有化不是获得控制力的唯一可能途径"②，公有制可能会促进生产力，但不会促进平等，"他相信，在正常情况下，只要受到适当的监管，就可以放心地把增长的责任托付给市场部门。"③

（三）卢西恩·洛拉的影响

克罗斯兰对马克思的态度除了受到伯恩施坦的影响之外，也受到洛拉《马克思主义与民主》一书的影响。洛拉的著作帮助克罗斯兰厘清了其关于马克思主义与民主社会主义关系的最初想法，证实了马克思主义对当代现实分析的局限性，而对资本主义的重新认识对于克罗斯兰的写作和重新思考社会主义至关重要。

洛拉是一位马克思主义者。洛拉是笔名，真名是奥托·马赫尔，1898 年生于维也纳，第一次世界大战期间参加了奥地利社会主义青年运动，并在战后加入了奥地利共产党，成为该组织的创始成员之一。1923 年到 1927 年他移居莫斯科，在此期间与共产国际建立了紧密的联系，也正是在此期间，他开始慢慢地对苏联政权不再抱有幻想，认为布尔什维克主义已无可救药地堕落，越来越远离马克思的马克思主义。在布鲁塞尔短暂居住后，他搬到巴黎，并在巴黎与共产党人彻底决裂。也是在巴黎，他出版发行了月刊《马克思主义的斗争》，并开始以卢西恩·洛拉的名字发表文章。④

《马克思主义与民主》是洛拉唯一被翻译成英语的作品，书的法文名字是《失败的马克思主义？——从马克思的马克思主义到今天的马

---

① Quoted from Kevin Jeffreys, *The Old Right*, in *The Struggle for Labour's Soul: Understanding Labour's Political Thought Since 1945*, edited by Raymond Plant, Matt Beech and Kevin Hickson, Routledge, 2004, p. 70.

② Evan Durbin, *The Politics of Democratic Socialism*, Routledge and Kegan Paul, 1940, p. 98.

③ David Reisman, *Anthony Crosland: The Mixed Economy*, Macmillan, 1997, p. 91.

④ See Catherine Ellis, "'The New Messiah of My Life': Anthony Crosland's Reading of Lucien Laura's Marxism and Democracy", *Journal of Political Ideologies*, 2012, 17: 2, p. 192.

克思主义》。左派读书俱乐部于1940年出版此书，这也是俱乐部出版的第一部译著，说明斯特雷奇和拉斯奇都认为洛拉的分析与当时的英国有很强的相关性。克罗斯兰的好朋友菲利普·威廉姆斯给参军的克罗斯兰寄了一本，彼时的克罗斯兰正"处于学识信仰的动荡期"①，洛拉的著作进一步坚定了克罗斯兰对马克思主义的疑虑。克罗斯兰在给菲利普的回信中将此书称为"新的救世主"，这证明了洛拉在克罗斯兰由马克思主义立场向民主社会主义立场转变过程中的重要作用。②

洛拉在《马克思主义与民主》一开始就阐述了自己对马克思的马克思主义的理解。他认为人们误解了诸如"无产阶级专政"等概念，马克思所设想的社会主义是工人参与的民主国家。在洛拉看来，"民主就是无产阶级的同义词"，"无产阶级专政"根本上就是"工人阶级行使政治权力"③，民主是工人阶级行使政治权力的唯一方式。出于对苏联政体的失望，洛拉坚称没有任何证据表明马克思和恩格斯希望实现工业的完全国有化或以武力推翻资本主义制度，民主国家中的"和平方式是实现国家经济基础由资本主义向社会主义本质转变的最有效方法"④，与此相应的是，"只有民主社会主义，而非布尔什维克主义，才有资格声称自己是正统的马克思主义"⑤。

虽然克罗斯兰并不完全赞同洛拉的上述观点，但洛拉使克罗斯兰越来越坚信当代资本主义能解决自身的许多矛盾。克罗斯兰尤其对《马克思主义与民主》的最后一章感兴趣。在这部分，洛拉捍卫了民主，并围绕着介于工人阶级和资本家阶级之间的中间阶级对现代资本主义进行了分析。克罗斯兰评价它"非常刺激、有趣，对个人人生观的影响是革命性的"⑥。

---

① Susan Crosland, *Tony Crosland*, London: Jonathan Cape, 1982, p. 18.
② See Catherine Ellis, "'The New Messiah of My Life': Anthony Crosland's Reading of Lucien Laura's Marxism and Democracy", *Journal of Political Ideologies*, 2012, 17: 2, p. 193.
③ Lucien Laurat, *Marxism and Democracy*, London: Gollancz, 1940, p. 42.
④ Lucien Laurat, *Marxism and Democracy*, London: Gollancz, 1940, p. 46.
⑤ Lucien Laurat, *Marxism and Democracy*, London: Gollancz, 1940, p. 141.
⑥ Quoted from Catherine Ellis, "'The New Messiah of My Life': Anthony Crosland's Reading of Lucien Laura's Marxism and Democracy", *Journal of Political Ideologies*, 2012, 17: 2, p. 194.

第一章　克罗斯兰社会主义思想的形成　65

在洛拉看来，对于当代的社会主义者来说，制度的演进正使传统教条变得不合时宜，"传统经济学家和卡尔·马克思对资本主义的定义已走到了尽头。当今的经济体制结构与19世纪的自由资本主义大不相同，二者的不同点远大于相同点……"①。洛拉强调资本主义已发生改变，这也提醒了作为读者的克罗斯兰："这还是资本主义吗？……我的回答是：不是。"② 二者都认为自由市场已经终结，国家成为经济生活的最终决定因素，而不同的现象需要不同的名称。对于已经变化了的资本主义，洛拉建议用国家资本主义来定义，这种新的国家资本主义能够避免严重的经济危机，并反复强调这种新制度的先进性和进步性为社会主义铺平了道路。受到洛拉的启发和鼓励，克罗斯兰坚信资本主义能够毫不费力地解决失业和生产不足问题，并在《新费边文集》中将变化了的资本主义界定为"国家主义"。

洛拉担心后资本主义社会中经济结构的自主性和无责任感，而将目光投向民主国家，主张通过国家引导经济活动，而克罗斯兰所设想的民主社会主义的条件之一就是国家权力的扩大。所不同的是，洛拉是马克思主义者，而克罗斯兰则不是。洛拉认为资本主义的这些变化本身就证明了马克思主义方法的永恒性，因为"是马克思第一个发现了这些变化"③，而克罗斯兰则依据资本主义发生的这些变化认为不管在实际政策方面，还是在概念工具方面，马克思主义已经过时了，因此需要进行修正。

此外，二者对待国有化的态度也不一样。克罗斯兰希望英国的主要产业和服务业仍由国家控制，但力主工党应终止基于意识形态的进一步的国有化，认为大型公司的出现和股权的分散意味着国有化在实现社会主义方面不如竞争性的公有企业和政府控股企业有效率，而洛拉则坚信国有化严重威胁个人自由，认为国有化没有扩大自由，只是把经济权力转移到了官僚—技术专家寡头统治者手中。

---

① Lucien Laurat, *Marxism and Democracy*, London: Gollancz, 1940, p. 192.
② See David Reisman, *Crosland's Future: Opportunity and Outcome*, Macmillan Press Ltd., 1997, p. 12
③ Lucien Laurat, *Marxism and Democracy*, London: Gollancz, 1940, pp. 192-193.

即便如此，进化社会主义仍将二者聚集在一起，促使克罗斯兰在给威廉姆斯的信中兴奋地宣称他发现了"生命中新的救世主"，因为他"为费边社的策略找到了一种巧妙的、貌似合理的马克思主义的理由"[1]，也坚定了克罗斯兰对混合经济的信仰。简而言之，在洛拉那里，克罗斯兰为他继续与马克思主义进行对话找到了合理的理由，而"这种对话不仅对克罗斯兰在 30 年代末 40 年代初逐渐形成的民主社会主义者的身份至关重要，而且一直延续到他的大多数工党右翼同僚将马克思置于无足轻重的地位很久之后的 50 年代"[2]。

（四）凯恩斯主义的影响

凯恩斯是英国著名的经济学家，他的经济理论建立在 1936 年出版的《就业、利息和货币通论》一书的思想基础之上，被称为凯恩斯主义经济学，也被称为凯恩斯的需求管理理论，核心观点是国家的经济管理和支出是充分就业和经济发展的保证。它否定了传统经济理论的经济自我调节能力，认为有效需求不足导致市场无法通过自身调节实现供需平衡，从而实现充分就业，因此主张政府运用宏观调控，尤其通过赤字财政政策、扩大公共支出增加投资，刺激需求，恢复经济活力，从而实现创造就业、提高人民生活水平的目标。

第二次世界大战期间，凯恩斯曾担任财政大臣咨询委员会的经济顾问，他的经济思想对 20 世纪 40 年代的高层政治产生了直接或间接的影响。1940 年，在为政府起草的战争目标声明中，他就明确强调战后的社会保障和就业措施，凯恩斯主义自此成为英国政府战后安排的理论依据。1941 年预算和 1944 年的《就业政策白皮书》中也明显体现了凯恩斯的思想，[3] 特别是由道尔顿在杰伊和盖茨克尔辅助下起草的《白皮

---

[1] Catherine Ellis, "'The New Messiah of My Life': Anthony Crosland's Reading of Lucien Laurat's Marxism and Democracy", *Journal of Political Ideologies*, 2012, 17: 2, p. 189; David Reisman, *Crosland's Future: Opportunity and Outcome*, Macmillan Press Ltd., 1997, p. 12

[2] Catherine Ellis, "'The New Messiah of My Life': Anthony Crosland's Reading of Lucien Laurat's Marxism and Democracy", *Journal of Political Ideologies*, 2012, 17: 2, p. 201.

[3] Kenneth O. Morgan, *The People's Peace: British History 1945 – 1989*, Oxford University Press, 1990, pp. 5 – 15.

书》明确接受了价格体系和财政预算的作用,并成为 1945 年大选中工党经济纲领的基础。工党上台后也更多地采用了凯恩斯主义的反危机政策来应对 1947 年后的经济危机。①

凯恩斯不是社会主义者,对社会主义不感兴趣,也从未是工党的支持者,但凯恩斯主义的出现促进了非马克思主义经济理论的发展,极大地增强了社会主义者的力量,为克服严重不平等和失业等不公正的资本主义倾向提供了现实指导。他的理论也"给国家对经济活动的干预开辟了一条道路",因为"如果为了解决失业问题,资本主义国家便有理由对市场经济进行干预,那么,为了消除资本主义的其他弊端,国家也可以进行其他方面的干预,干预范围的扩大甚至会导致计划经济"②。吉登斯也认为虽然凯恩斯"并不是一个社会主义者,但他的思想却含有着马克思和社会主义所强调的某些重要方面。……资本主义制度中存在着一些非理性的因素,……可以在不否定资本主义本身的情况下得到控制,从而使资本主义得到挽救"③。因此,凯恩斯主义受到了战后社会民主党政府的推崇。

凯恩斯主义承认资本主义存在弊端,但这些弊端可以通过国家干预,且在不改变资本主义本身的前提下消除。凯恩斯的理论不重视经济中的供给方面,"阐明了如何通过需求管理和创造一种混合经济来稳定市场资本主义"④,他还赞同对某些部门进行国有化,"因为某些对国计民生至关重要的产业不应掌握在私人手中"⑤。这些都与工党修正社会主义的观点相容,成为战后工党修正主义的经济基础。

工党一直支持更多的平等,认为财富和收入不平等本身就是错误

---

① 参见张世鹏《西欧社会民主主义政党指导思想的历史演变》,山东人民出版社 2014 年版,第 215 页。
② [英] 约翰·梅纳德·凯恩斯:《就业、利息和货币通论》,高鸿业译,商务印书馆 2009 年版,译者导读,第 29 页。
③ [英] 安东尼·吉登斯:《第三条道路:社会民主主义的复兴》,郑戈译,北京大学出版社、生活·读书·新知三联书店 2000 年版,第 10 页。
④ [英] 安东尼·吉登斯:《第三条道路:社会民主主义的复兴》,郑戈译,北京大学出版社、生活·读书·新知三联书店 2000 年版,第 10 页。
⑤ [英] 安东尼·吉登斯:《第三条道路:社会民主主义的复兴》,郑戈译,北京大学出版社、生活·读书·新知三联书店 2000 年版,第 11 页。

的，这种不平等和低效减少了从既定的国民收入中获得的总体福利。凯恩斯虽然没有对这个问题作出任何判断，但他指出同样重要的一点，即在当时的情况下，这种不平等会导致生产低效，因为它们会导致消费倾向变低，从而限制投资机会。①

工党理论家和思想家对凯恩斯主义极度推崇。包括杰伊和盖茨克尔在内的很多修正主义理论家和政治家都受到《就业、利息和货币通论》的影响，盖茨克尔在考察英国民主社会主义意识形态发展时曾突出强调了凯恩斯的贡献。②迈克尔·杨认为"对于修正主义文本而言，幕后的凯恩斯与台前的克莱门·艾德礼同等重要"③，艾瑞克·肖恩甚至把工党修正主义称为凯恩斯主义的民主社会主义，这充分表明凯恩斯主义经济学对于工党修正主义的重要性。在肖恩看来，凯恩斯主义代表了"社会主义的平等主义和福利愿望与资本主义混合经济之间的和解"④，因为凯恩斯主义为民主国家通过财政政策控制经济提供了经济工具，而无须借助大规模的国有化。也就是说，凯恩斯主义的经济政策可以克服资本主义所引起的不平等、失业、经济不稳定等弊端，无须改变所有制结构而"实现使社会主义者感到满意的大部分目标。"⑤

平等是克罗斯兰社会主义思想的核心，在《未来》一书中，他在阐述什么样的平等适合混合经济的现代民主社会的同时，也阐述了实现这一平等的社会政策。同时，他还思考了实现这一结果的最适当的战略，而这一战略则主要依赖于经济增长增量的假设和凯恩斯主义的经济管理技术。这就是克罗斯兰提出的著名的修正社会主义公式，即社会主义＝社会主义平等＋混合经济＋政治自由＋凯恩斯经济学＋福利国家⑥，其中的混合经济概念被认为也源于凯恩斯。在《就业、利息和货

---

① See David Reisman, *Anthony Crosland: The Mixed Economy*, Macmillan, 1997, p. 73.
② 参见［英］唐纳德·萨松《欧洲社会主义百年史：20世纪的西欧左翼》（上），姜辉、于海青、庞晓明译，社会科学文献出版社2013年版，第280页。
③ Michael Young, *Anthony Crosland and Socialism*, Encounter, August 1977, p. 84.
④ Eric Shaw, *The Labour Party Since 1945*, Blackwell, 1996, p. 55.
⑤ Eric Shaw, *The Labour Party Since 1945*, Blackwell, 1996, p. 55.
⑥ 参见［德］托马斯·迈尔《社会民主主义的转型》，殷叙彝译，北京大学出版社2001年版，第41—42页。

币通论》中，凯恩斯指出："某种程度的全面的投资社会化将要成为大致取得充分就业的唯一手段；当然，这并不排除一切形式的折衷方案，国家当局可以和私人的主动性结合起来……此外，必要的社会化的步骤可以逐渐采用，从而不会割断社会的一般传统。"① 在凯恩斯看来，要克服资本主义的大规模失业等弊端，扩大政府权力、对经济进行干预是一种切实可行的办法。这个观点被认为是混合经济论的由来。

从本质上讲，凯恩斯式的需求管理将确保经济的持续扩张，克罗斯兰坚称英国的经济将持续增长，这将确保在现有的充分就业和福利国家基础上实现收入的增长。建立在凯恩斯的混合经济理论之上，克罗斯兰开始重新思考公有制与其所追求的平等目标之间的关系和作用，将平等视为社会主义的目标，而公有制和国有化只是实现平等目标的手段之一。实现平等并不一定需要通过大规模的国有化和改造资本主义产权制度，通过扩大国家权力，借由财政、货币、投资等手段，一样可以实现经济增长、充分就业和社会公正平等的最终目标。

作为经济学家，克罗斯兰自始至终都是一名凯恩斯主义者，甚至在西方国家普遍发生滞涨危机的20世纪70年代，他仍对凯恩斯主义深信不疑，认为"凯恩斯主义是当代历史的最大贡献"②。

四 美国和瑞典的政治实践对克罗斯兰社会主义思想的影响

对克罗斯兰的批评之一是其孤立主义和狭隘主义，认为克罗斯兰只关心英国民主社会主义的未来，拒绝参与国际政治发展。实际上克罗斯兰所追求的社会主义并不是凭空产生的，他的思想受到美国和欧洲，尤其是瑞典政治实践和社会变革的影响，美国和瑞典是他心中完美的社会

---

① [英]约翰·梅纳德·凯恩斯：《就业、利息和货币通论》，高鸿业译，商务印书馆2009年版，第391—392页。

② Anthony Crosland, *Social Democracy in Europe*, London: Fabian Society, 1975, p. 2.

主义范本。在《未来》第一版的索引中，对美国和瑞典情况的参考分别为 42 次和 38 次，而对苏联（大多是负面性的）和德国的参考分别只有 10 次，对于其他国家情况的提及，最多不超过两次。① 他在阐述第二次世界大战后英国社会深刻的不平等时，尤其是英国社会根深蒂固的不平等的社会意识时，认为其他国家在实现平等的实际程度方面并不比英国高多少，但它们的平等意识和社会团结远高于英国，尤其是瑞典和美国。②

（一）美国资本主义的新发展影响了克罗斯兰对资本主义和社会主义的认识

美国作为最发达的资本主义国家，自 19 世纪 80 年代以来一直被英国和欧洲左派视为资本主义发展的前沿，他们从美国资本主义国家发展的状况推测自己国家未来的发展前景，尤其是美国从自由竞争阶段转为集中，再到卡特尔、托拉斯等垄断组织的出现，更是影响着 20 世纪 20 年代工党社会主义的塑造。英国社会主义者都将美国视为社会主义的反例，认为美国的企业垄断威胁着公民和国家，由此将对垄断的攻击视为支持国有化的主要论据。从 1918 年的工党党章开始，一直到 30 年代，通过公有制摧毁垄断的私有经济一直是工党经济策略的核心。③

美国的学者们一直也很关注本国资本集中问题。1932 年美国学者伯勒和格迪纳·米恩斯发表《现代公司和私有产权》一书，强调了美国资本主义的新发展，包括经济活动愈加集中到少数几个公司以及这些公司内部所有权与管理权的分离，及由此带来的经济权力由财产所有者向管理者的转移，即管理革命。虽然英国的政治家也注意到了这些主题④，但正是如米恩斯和盖尔布雷斯（1958 年出版《丰裕社会》）等美

---

① ［英］安东尼·克罗斯兰：《社会主义的未来》，轩传树等译，上海人民出版社 2011 年版，导言，第 3 页。
② See Anthony. Crosland, *The Transition from Capitalism*, in New Fabian Essays, Turnstile Press, 1952, p. 62.
③ See Stephen Brooke, "Atlantic Crossing? American Views of Capitalism and British Socialist Thought 1932 – 1962", *Twentieth Century British History*, Vol. 2, No. 2, 1991, p. 108.
④ 如 1931 年韦伯夫妇出版的《资本主义文明的衰亡》和 1931 年凯恩斯的《劝说集》。

国人的著作才引发了工党内部 20 世纪 30 年代到 60 年代意识形态的辩论，尤其是美国发生的所有权和管理权的分离以及管理革命成为英国社会主义者争论的重要议题。

之所以这样，是因为自 20 世纪 30 年代末开始，工党右派的修正主义者热衷于反驳马克思主义。借助于伯勒和盖尔布雷斯的著作，德宾和克罗斯兰试图通过说明资本主义已经发生转变，尤其是控制权和所有权关系的转变证明马克思主义的理论和对策是错误的。英国学者戴维斯也认为英国社会主义者对资本主义新变化的认识主要受美国修正政治理论的影响，特别是伯勒、米恩斯的所有权和管理权分离理论以及詹姆斯·伯恩哈姆的管理革命理论。① 对于克罗斯兰来说，美国的情况意味着工党需要重新思考经济策略：如果在一个转型的资本主义体系中，经济在没有所有权只有控制权的情况下仍能蓬勃发展，那么国有化也就变得无关紧要。从这一方面来讲，伯勒和米恩斯的著作与克罗斯兰社会主义思想的形成密切相关。

在实践中，20 世纪 50 年代的克罗斯兰非常热爱美国社会，经常访问美国。1954 年末，他在美国游学，并对当代社会学理论产生了兴趣。② 他注意到美国政治充斥着集会和电视广播，为美国的自由主义着迷，并在与母亲的通信中提到工党和民主党有许多相似之处。③ 在他的笔记中，他也对美国社会的政治活力表现出了极大的兴趣，非常崇拜美国的平等主义氛围。④ 此外，他和工党右翼的主要人物如艾德礼和时任外交大臣的贝文都立场坚定地忠于北大西洋公约组织和大西洋联盟，认为其是对抗苏联的堡垒，对捍卫欧洲民主和英国国家利益至关重要。⑤

---

① 参见［英］戴维斯《资本主义新变化与新左派"丰裕社会"之争——论英国新左派在社会主义论战中的思想贡献》，《南京大学学报》2014 年第 1 期。
② Susan Crosland, *Tony Crosland*, Jonathan Cape, 1982, p.60.
③ Patrick Diamond, *The Crosland Legacy: The Future of British Social Democracy*, Policy Press, 2016, p.144.
④ See Geoff Horn, *Crosland's Socialism: A History of the British Labour Party's Revisionist Tradition, 1951-1981*, Doctoral thesis of London Metropolitan University, 2006, p.66.
⑤ Henry Pelling, *America and the British Left: From Bright to Bevan*, Adam and Charles Black, 1956, p.152.

对于克罗斯兰对美国的推崇，迈克尔·杨"还曾努力劝说他不要那么热衷于美国社会"①，道尔顿在看过《未来》一书的原稿后也曾抱怨里面充斥了太多大西洋彼岸的术语②。

除了出于保障集体安全的考虑之外，克罗斯兰也认为美国为英国社会主义提供了道义上的支持。正如德宾所描述的，美国是"伟大的资本主义民主国家之一……建立在代议民主的政治制度与资本主义的经济体系之上"③，那同为主要资本主义民主国家的英国自然可以从美国的发展中获得支持和信心。克罗斯兰坚信新的经济时代最终会到来，"在这个时代里，工业化革命最终会发展为成熟的现代化的大规模生产经济，就像它在美国发展的那样，英国也将如此"④。

受平等主义影响，克罗斯认为相比较于英国，美国社会更少受到阶级出身的限制。在《资本主义的转变》中，他对美国不吝赞美，包括美国资本主义没有发展出英国僵化的阶级制度、相对平等的教育体制以及产业中高度的机会平等。⑤ 在《未来》一书中，他更在不同的章节详细描述了美国的文化、社会平等和大众消费。实际上，从年轻的时候，克罗斯兰就为美国的活力、开放，无阶级社会所吸引，认为美国的魅力在于"非同一般的社会自由，轻松随意的氛围，容易沟通，对生而平等的假设，不存在顺从，也不怎么存在势利以及那种模糊的、无形的却依然充斥于整个英国社会的阶级感"⑥，并认为美国不同社会阶级间生活水平上没有明显的客观差距以及人们对于平等生活水平的普遍意识"是导致其社会更加平等，并缺少深刻阶级感的根本原因之一"⑦，并由

---

① [英] 安东尼·克罗斯兰：《社会主义的未来》，轩传树等译，上海人民出版社 2011 年版，导言，第 3 页。
② Kevin Jefferys, *Anthony Crosland: A New Biography*, Politico's Publishing, 2000, p. 57.
③ E. Durbin, *The Politics of Democratic Socialism*, Labour Book Service, 1940, p. 77.
④ P. Hennessy, *Having it So Good: Britain in the Fifties*, Penguin, 2007, p. 519.
⑤ Anthony Crosland, *The Transition from Capitalism*, in *New Fabian Essays*, edited by R. H. S. Crossman, London: Turnstile Press, 1952, pp. 53 – 54.
⑥ [英] 安东尼·克罗斯兰：《社会主义的未来》，轩传树等译，上海人民出版社 2011 年版，导言，第 3 页。
⑦ [英] 安东尼·克罗斯兰：《社会主义的未来》，轩传树等译，上海人民出版社 2011 年版，第 205 页。

此认为更高的生活水平和大众消费可以创造一种更平等的文化、更开放的工业创新和一个没有阶级的社会。

克罗斯兰对于美国社会平等的解读在现在看来是有问题的，他认为相比较于英国，美国享有更高程度的社会平等、更少的社会仇视，部分原因是"第二代美国人民从未建立无产阶级的阶级意识，因为他从来就不是无产阶级——黑人或下一波的移民从事了最低等级的工作"①。实际上，克罗斯兰的所有关于美国性别和种族的研究和所使用的社会学理论都是没有说服力的。②

（二）瑞典的社会改革影响了克罗斯兰关于平等的看法

尽管克罗斯兰一直对美国赞赏有加，但他也承认工党对福利国家和国民医疗健康保险制度的支持意味着英国与欧洲大陆有许多共同点。尽管以狭隘主义著称，实际上他也了解主要欧洲国家和社会民主党的发展情况。1960年，他参加了在荷兰举行的国际社会主义会议，并在会上宣称"一个幽灵在欧洲游荡—修正主义的幽灵"③。他注意到在欧洲社会主义政党中，只有英国工党仍在坚持公有制："在德国，早在1959年著名的哥德斯堡纲领中，社会民主党就已放弃将所有权作为主要目标……在最近的一次非常成功的竞选活动中，奥地利党在其竞选纲要—13点计划中都没有提到国有化，甚至在马克思主义残留较多的法国，人们关注的多是促进产业民主以改变权力关系，而不仅仅是改变所有制。"④他还注意到荷兰工党在其纲领中从伦理和道德方面对社会主义进行了定义，宣称"允许不同形式的公有和私有生产方式共存是可取的"⑤，只

---

① ［英］安东尼·克罗斯兰：《社会主义的未来》，轩传树等译，上海人民出版社2011年版，第176页。
② Mark Wickham-Jones, *The Future of Socialism and New Labour: An Appraisal*, The Political Quarterly, No. 2, 2007, p. 236.
③ Patrick Diamond, *The Crosland Legacy: the Future of British Social Democracy*, Policy Press, 2016, p. 144.
④ Anthony. Crosland, *Social Democracy in Europe*, Tract 438, London: Fabian Society, 1987, p. 10.
⑤ Patrick Diamond, *The Crosland Legacy: The Future of British Social Democracy*, Bristol: Policy Press, 2016, p. 152.

有在维持充分就业和促进工业效率时才有必要实行生产的社会化。

而在所有的欧洲社会民主主义国家中，克罗斯兰特别指出瑞典是最值得效仿的欧洲社会，其福利主义和平等主义的观点更接近于社会主义理想，因为它更"优先考虑社会福利和社会服务，具有更高程度的财富平等，具有更加和谐合作的劳资关系模式"①。更重要的是，瑞典在消除贫困、实现更广泛的社会平等方面取得的成就并不是通过国有化，而恰恰是国家放弃了对生产资料的所有权，转而动用政府的一般经济干预权，实行激进的再分配税收政策实现的。对于克罗斯兰来说，在不危及个人自由的情况下创建一个更公平的社会是一种令人激动和向往的愿景。也因此，《未来》通常被解读为试图将工党与瑞典社会民主主义的政策和目标直接关联起来。帕特里克·戴蒙德称"克罗斯兰将瑞典视为英国工党模仿的对象，认为瑞典的社会民主主义适应了其物质的富足，因此社会民主党自然成为执政党"。同样地，大卫·豪威尔也断言"他们（工党内部的修正主义者）宣布瑞典为工党的模仿对象"。②

但是，将一国的政策纲领转变为另一国的政策纲领并不是一件容易的事情，克罗斯兰也许过于从字面上解读瑞典社会民主主义模式的原理，夸大了其取得的成就。瑞典的收入分配虽然比其他西方国家更平均，但它的社会流动性却是呆滞的，阶级间的生活差距仍然不小。克罗斯兰也没有充分认识到瑞典政府持续改革市场经济的程度，实际上，瑞典鼓励发展私营部门的竞争力和盈利能力，瑞典社会民主党也制定了相应的市场塑造战略，寻求用高工资的工业和部门取代低工资、低生产率的公司③，从而为社会支出提供了资金。这种方法与瑞典战后制度安排的发展密切相关，它利用利润和企业促进集体供应和社会福利，从而为社会民主主义困境提供了决定性的解决办法。

此外，克罗斯兰对于计划和收入政策有一种本能的谨慎，这可能使

---

① ［英］安东尼·克罗斯兰：《社会主义的未来》，轩传树等译，上海人民出版社 2011 年版，第 173 页。
② Mark Wickham‐Jones, *The Future of Socialism and New Labour: An Appraisal*, The Political Quarterly, No. 2, 2007, p. 235.
③ Patrick Diamond, *The Crosland Legacy: The Future of British Social Democracy*, Policy Press, 2016, p. 151.

他低估了瑞典模式中指示性计划的重要性。在第一次世界大战后的经济萧条和第一次世界经济危机以及苏联第一个五年计划所取得成果的共同影响下，工党理论家曾将计划视为"实现新社会的必不可少的初步手段"①，是对抗市场力量的抵消机制。但经过第二次世界大战后十多年的发展，"人们越来越认识到对这种经济体制如何运转以及需要考虑的变量的多样性和异质性的了解太有限了"②，越来越认为工党对计划的坚持是欠考虑的。克罗斯兰也是其中之一，他"不相信工业部的公务员会比现有的经理人更有效地管理英国工业"③。而且，克罗斯兰也未能考虑到瑞典模式所面临的诸如不断增长的工会激进主义、不断上升的工资通胀和不断飙升的公共支出等结构性压力。实际上，因为世界性经济危机、持续的油价冲击和长期的产业结构调整，干预主义方法在20世纪70年代中期的瑞典也遇到了麻烦。到90年代，瑞典社会民主党最终通过接受经济开放、自由全球化、工业竞争力和公共财政自律的模式，复兴了北欧模式。④

克罗斯兰与欧洲社会民主主义之间的影响不是单向的，其思想在其他国家无疑也很重要。瑞典的一位社会民主主义者在20世纪50年代初期曾提及克罗斯兰的名字常在瑞典的报纸和期刊上出现，《新费边文集》在瑞典的评价很高，克罗斯兰的文章尤其获得了很高的关注度。⑤

本章小结

本章在简要交代了克罗斯兰的生平和主要著述之后，分析了克罗斯

---

① Cited in G. Foote, *The Labour Party's Political Thought*, Macmillan, 1985, p. 194.
② [英] 安东尼·克罗斯兰：《社会主义的未来》，轩传树等译，上海人民出版社2011年版，译者序，第14页。
③ Cited in M. Kogan, *Anthony Crosland: Intellectual and Politician*, Oxford Review of Education, Volume 32 (1), 2006, p. 75.
④ Patrick Diamond, *The Crosland Legacy: The Future of British Social Democracy*, Policy Press, 2016, p. 152.
⑤ Patrick Diamond, *The Crosland Legacy: The Future of British Social Democracy*, Policy Press, 2016, p. 153.

兰社会主义思想形成的现实背景、理论渊源和现实参照。经历过经济危机和第二次世界大战，英国经济在20世纪50年代复苏，人民生活水平提高，英国进入"丰裕社会"。艾德礼政府通过财政手段缩小了收入差距，这意味着进一步的再分配很难再提高社会福利了，而国有化政策暴露出来的弊端也提醒人们国有化在效率和促进平等方面并不如预期的那么有效。放眼欧洲，主要发达资本主义国家的经济也是蓬勃发展，影响了人们对资本主义的看法和态度。社会党国际建立，马克思主义不再是各国社会党的唯一指导思想，转而强调如理性、自由、公正和福利等价值观念。国内和国际的这些新变化促使和启发着克罗斯兰重新认识资本主义和社会主义。

受伯恩施坦的影响和启发，克罗斯兰把社会主义更多地理解为价值，认为可以脱离制度实体而实行改善人民生活水平并最终实现平等的政策。他信仰民主制度，认为民主国家是中性的，可以依赖普选制度服务于工人阶级的解放事业。凯恩斯主义是克罗斯兰社会主义思想灵感的又一来源，是克罗斯兰修正社会主义公式中必不可缺的一部分。工党内部的修正主义始于20世纪30年代，到《未来》一书发表时，修正社会民主主义的核心原则已经确定，许多有影响力的工党思想家已发表了一系列著作，他们中有关注理论的，也有关注社会改革的。其中，唐尼、德宾、杰伊和道尔顿四位政治学家对克罗斯兰的影响最大，他们的思想和论述基本涉及了克罗斯兰社会主义思想的各个方面，可以说克罗斯兰是工党修正主义思想的集大成者。而被克罗斯兰称为"新的救世主"的卢西恩·洛拉及其代表作《马克思主义与民主》则帮助克罗斯兰厘清了关于马克思主义与民主社会主义关系的最初想法，证实了马克思主义对当代现实分析的局限性，而克罗斯兰修正社会主义思想的逻辑起点和理论预设就是对资本主义的重新认识。

通过与美国和瑞典的跨国比较，克罗斯兰证明人类社会可以以一种优于英国的社会平等实现繁荣。通过观察他国，他认为英国社会的最大缺陷是强烈的阶级分裂和阶级意识，但这并不意味着他认为简单地尝试引进一种外国社会模式或复制他们的政策是可能的或可取的。在他看来，因为英国的传统、历史和文化，英国需要一种比美国更有力的平等主义政治方法，因此他的修正主义策略主要是基于英国社会的现实，为解决英国社会的实际问题而提出的。

第二章

克罗斯兰社会主义思想的发展历程

受家庭环境和求学经历的影响，早期的克罗斯兰曾是一位马克思主义者，第二次世界大战的爆发和参军经历使他逐渐偏离正统马克思主义，走向温和的民主社会主义。而随着英国国内经济、政治和社会的发展、欧洲资本主义的蓬勃发展及社会党国际的建立，克罗斯兰对资本主义和社会主义的认识也随之发生变化，形成了自己成熟的社会主义思想。20世纪60年代末70年代初英国经济重新出现问题，克罗斯兰也对其设想的社会主义进行了相应的反思。

一 初步形成时期

家庭生活影响了克罗斯兰社会主义思想的形成，这种影响是双重的，既有正面的、积极的影响，也有反面的、消极的影响。克罗斯兰的父母都是利物浦兄弟会会员，宗教仪式上，他们活动简单，没有正式的组织和仪式，任何人都可以依据自己的理解来阐释圣经中的章句，信仰"上帝眼中众生皆平等"。也正因这一信条，克罗斯兰的父亲拒绝了骑士头衔。这种根深蒂固的平等主义对克罗斯兰的社会主义观产生了重要的影响。生活方式上，兄弟会崇尚节制，避免享乐，认为屈服于身体和精神的享乐有碍与圣灵的交流，这种禁欲主义从反面影响了克罗斯兰。从青少年时期他就开始对抗这些限制，认识他的人都强调他的性格，尤其是他的享乐主义倾向和他对家庭背景的对抗有关。① 约翰·维泽称克罗斯兰为"追求享乐的清教徒"②，而其社会主义思想中强调"通过消费和富裕实现文化同质化的社会主义无疑表明了其与童年时期的禁欲主义之间的紧张关系"。③

在成为民主社会主义者之前，克罗斯兰的思想曾经历过一次转变。20世纪30年代，克罗斯兰曾是一位马克思主义者，憎恶资本主义带来的不公平。早在1934年读中学期间，他就加入了工党，随后加入左派读书俱乐部。在竞选南格洛斯特郡下议院议员的演讲中，克罗斯兰曾提到当初加入工党、成为社会主义者的理由："12年前还是学生的我加入了工党，其原因与我今天是社会主义者的原因一样，那就是：在见识过伦敦的贫民窟和威尔士的矿村之后，我意识到托利党的资本主义是不公平、不道德和丑陋的，因为它建立在特权和不平等之上"，"因为不公平，所以它也是低效的"。④

1937年，克罗斯兰升入牛津大学，同情左派的思想进一步强化。克罗斯兰入学的时候，柯尔带领下的工党俱乐部在学生中的影响力和吸引力超过了自由党，克罗斯兰在那里结识了许多日后成为工党政治家和社会主义理论家的人，与菲利普·威廉姆斯结下了一生的友谊。在牛津大学，他阅读了两遍约翰·斯特雷奇的《进步计划》，试图为左派找到挑战保守党主导的国民政府的方法。同时，他也广泛阅读了如柯尔和道格拉斯·杰伊等英国作家的著作。更为重要的是，他开始深入阅读马克思和恩格斯的著作，并认同他们的观点。

与此同时，国内和国际发生了深刻变化，并深深影响了克罗斯兰。国内方面，20世纪30年代的经济大萧条导致大规模失业，许多工人家庭陷入贫困中。克罗斯兰有段时间和南威尔士贫困地区的矿工住在一

---

① See Kevin Jefferys, *Anthony Crosland: A New Biography*, Politico's Publishing, 2000, p. 2.
② David Reisman, *Anthony Crosland: The Mixed Economy*, Macmillan, 1997, p. 3.
③ David Reisman, *Anthony Crosland: The Mixed Economy*, Macmillan, 1997, p. 3
④ See David Reisman, *Crosland's Future: Opportunity and Outcome*, Macmillan Press Ltd., 1997, p. 2.

起，与靠领取补贴度日的失业人员一起工作，这段经历对他产生了影响。他亲眼目睹了下层人民的悲惨生活，对左派思想更加同情与认可。① 他还曾写过一篇名为"大众的面包，少数人的蛋糕"的文章。在这篇文章里，克罗斯兰表达了他对底层人民的关注。国际方面，1929年世界性经济危机的爆发和第二次世界大战的爆发使人们普遍认为资本主义制度失败了，而纳粹主义的兴起和苏联计划经济取得的成就以及苏联在第二次世界大战中发挥的重要作用使共产主义的影响力加大。1937年，也就是克罗斯兰进入牛津大学那一年，西班牙国内对弗朗哥将军的反抗进一步加深了工党俱乐部内部对共产主义的同情。彼时的克罗斯兰是激进的，多年以后，他曾这样回忆过："我们生活在一个充满了小册子、会议、游行、示威的世界里……马克思主义……和基督教对年轻人的吸引力是同样的……"②。丹尼斯·希利回忆称克罗斯兰"将自己视为马克思主义者"③，罗伊·詹金斯也曾说过"二战以前，他（指克罗斯兰）是工党俱乐部一位活跃的正统马克思主义者"④。即使是1939年夏末的斯大林—希特勒协议，甚至是1939年9月德国和苏联进军并瓜分了波兰，克罗斯兰仍为这一举动辩护，并在牛津联盟的辩论中宣称这一协议是自卫行为。

但随着第二次世界大战的爆发及参军经历，克罗斯兰的政治思想也受到影响，逐渐由接近共产主义的立场回到中间立场。第二次世界大战是克罗斯兰社会主义思想形成和发展过程中的一个重要转折点，正是在部队的那五年间，克罗斯兰逐渐偏离正统马克思主义，走向温和的民主社会主义。

参军经历使他意识到，即便在战时，阶级体制依然存在，官员选拔不是依据能力而是依据过去的教育经历，而劳苦大众显然被排除在权力

---

① See Kevin Jefferys, *Anthony Crosland: A New Biography*, Politico's Publishing, 2000, p.4.
② See Kevin Jefferys, *Anthony Crosland: A New Biography*, Politico's Publishing, 2000, p.7.
③ See Kevin Jefferys, *Anthony Crosland: A New Biography*, Politico's Publishing, 2000, p.7.
④ David Reisman, *Anthony Crosland: The Mixed Economy*, Macmillan, 1997, p.5.

职位之外。他瞧不起部队里的士官，觉得他们要么"纪律严明，愚蠢地认为你随便就可以打败希特勒……要么就是和蔼可亲、风烛残年的老人"。而与之形成鲜明对比的是他对下层民众的褒奖，认为他们虽然是"纯粹的工人阶级，虽然粗俗、说话大声，但是却出乎意料得正派和大方"①，并与他们相处甚欢。1941年夏，为反抗希特勒的侵略，英国最终和苏联结成同盟，一夜之间，英国对"乔大叔"的态度由敌视转为热情。克罗斯兰害怕左派学者太亲苏了，认为他们未能区分为寻求支援而与苏联短期结盟的需求和苏联红军胜利从而统治整个欧洲大陆的危险。也因此，自1940年他与罗伊·詹金斯、伊恩·德勒姆一起成立牛津大学民主社会主义俱乐部以对抗共产主义后，他对苏联模式的马克思主义更加不信任了。

服兵役期间，除了与好友威廉姆斯·菲利普通信外，克罗斯兰还广泛阅读政治经济学著作，其中卢西恩·洛拉的著作使他开始质疑马克思主义思想与左派学者观点的正确性。他也开始阅读伯恩施坦的著作，并对之表现出了极大的兴趣。1940年7月，在给友人的一封信中，克罗斯兰表示"正在对马克思主义进行重大修正"，并立志"成为当代的伯恩施坦"②。1941年与菲利普的通信中，他说自己"正处于知识的不断变化过程中，一开始是百分之百相信共产党和马克思主义，逐渐地，对左派学者和马克思主义的信任减少到百分之八十五。这种转变何时会停止只有上帝才知道——我仍在变化中"。③ 而通过与来自工人阶级的威尔士军人的相处，克罗斯兰发现他们对政治的态度比伦敦人更冷漠，因此也更加坚定了自己的观点，即马克思主义关于革命意识的估计或评价是完全不现实的。在阅读完恩格斯的传记后，他相信除了历史是一种因阶级变化而变化的进程这一观点外，马克思、恩格斯的著作基本没有什

---

① Kevin Jefferys, *Anthony Crosland: A New Biography*, Politico's Publishing, 2000, pp. 12 – 13.

② See Matt Beech and Kevin Hickson, *Labour's Thinkers: The Intellectual Roots of Labour from Tawney to Gordon Brown*, Tauris Academic Studies, 2007, p. 145.

③ Susan Crosland, *Tony Crosland*, Jonathan Cape, 1982, p. 18.

么可学习的。于他，其他的所有理论基本是没有价值的。①

二　成熟时期

20世纪50年代，工党内部自1918年以来建立在公有制思想和政策上的广泛的意识形态共识开始慢慢瓦解、崩溃。这一过程始于1951年艾德礼政府下台，到50年代中期，随着工党修正主义的崛起和壮大，党内的分歧和争论越来越明显和严重。以1952年《费边文集》的发表为标志，到1956年克罗斯兰代表作《未来》的发表，再到盖茨克尔成为工党领袖，这一时期是修正主义在工党内部影响日渐扩大的时期。作为党内修正主义的主要代表人物，克罗斯兰也在这一阶段逐步确立和完善了社会主义思想。

艾德礼政府执政和1951年工党大选失利为克罗斯兰社会主义思想的系统发展提供了条件。随着工党政府下台，党内开始全面反思工党的执政实践。围绕着艾德礼政府的国有化计划和对公有制的态度，党内形成了以比万为代表的传统左派和以莫里森为代表的巩固派。传统左派认为1945—1949年的国有化计划只是实现社会主义的第一步，应进一步扩大公有部门的领域，加快实现社会主义目标的步伐。而如莫里森的巩固派则认为工党政府已经取得了巨大成就，但进一步的大规模国有化已不合时宜。在他们看来，工党首先应巩固执政成就，调整实际措施以发展现存的国有化产业，使其更有效率，然后才能考虑进一步的国有化。在政策制定层面，这意味着摒弃左派的扩大国有化的方法，取而代之的是更加务实地强调未来扩大公有制的某些广泛的标准。

除了这两派之外，还出现了第三种观点，就是以克罗斯兰和盖茨克尔为代表的修正主义派。他们认为不仅需要重新评估工党的现存政策，还需要对传统的社会主义信条进行重新解释。1952年由克罗斯曼主编

---

① See Kevin Jefferys, *Anthony Crosland: A New Biography*, Politico's Publishing, 2000, pp. 15–16.

的《新费边文集》的出版意味着对传统社会主义的重新评估。正如柯尔和克罗斯曼所言，这本书的目的是"重新分析政治、经济和社会状况，以作为重新制定社会主义原则的基础"①，而克罗斯兰的《资本主义的转变》一文实现了这一目标。

在《资本主义的转变》的前半部分里，基于翔实的经济数据，克罗斯兰认为当时英国资本主义社会的国民生产总值已大幅度上升，虽然仍存在着巨大的社会不平等，但彼时的英国社会已不同于马克思主义所界定的资本主义社会了。随着国家权力的扩大、福利国家的建成、充分就业的实现以及社会异质性的增强，一种新型的"国家主义"社会出现了。文章的后半部分论证了如何从"国家主义"转变为社会主义。实现这一转变的关键是如何界定社会主义。克罗斯兰认同1935年柯尔关于社会主义的定义，即所有人在经济层面和社会层面基本都是平等的，人与人之间"否定和消除了阶级差别，没有人比他的邻居更富有或更贫穷"②。之后，克罗斯兰觉得柯尔的定义不够明晰，又引用了亚瑟·刘易斯的定义，即社会主义的核心是平等，"不仅是机会平等，而且是更广泛意义上的地位的平等，不管是主观上还是客观上"③。以此概念作为参照，20世纪50年代早期的英国社会仍未接近理想的无阶级的平等社会。这是克罗斯兰第一次明确地社会主义定义为平等，而且这种平等不仅仅是机会平等。

接下来，克罗斯兰简要地为未来的工党政府规划了相关政策。他认为，对于未来的工党政府来说，免费社会服务的扩大、产业的进一步国有化、经济控制的增强以及通过直接税实现进一步的再分配不再那么重要，而解决总的财富分配不公问题、改革教育体制以及解决糟糕的产业关系才是实现社会主义最重要的三方面。同时，他也预见到在一个生活水平不断提高的时代，人们对社会变革的渴望下降，不会再有动力反对

---

① *New Fabian Essays*, edited by R. H. S. Crossman, Turnstile Press, 1952, p. xi.
② Anthony Crosland, *The Transition from Capitalism*, in *New Fabian Essays*, Turnstile Press, 1952, p. 61.
③ Anthony Crosland, *The Transition from Capitalism*, in New Fabian Essays, Turnstile Press, 1952, p. 61.

资本主义的苦难和不公,从而限制了社会主义的实现。

实际上,克罗斯兰关于社会主义本质的阐释可以追溯到 1949 年。他在竞选南格洛斯特郡下议院议员时曾说过"社会主义就是人人起点平等,机会平等,没有上层和下层阶级之分的社会"①,并强调"社会主义的最终理想本质上是道德的而非物质的。它与生产方式的国有化无关,与任何具体的经济政策无关。它关乎一个公平、道德和平等的社会"②。而在《资本主义的转型》中,他进一步阐释了社会主义的平等不仅是机会平等,更是地位的平等。

《资本主义的转变》使克罗斯兰第一次获得了国内乃至国际的关注。③ 同年,他出版了第一本专著《英国的经济问题》,同样获得了广泛关注,初步奠定了其作为理论家的名声和地位。尽管出版时英国经济状况和贸易条件正在改善,克罗斯兰仍假设英国的长期偿付能力问题仍未解决,这一假设在后来被证明是对的。在克罗斯兰看来,战后英国屡次出现的各种危机,如 1945 年的租借法案、1947 年的兑换危机、1949 年的英镑贬值以及 1951 年的黄金外流危机等经济问题,深层次原因在于世界经济关系的变化。具体说来,这种变化主要指食物和与加工产品有关的原材料的短缺以及对北美产品的日益依赖。传统的减少公共支出或调整银行利率的方法无法从根本上解决英国经济问题,根本的解决之道在于提高投资,促进产业的现代化,而这实际上意味着更高效的国家控制。在克罗斯兰看来,工党应继续充当社会改革的推动者,提出大胆的经济复兴政策,改革计划体制,确保总投资在社会支出和产业支出之间的合理分配。

如道尔顿、杰伊等著名工党理论家都对《英国经济问题》赞誉有加,《金融时报》《经济学人》也称赞克罗斯兰的勇气,认为这本书"至少证明了经济现实主义是有可能和工党政治相调和的"④。自此,克

---

① Patrick Diamond, *The Crosland Legacy: The Future of British Social Democracy*, Policy Press, 2016, p. 1.
② David Reisman, *Anthony Crosland: The Mixed Economy*, Macmillan, 1997, p. 12.
③ Kevin Jefferys, *Anthony Crosland: A New Biography*, Politico's Publishing, 2000, p. 47.
④ Kevin Jefferys, *Anthony Crosland: A New Biography*, London: Politico's Publishing, 2000, p. 49.

罗斯兰开始以学者的身份在英国政坛崭露头角。他受到道尔顿的喜爱和提拔，与工党未来的领袖盖茨克尔建立了密切的关系。作为"汉普斯特德帮"①的一员，他经常到盖茨克尔家里讨论时事。他为工党周报《新政治家》写稿，也经常在具有左派倾向的《新闻纪事》和《雷诺兹新闻报》上刊文，评论保守党政府的经济政策，进一步提高了影响力和知名度。比如，他曾指出尽管随着世界经济形势的好转，英国战后的紧缩已经结束，但保守党首相巴特勒的税收减免政策在方向上是错误的，可能会进一步加剧结果的不平等。②

但是，克罗斯兰自身的性格和表现限制了其成为英国政治中的重要新生力量。虽然他在下议院中作过很多有影响力的演讲，但他不愿意每天都去下议院，尤其是1951年工党下台以后。此外，克罗斯兰的私人生活也影响了其在政坛中的进一步发展。在和第一任妻子希拉里结婚后不久，克罗斯兰仍不停地约会其他女性。办理离婚期间，他重新开始酗酒、抽烟和沉迷于女色。他甚至在1954年秋去美国待了两个月，学习社会学领域的新知识，也因此错过了几乎整个议会会期。再加上选区分界的调整以及保守党领袖安东尼·艾登提前举行选举，克罗斯兰最终失去了议员资格。

克罗斯兰的家庭背景、参军经历以及他与牛津大学和威斯敏斯特上流人物自如相处的能力使得他很快从政治上的失意中走出来，重新投入写作中，写了一系列有深度的报刊文章。1955年工党大选再次失利后，克罗斯兰曾写过"工党并没有比四年前更接近于提出任何关于'在当下的社会环境中社会主义究竟意味着什么的一致观点'"③，而这也正是克罗斯兰写作的目的。实际上，早在1951年，克罗斯兰就曾说过他的理想是写一本关于英国社会主义的未来的书，1955年大选的失败使他

---

① 汉普斯特德是盖茨克尔的家所在的地方，克罗斯兰和杰伊、詹金斯、帕特里克·戈登·沃克因经常聚集在盖茨克尔汉普斯特德的家里而被称为"汉普斯特德帮"。

② See Kevin Jefferys, *Anthony Crosland: A New Biography*, London: Politico's Publishing, 2000, p. 49.

③ Kevin Jefferys, *Anthony Crosland: A New Biography*, London: Politico's Publishing, 2000, p. 56.

得以完成书稿的最后润色工作，这本书就是1956年出版的《未来》。

《未来》首次出版于1956年10月，适逢工党召开年会，也恰逢苏伊士运河危机这一政治节点。工党刚刚经历了1955年连续大选的第二次失利，正处在被质疑经过了艾德礼政府执政的辉煌后迷茫不知所向的关键时刻，《未来》的出版"标志着战后工党的历史进入了一个关键时刻"[①]。这本书最完整地阐述了克罗斯兰的社会主义思想，包括其在《资本主义的转变》中阐述过的"后资本主义"论、社会主义就是平等这一振聋发聩的论断、平等不仅仅是机会平等，也不仅仅是结果平等的民主平等观、通过教育改革、税收改革和消费方式实现社会主义的政策以及他对利润、国有化、计划化的看法。

这本书出版之后，受到了保守党和工党左派的抨击，但更多的是赞同和肯定。评论者为他的书作中所包含的独创性、宽阔的视野、活力和智慧所折服。作为一位经济学家，他糅合了如政治理论、社会学和产业关系等其他学科，既有社会理论，又有务实的社会改革措施。正如布朗所言，"但凡读过 A. 克罗斯兰的这部著作或其他著作的，无不对他的横溢才华、敏锐思想以及他对左翼价值和工党自身的卓越政治贡献留下深刻印象"[②]。即便是20世纪70年代英国经济陷入滞涨，克罗斯兰所提出的促进平等的措施不再合时宜，但他关于社会主义就是平等的论断仍使其与当下具有相关性，他对于平等社会的追求仍是工党中右派所追求的。

三　晚期反思

进入20世纪60年代后，特别是60年代后期到70年代，随着英国经济环境的恶化、工党政府的执政经历以及自己在内阁中的任职经历，

---

① 参见［英］安东尼·克罗斯兰《社会主义的未来》，轩传树等译，上海人民出版社2011年版，序，第1页。

② 参见［英］安东尼·克罗斯兰《社会主义的未来》，轩传树等译，上海人民出版社2011年版，序，第1页。

克罗斯兰的思想发生了一定的转变,对自己之前关于平等、英国经济发展前景、平等与支出的关系以及英国政治的前景进行了进一步的思考与反思。

(一) 关于平等的思考

在 1975 年出版的《欧洲的社会民主主义》的小册子中,克罗斯兰首先对社会主义进行了界定。和以往一样,他仍将社会主义界定为社会主义者希望体现在社会组织中的一系列价值、理想以及原则。这些价值包括关注穷人、被剥夺者和被压迫者,确保资源倾斜以缓解贫困、不幸和悲惨以及对平等的信仰。和 1956 年出版的《未来》和 1973 年秋写的《当代社会主义》一样,克罗斯兰又一次强调了他追求的平等不仅是精英社会中的机会平等,也不仅是简单的收入的重新分配,而是一种包含了财富分配、教育制度、社会阶级关系、产业权力和特权的重新分配的更广泛的社会平等,也就是社会主义者所梦想的无阶级社会。除此之外,克罗斯兰在他的社会主义理想中又加了一条:严格控制社会环境,以解决都市生活中暴露出来的问题,确保为了社区的利益而使用土地,并减少整个环境污染领域中私人和社会成本之间日益扩大的差距。在克罗斯兰看来,这也是社会平等的一方面,因为有钱人通常可以买到更好的居住环境,因此只有社会行为才能给予贫困者同样的保护。当然,克罗斯兰提出这一条与他曾担任威尔逊政府的内阁地方政府和区域规划大臣以及环境事务大臣的经历不无关系。

对于平等与公共支出之间的关系,克罗斯兰也进行了反思。公共支出曾被克罗斯兰视为实现社会平等的关键:"实现社会平等,关键是要提供高水平的公共医疗、教育和住房,使公共服务和私人服务在质量上不再存在明显差距"①。在《欧洲的社会民主主义》中,克罗斯兰进一步论证了二者之间的关系。他认为不管是绝对数量还是在国民生产总值中的比例,公共支出的确是增加了,公共服务几乎是就业增长最快的领

---

① [英]安东尼·克罗斯兰:《社会主义的未来》,轩传树等译,上海人民出版社 2011 年版,第 87 页。

域。教师、护士、社会服务人员以及地方政府雇员以惊人的速度增长,社会资本的质量也大幅提高,建设了大批的新学校、养老院、休闲娱乐中心等,大大缩小了社会差距。但同时,克罗斯兰也注意到公共支出的激增必然要求严格控制私人支出,对普通工薪阶层增税的结果无疑既使普通人的预期落空,也助长了通货膨胀。①

同时,克罗斯兰也认识到公共支出并不如他曾经设想的能有效地促进公平,更多的公共支出并没有自动带来更高程度的平等:"我们痛苦地发现私人消费向公共支出的转移并不必然促进平等"②,"虽然投入社会工程的总钱数大大增多,但分配到贫困人口的净现金流入却很少,因此尽管社会支出在提高,但贫穷和不平等仍然存在"③。研究也证明相较于贫苦人民,中产阶级从战后的福利国家中获益更多。④ 关于这一点,克罗斯兰自己也曾说过:"他们(指中产阶级)为他们所在地区的学校要求更多的资源;……他们要求国家干预以补贴从家到工作地的通勤费。他们的这些要求通常都被满足了;因此,公共支出的分配也由资源最紧缺的地方向那些提出最多要求的地区倾斜。"⑤ 但克罗斯兰并没有因此而放弃高公共支出的信念。在他看来,提高公共支出的原则是对的,只不过在实践的过程中出了差错。因此,"在公共支出决策中,我们不仅要问问花了多少钱,还要知道这些钱都花在了谁身上",优先考虑能促进社会平等的公共支出,限制诸如过度建设高速公路或不加区别的补贴形式的公共支出,"只有这样,公共支出才能发挥出我们所期望的促进作用"⑥。

---

① See Anthony Crosland, *Social Democracy in Europe*, Fabian Society, 1975, p. 8.
② Anthony Crosland, *Social Democracy in Europe*, Fabian Society, 1975, p. 8.
③ Anthony Crosland, *Socialism Now and Other Essays*, edited by Dick Leonard, Jonathan Cape, 1974, p. 47.
④ David Reisman, "Anthony Crosland on Equality and State", *Journal of Income Distribution*, Vol. 7, No. 2, 1997, p. 171.
⑤ See Patrick Diamond, *The Crosland Legacy: The Future of British Social Democracy*, Policy Press, 2016, p. 77.
⑥ Anthony Crosland, *Social Democracy in Europe*, Fabian Society, 1975, p. 9.

(二) 关于经济增长的思考

经济增长在克罗斯兰的社会主义思想中占据重要地位。经济的快速增长不仅被克罗斯兰视为"实现执政的前提条件",更被认为是"实现社会主义目标的先决条件"①。没有经济发展,其关于收入和财富的重新分配就成为空中楼阁、无本之木。在《欧洲的社会民主主义》中,他再一次强调了经济发展在不导致社会压力和限制自由的前提下实现更高平等中的重要作用。②

当然,克罗斯兰并不认为"经济的快速发展会自动实现我们想要的那种资源的转移",但他的确断言"在民主国家中,低速发展的经济或零增长排除了这种可能性"③,即没有经济的增长,就没有重新分配。而没有重新分配,就没有克罗斯兰所设想的社会主义。

之所以这么说,是因为在克罗斯兰看来,一方面,经济发展能够缩小看得见的贫富差距。收入的普遍提高使普通大众可以购买到原先只有有钱人才能享受得到的产品,一半的人口每年都能有至少一周的假期,从而缩小了可见的贫富差距;另一方面,经济发展所带来的绝对生活水平的提高使富人能够接受相对生活水平的下降,从而无须承受过度的社会压力而实现平等。更重要的是,若没有经济发展,则必然限制公共支出。没有经济增长,公共支出的增加必然导致税率的提高,而税率的提高则会带来不利的后果。从经济上来说,税率的提高必然使人们试图通过提高工资率来弥补实际收入的不足,从而在经济零增长的条件下引发通货膨胀。从政治上来说,税率提高会引起纳税人的反抗,政府必然迅速对抗纳税人的反抗,从而导致政府在选举中失利。④

克罗斯兰又进一步从选举的角度对经济恢复与发展的重要性作了阐

---

① [英] 安东尼·克罗斯兰:《社会主义的未来》,轩传树等译,上海人民出版社 2011 年版,第 276 页。
② Anthony Crosland, *Social Democracy in Europe*, Fabian Society, 1975, p. 9.
③ Anthony Crosland, *Socialism Now and Other Essays*, edited by Dick Leonard, London: Jonathan Cape, 1974, p. 74.
④ See *The Socialist Agenda: Crosland's Legacy*, edited by David Lipsey and Dick Leonard, Jonathan Cape. 1981, p. 27.

述。他认为个人的生活水平肯定会对投票态度产生某种影响，而且经济的发展对于增加选民对政府的信心、维持政府声誉是至关重要的，尤其长期以来人们认为工党政府在管理经济方面不如保守党有能力。①

战后英国经济的飞速发展和丰裕社会的形成使克罗斯兰对英国经济的发展弹性和潜力充满了信心，认为当时的英国已经解决了经济发展问题。但进入 20 世纪 60 年代以后，特别是 60 年代后期，英国经济发展速度放缓，进入滞涨时期，到 70 年代，英国的经济问题日趋严重。1970 年的失业率、通货膨胀甚至比 1964 年保守党政府下台时还严重，经济发展速度放缓，实际的国内生产总值仅增长 2.3%，低于 6 年前的 3.8%。② 与同时期的其他国家相比，英国的平均生活水平已被瑞士、澳大利亚、加拿大、德国、法国等国家超越。基于此，克罗斯兰预测到 1980 年，日本、芬兰，甚至奥地利和意大利都有可能超过英国。③

英国经济的发展现状动摇了克罗斯兰对资本主义私有制基础上的市场经济促进经济增长的信心。在 1964 年《未来》第二版序言中，克罗斯兰承认他在英国资本主义经济前景问题上过于乐观了。④ 在《社会民主主义的英国》一文中，他又一次强调了这个问题，承认自己未能预见到人口增长带来的对住房、教育和卫生资源的巨大需求，并指责历届政府仅会利用周期性的通货紧缩作为调控经济的唯一手段⑤，认为大臣们本末倒置，"牺牲经济发展以维持收支平衡，牺牲经济发展以捍卫不切实际的汇率"⑥。

相信经济持续增长在克罗斯兰的社会主义思想中具有特别的意义，

---

① See Anthony Crosland, *Socialism Now and Other Essays*, edited by Dick Leonard, Jonathan Cape, 1974, p. 61.
② Anthony Crosland, *Socialism Now and Other Essays*, edited by Dick Leonard, Jonathan Cape, 1974, p. 18.
③ See Anthony Crosland, *A Social Democratic Britain*, the Fabian Society, 1971, p. 2.
④ Anthony Crosland, *The Future of Socialism*, Jonathan Cape, 1964, Preface.
⑤ See Anthony Crosland, *A Social Democratic Britain*, the Fabian Society, 1971, p. 2.
⑥ David Marquand, *The Progressive Dilemma: From Lloyd George to Blair*, Phoenix, 1999, p. 172.

它"相当于承认资本主义已经解决了积累问题",而"如果资本主义能够促进增长,那么社会主义就可以适可而止"①,这意味着克罗斯兰相信可以在保留资本私有制的前提下实现财富的公平分配。克罗斯兰的这个判断批判了消极的资本主义发展观,即认为消灭资本主义是实现财富分配、充分就业及其他目标的前提,极大地修正了资本主义不可能成功复苏这一普遍观点。与之前的马克思主义者不同,他承认资本主义条件下经济的持续向上发展而不相信社会的持续向上发展,即"相信资本主义的发展实力,却对社会进步也就是社会主义取代资本主义的不可避免性提出了质疑"②。

但正如有学者指出的,克罗斯兰把效率归因于私有制,把公平归因于国家的再分配,表明他实际上无条件接受了古典自由主义对于私营经济的阿谀奉承。在一定程度上,也正是由于这个原因,他对20世纪50年代后期至他去世为止20年来增长停滞的英国经济问题束手无策。事实上,正如马克思所指出的,资本主义没有能力实现不断的经济增长。③

(三) 对英国政治未来的思考

对于英国政治的未来方向,克罗斯兰从20世纪50年代的乐观看法转变为70年代的悲观态度。部分是因为70年代英国经济的衰退,还因为他认为尤其是60年代工党的经济政策过于懦弱和正统,牺牲持续增长的经济以维持英镑汇率。工党政府中"没有人对经济政策的核心失误提出异议……始终以牺牲经济增长为代价维持收支平衡,尤其是为了捍卫固定且不切实际的汇率。这一重大失败困扰着工党政府的所有努力和良好意愿,限制了公共支出,敌对了工会,疏离了大量的工人,并且

---

① [英] 唐纳德·萨松:《欧洲社会主义百年史:20世纪的西欧左翼》(上),姜辉、于海青、庞晓明译,社会科学文献出版社2013年版,第281页。
② [英] 唐纳德·萨松:《欧洲社会主义百年史:20世纪的西欧左翼》(上),姜辉、于海青、庞晓明译,社会科学文献出版社2013年版,第281页。
③ Tudor Jones, *Remaking the Labor Party: From Gaitskell to Blair*, Routledge, 1996, pp. 54 – 55.

挫败了改善产业结构的政策"①。在他看来,英镑提前贬值本来可以促进经济增长,从而实现更大程度的收入和财富再分配。而与他在《未来》中所提倡的追求更大的社会福利和平等不同,当时的工党政府更关心国际舆论和维持英镑的平价。因此,"尽管取得了一些成就,但归根结底工党政府并没有显著地促进社会民主主义事业的发展"②,1975—1976 年间,工党更是不得不减少公共支出以应对国际压力。这严重影响了克罗斯兰对于英国民主社会主义未来的乐观态度。

本章小结

根据思想的发展阶段,可以将克罗斯兰社会主义思想分为初步形成时期、成熟时期和晚期的自我反省。克罗斯兰政治哲学的核心是民主平等主义,这无疑受到了他童年时代严厉的基督教义的影响。③ 20 世纪 30 年代的经济大萧条使他见识了下层人民的悲惨生活,对左派产生了同情,并在中学期间加入了工党,而入读牛津大学又进一步加强了克罗斯兰同情左派的趋向。但第二次世界大战的爆发和克罗斯兰的参军经历使他逐渐偏离正统马克思主义,由接近共产主义的立场回到中间立场。在这期间,克罗斯兰广泛阅读政治经济学著作,开始质疑马克思主义思想与左派学者观点的正确性,并对伯恩施坦的思想产生了极大的兴趣,想效仿伯恩施坦对马克思主义进行修正。20 世纪 50 年代英国丰裕社会形成,英国经济飞速发展,社会结构和阶级也随着发生变化,特别是艾德礼政府的下台,致使工党内部自 1918 年建立在公有制思想和政策上的意识形态上的广泛共识开始瓦解,党内分歧和争论越来越严重,修正主义崛起并壮大。作为党内修正主义的主要代表人物,克罗斯兰也在这

---

① Anthony Crosland, *Socialism Now and Other Essays*, edited by Dick Leonard, Jonathan Cape, 1974, p. 18.

② Kevin Hickson, *The IMF Crisis of 1976 and British Politics*, Tauris Academic Studies, p. 50.

③ David Reisman, *Anthony Crosland: The Mixed Economy*, Macmillan, 1997, p. 3

一阶段逐步确立和完善了社会主义思想，对工党的影响也在这一阶段逐步加强，并在 60 年代达到顶峰。进入 60 年代后，特别是 60 年代后期到 70 年代，随着英国经济环境的恶化、工党政府的执政经历以及自己在内阁中的任职经历，克罗斯兰的思想发生了一定的转变，对自己之前关于平等、英国经济发展前景、平等与支出的关系以及英国政治的前景进行了反思，完善和修正了之前的部分看法。

第三章

克罗斯兰社会主义思想的内容

以分析资本主义转型作为逻辑起点,克罗斯兰证明了英国已不是传统意义的资本主义社会,已进入"后资本主义"社会,以此修正了马克思主义关于资本主义的论断。接着,他梳理了欧洲传统的社会主义流派,发现关于社会主义的理解和实现手段差异巨大,唯一共同的是某种道德价值和理想。结合英国"后资本主义"社会的现实,克罗斯兰将社会主义重新定义为福利与平等。鉴于彼时的英国已建成了福利国家,他更进一步地将平等视为社会主义的核心价值和本质。之后,他区分了目标和手段,将公有制和国有化从社会主义的本质属性中剥离开来,对政府的计划权力也作了界定。完成了对社会主义核心价值目标的阐释之后,克罗斯兰又阐述了实现途径。在他看来,社会主义既是一种价值目标,也涵盖住房、教育、工会政策等具体实践指标。在政治策略方面,融合了自由主义和平等主义的克罗斯兰坚持以温和而渐进的方式实现社会主义。而在实现了社会主义的传统目标后,克罗斯兰将目光转向其他领域,形成了独具特色的文化观。本章将对以上问题展开详细的阐述。

一 克罗斯兰的"后资本主义"论

"后资本主义"论是克罗斯兰社会主义思想的逻辑起点,是他修正马克思主义和提出建立以社会福利、平等为核心目标的社会主义社会的理论依据。基于对战后英国社会的实证考察,克罗斯兰认为英国已进入

"后资本主义"社会,经典马克思主义已无法解释英国社会的新变化,因此需要重新界定社会主义的性质和目标。

(一)"后资本主义"论的提出

克罗斯兰关于英国已进入"后资本主义"社会的论述,主要集中在《这是社会主义吗?》《新费边文集》《未来》等著作中。在这些著作中,他对资本主义进行了界定,并分析了第二次世界大战后英国社会的新变化、新特点及产生原因,这是他重新阐释社会主义性质和目标的基础。

1. 关于资本主义的定义

克罗斯兰关于资本主义的界定最先出现在1951年秋发表的《这是社会主义吗?》一文中。在这篇文章中,克罗斯兰对两次世界大战期间和工党执政6年后的英国社会进行了比较,认为一种不同于资本主义的新经济体制已在英国出现。他指出,资本主义是一种为工业资本的私人所有制而塑造的经济体制,在这种体制中,少数资本所有者构成一个对资本负责的阶级,但这种体制已不适合20世纪中期英国的产业关系了,因为国家承担了更多的责任,而且资本家的权力已被数量众多的股权所有者取代。[1]

在收录于《新费边文集》的《资本主义的转变》一文中,他对资本主义作了进一步的界定,认为传统资本主义是一种先进的工业社会,在这种社会里,大部分经济活动受私人利润的驱使,由私人公司进行,政府无权进行干预。或者换句话说,资本主义是资本所有权和控制权属于资本家私人所有的产业体制,其经济决策受自由市场的影响。[2]

在《未来》一书中,克罗斯兰更明确地指出,资本主义是一种"具有19世纪30年代到20世纪30年代英国基本社会、经济和意识形

---

[1] See Catherine Eliis, " 'The New Messiah of My Life': Anthony Crosland's Reading of Lucien Laurat's Marxism and Democracy (1940)", *Journal of Political Ideologies*, Vol. 17, No. 2, 198.

[2] Anthony Crosland, "The Transition from Capitalism", in *New Fabian Essays*, Turnstile Press, 1952, p. 33.

态特征的社会",有以下突出特征:经济生活自治,经济决策分散到各个生产单位并受市场影响;资本家作为业主和管理者对企业享有有效决策权;企业资本为私人所有;经济权力的过度集中导致财富分配的极不平等;激烈的阶级对抗;意识形态上崇尚个人主义和竞争,坚持绝对无条件的个人财产权,坚信自由行使私人权利的正当性。① 他结合英国的现实情况,不仅从社会经济方面,而且从家庭关系、宗教信仰、妇女地位、文学艺术标准等各个方面论证了英国社会在性质上已完全不同于传统资本主义社会,认为生产资料所有权的不断弱化致使根据所有制形式来定义和区分社会性质已变得不合时宜,"而根据平等、阶级关系、政治制度来判定社会性质似乎更有意义"②。因此,他试图修正马克思主义,重新界定社会主义的目标和任务。

2. "后资本主义"社会的特征

克罗斯兰关于"后资本主义"社会特征的阐述集中体现在《资本主义的转变》一文中。他论述了资本主义向"后资本主义"转型的必然性,并结合英、美、瑞典等国的实际情况,总结出"后资本主义"社会的八大特征。③

(1)个人财产权不再是经济和社会权力的重要基础。在传统资本主义社会里,生产方式的所有者是统治阶级,而在"后资本主义"社会中,随着所有权逐渐转变为股权,统治阶级的权力也逐渐发生了转移,财产关系不再决定经济权力的分配。

(2)财产所有者的大部分权力已转移到经理阶层手中。财产权的缩减一方面表现在高额利润已不是扩张的主要动机(尤其在大型公司里),这使公司间的合作大大加强;另一方面表现为企业所有者越来越重视股东的要求。

---

① [英]安东尼·克罗斯兰:《社会主义的未来》,轩传树等译,上海人民出版社 2011 年版,第 28—30 页。
② [英]安东尼·克罗斯兰:《社会主义的未来》,轩传树等译,上海人民出版社 2011 年版,第 39 页。
③ Anthony Crosland, "The Transition from Capitalism", in *New Fabian Essays*, Turnstile Press, 1952, pp. 38–42.

（3）国家权力大幅度增强，成为主宰国家经济生活的独立中间力量。国家通过对一些产业部门的直接经营，通过对其他私营部门的实际控制，以及通过财政预算政策调控总收入水平和收入、资源的分配，实现了对经济生活的干预。

（4）社会服务水平大大提高，建成了福利国家。他认为这一特征具有深远影响，不仅消除了严重的社会不满和不安全感，带来了更多的平等，而且使政府对经济事务的高度干预成为不可避免的事情。

（5）就业水平达到了一个新高度，大规模的周期性失业几乎成为不可能。充分就业的政治压力超过英国历史上任何一个时期，一个政党要想赢得选举就必须保证就业率。政府经济活动的增加同时意味着平稳的产业投资，这对私人企业投资也有积极影响，能够增加住房、教育、新城镇建设等方面的投入，从而有助于保持较高的就业率。

（6）生产和生活水平大大提高。战争期间的经济萧条减缓了英国经济的发展速度，也降低了人们对利润、资本支出水平以及生产力提高的期望值。但在战后高就业率背景下，随着投资的增加和限制性生产的减少，英国的生产力迅速释放，国民收入年均增长1.5%，人民生活水平大大提高。

（7）中产阶级在技术和职业领域的崛起使社会的阶级结构更加多样化。机械化导致严格意义上的工厂工人阶级人数越来越少，生活水平的提高使人们对服务的需求胜过对商品的需求，随着中间阶级的心态和水准扩展到其他阶级，上层和下层阶级之间的冲突也得到了缓解。

（8）意识形态上，不再强调财产权、个人动机、竞争和利润，转而强调国家责任、社会经济安全以及合作的益处。

3. 英国向"后资本主义"社会转变的原因

英国之所以能够实现由传统资本主义向"后资本主义"的转型，一是因为工党、社会党以及有组织的工会等反对资本主义的政治因素非常强大，推动了英国反资本主义运动的发展，使资本主义无法立足，逐渐接受了政府对其经济权力的改革和干预；二是因为经济危机的周期性爆发、高失业率、普遍的贫困等致使资产阶级对自身及资本主义丧失了全盛时期的自信,他们不再认为资本主义是一种完美的经济和社会制度,而应随着社会和经济的发展进行相应调整;三是由于技术革命的影响,资本主义自身发生了根本变化,公司规模的扩大和有限责任法的实施意味着股权的分散化,掌握企业所有权的传统企业家日渐演变为单纯的股权所有者,公司的管理权和决策权日益转移到经理阶层手中,私人所有权逐渐让位于经理管理权。①

在《未来》一书中,克罗斯兰又对英国资本主义发生改变的原因作了进一步的分析。首先,生产方式所有制已经分散化,并将继续分散,因此我们面对的不再是众多的私人资本所有者所组成的具有共同的经济和政治利益的同质阶级。其次,英国社会更进一步的民主化严重限制了现代经济中的私人所有制的权力。产权的分散化不仅意味着不再存在一个具有共同利益的资本家阶级,而且意味着日益扩大的民主成为与私营企业主利益抗衡的力量。这与关于工会的认识是相一致的,即工会在经济政治中处于核心地位,并已成为社会中对抗私营企业主的力量。再次,凯恩斯主义的经济管理技术意味着政府有能力管理宏观经济,服务大众利益。反过来说,政府也为其政治价值观所塑造。同样地,阶级关系也发生了改变,不再有阶级的两极分化,也不再存在无产阶级的贫困化。最后,1945年工党政府之后的福利国家和福利权利意味着公民在医疗、教育和福利方面不再受市场异常行为的支配,而能够参与其中,维护社会利益。②

在克罗斯兰看来,英国的上述转型实际上早在二战前就开始了,尽管当时的保守党政府延缓了这一进程,却未能完全阻止它的发展,工党上台执政则大大加快了这一进程。他断言,至迟到1951年,英国社会已完全不同于过去的资本主义社会,它在本质上已不再是资本主义国家。③

---

① Anthony Crosland, "The Transition from Capitalism", in *New Fabian Essays*, Turnstile Press, 1952, pp. 37 – 38.
② David Marquand and Anthony Seldon, *The Ideas That Shaped Post – war Britain*, Fontana Press, 1996, pp. 168 – 169.
③ Anthony Crosland, "The Transition from Capitalism", in *New Fabian Essays*, Turnstile Press, 1952, p. 42.

在《新费边文集》中，他曾把这种不同于传统资本主义的社会称之为"国家主义"，认为这一名称准确反映了资本主义发生的最本质变化，即由自由放任转变为国家控制。在"国家主义"社会里，高就业率、大量的社会服务以及财富与机会不平等的减弱使整个社会更加人性化和体面，经济权力由生产资料所有者分散到新经理阶层、国家、股东以及有组织的工人手中，中间阶层迅速崛起，从而大大缓解了阶级之间的对抗。但后来在《未来》一书中，他又否定了"国家主义"这一名称："我曾尝试去探寻一个合适的名称，并将这种新社会称为'国家主义'。但是几经斟酌，觉得这仍不是理想的选择。因为这个词现在已经被广泛使用，尤其是在美国，但是在那里它只是作为'集体主义'的同义词，这不是我想要表达的含义。这样一来，我就没有更好的办法了，也不想再做这样的努力了。然而我相信，我们今天所处的社会肯定需要一个不同的名字，以区别于经典资本主义。"①

尽管克罗斯兰在放弃"国家主义"这一名称后，并没有明确把20世纪50年代后的英国称为"后资本主义"社会，但其思想理论的后继者以及后来的研究者，仍根据他对英国社会性质新变化的论述，将这种非传统意义上的资本主义称为"后资本主义"。

（二）"后资本主义"论对马克思主义的修正

结合英国社会的新变化和对英国社会的实证考察，克罗斯兰从以下四方面对马克思主义进行了修正。

1. 资本主义经济持续发展，工人阶级生活水平提高

通过对英国社会现实的考察，克罗斯兰首先否定了马克思主义关于资本主义必将崩溃的结论，认为资本主义非但没有衰退，反而在继续扩张，不仅社会总产出稳步提升，工人阶级的生活水平也持续提高。英国1938年的净国民收入是1870年的3.5倍，人均收入增长2.5倍，据此，他审慎地认为虽然"战前资本主义经济的良好发展势头并不意味着它

---

① [英]安东尼·克罗斯兰：《社会主义的未来》，轩传树等译，上海人民出版社2011年版，第32页。

是一种令人满意的经济或社会体系,也不意味着它能够继续保持稳定和充分就业",但"说明资本主义并不会自动崩溃"[1]。1956 年他在《未来》中进一步指出,尽管两次世界大战期间英国的发展速度放缓,但其经济仍在发展,实际国民收入增长了 31%,人均收入增长了 21%。大萧条期间英国经济也没有停止发展,"没有出现日益贫困化的证据",特别在第二次世界大战结束后的十年间,英国经济"表现非凡:充分就业代替了萧条,不稳定大大减少,增长率更高",因此他乐观地认为英国经济将会继续保持高速增长,其"未来特征将极可能是通货膨胀而不是失业"[2]。

2. 资本家经济权力转移和分散

根据马克思主义的推论,随着资本主义的发展,掌握着绝对经济权力的资本家阶级将控制整个社会,并通过技术发展和市场垄断实现这一权力的持续膨胀。克罗斯兰则认为,战后的英国资产阶级实际上已丧失了这种支配地位,其经济权力不是越来越加强,而是越来越弱化,这主要表现在以下几个方面。

首先,政府权力的加强是资产阶级经济权力弱化最直接、最明显的表现,也是最重要的原因。[3] 马克思认为国家只是统治阶级的代理机构,权力非常有限,任何加强国家控制经济或福利改革的尝试都会受到资本利益的限制,克罗斯兰认为英国的发展现状已证伪马克思的这一论断。一方面,基础工业的国有化大大增强了政府的权力。从 1945 年起,艾德礼政府通过一系列国有化法令,将大批煤炭、铁路、电力、运输等企业收归国有,1951 年起又对苏格兰银行和部分钢铁工业实行国有化,使大约 20% 的英国工业实现了国有化。[4] 国有化使英国工业的经济决定

---

[1] Anthony Crosland, "The Transition from Capitalism", in *New Fabian Essays*, Turnstile Press, 1952, p. 34.

[2] [英] 安东尼·克罗斯兰:《社会主义的未来》,轩传树等译,上海人民出版社 2011 年版,第 6 页。

[3] See Mark Wickham–Jones, *The Future of Socialism and New Labour: An Appraisal*, The Political Quarterly, No. 2, 2007, pp. 226–227.

[4] See Matt Beech and Kevin Hickson, *Labour's Thinkers: The Intellectual Roots of Labour from Tawney to Gordon Brown*, Tauris Academic Studies, 2007, p. 146.

权从资产阶级手中转移到公共经理人阶层,而政府则对这些经理人拥有明确的法律权力,因此必然造成资产阶级经济权力的削弱和政府经济权力的相应增强。另一方面,权力由所有者向国家转移的一个决定性因素是凯恩斯主义经济管理技术使战后英国政府通过财政手段承担充分就业、经济增长、收支平衡、收入分配等职责,从而大大扩大了自己的权力。公共部门(包括国有企业)"雇用了总就业人口的25%,负责总投资的50%以上"[1];政府通过调整税收政策影响私人企业的生产决策,通过货币、立法、赊购等方式对私人企业进行直接控制,从而使"企业受到政府行为的限制"[2],这在自由资本主义时期是不可想象的。通过这些手段,政府还可以对收入分配施加影响,并大致决定社会总产出在消费、投资、出口和社会支出之间的分配。

其次,企业内部权力已由管理者向劳动者转移。这一转变首先得益于充分就业引起的卖方市场,继而导致雇佣双方力量均势和劳资关系的改变。对工人而言,他们不再担心被解雇,即便遭到解雇也依然有充分的就业机会;对雇主而言,由于缺乏大批失业者,他们不愿也不敢随意解雇工人。此外,充分就业的现实改变了劳资双方对待罢工和停工的态度。工人可以坚持更长时间的罢工,而雇主出于利润考虑则会尽量避免罢工或停工,因此工人权力相对增强,资本家阶级权力相对削弱。另外,工会数量和加入工会的人数也增多了。至1951年,英国工会的数量达到732个,会员人数达928.9万。[3] 随着工会组织的日益强大,劳动者集体谈判的力量大幅增强,"雇主支配工人的权力无疑受到工会极严厉的限制,连那些与维持纪律的权利和义务有关的权力,也只能在工会所能容许的范围内行使"[4]。

最后,管理革命使资本家阶级的经济权力向经理阶层转移。管理革

---

[1] [英]安东尼·克罗斯兰:《社会主义的未来》,轩传树等译,上海人民出版社2011年版,第9页。
[2] C. A. R. Crosland, *The Conservative Enemy*, Janathan Cape, 1962, p. 56.
[3] http://www.ihuawen.com/hw/article/18596.html.
[4] [英]盖茨克尔:《社会主义与国有化》,李奈西译,商务印书馆1962年版,第15页。

命影响深远，不仅强化了经理阶层在产业决策中的决定权，改变了价格决定机制，也催生了新的利润理论。克罗斯兰指出，"现代企业的日益规模化、复杂化以及技术的精细化，使经济决策越来越具有专门化的特征"①，导致公司所有权与管理权日益分离，虽然科学家和技术人员等不拥有最终决定权，但他们在公司决策中的影响力越来越大；价格不再由竞争决定，"从原来不以人们意志为转移而自动涨落的客观现象，变成在一定范围内可以为一些人类集团有意识的决定所左右了。这样一种变化使资本主义的某些基本原则都失效了"②；而经营权与管理权的分离、股份公司发展所造成的股权分散化以及融资需求的增长使资本家阶级不再盲目追求利润最大化，除利润外，他们也通过参政、推行合作制或分红制、捐助等方式来获得社会声望。公司经理拥有管理公司的权力，他们为整个公司而非仅仅为资本家的利益而工作。这些变化都表明资本家阶级经济权力的削弱。

所有权和管理权的分离是公司所有者或曰资产阶级权力转移的结果，这一观点对于理解国有化问题至关重要。如果所有制和管理权不是密不可分的，那就没有必要剥夺现有私人财产以履行其职能，社会主义的理想只需通过控制经济和税收制度就能够实现。

因此，克罗斯兰关于资产阶级权力转移的观点受到党内左派的批评。如斯图尔特·霍兰德和安东尼·埃博拉斯特等马克思主义者认为克罗斯兰低估了资本主义的力量，英国的资本主义并未转型，那些拥有公司财产的人仍然拥有绝对权力，克罗斯兰所认为的民意支持的现代民主国家可以控制并改变资本主义的论点是错误的。斯图尔特·霍兰德论证了跨国公司如何使政府服从它们的意志，搅乱政府经济政策；安东尼·埃博拉斯特则以数字证明政府对私营企业的资助从1964—1965年的每年8000万英镑增加到1970—1971年的每年8.84亿英镑，

---

① [英] 安东尼·克罗斯兰：《社会主义的未来》，轩传树等译，上海人民出版社2011年版，第15页。

② [英] 约翰·斯特拉彻：《现代资本主义》，姚会广、寿进文、徐宗士译，上海人民出版社1960年版，第19页。

翻了十番。① 因此，他们认为如果不进一步扩大公有制的范围，就无从实现社会主义，② 经理阶层其实仍是资本家，他们拥有大量的公司股票，仍受利润动机的驱使。在他们看来，即便在所谓的福利国家，企业的最终目的也是从工人那里获得更高的生产率。③

3. 阶级关系缓和

资本主义经济持续扩张所带来的工人阶级生活水平提高，以及管理革命所产生的经理阶层，使英国各阶级进一步分化，阶级对抗减弱，阶级关系缓和，并未出现马克思所预言的那种紧张的阶级关系。

马克思主义认为，资产阶级时代的一大特点就是阶级对立简单化，"整个社会日益分裂为两大敌对的阵营，分裂为两大相互直接对立的阶级：资产阶级和无产阶级"④。1940 年，克罗斯兰指出，马克思忽略了劳动和资本的不断分化，"随着资本主义的发展，现代社会的阶级划分并非如马克思设想的那么简单和清晰"⑤。他认为，战后英国经济的繁荣带来工人工资水平的提高，改善了工人生活水平，使工人队伍不断分化出熟练工人、专业工人等一系列等级。这些工人的收入、生活方式以及思想观念都不同于传统工人阶级，与雇主的关系也不再是激烈对抗性的。管理革命造就的经理阶层拥有更多选择权，他们不再单纯追求利润最大化，不再局限于满足公司所有者的利益，不再仅仅根据市场行情去追求经济的、社会的或心理的目标。⑥ 也就是说，除谋取利润之外，他们也更多地考虑社会影响、职业尊严、特权、稳定性等非经济因素。作为新兴阶层，经理阶层不再具有鲜明的阶级身份，而"能够为了共同目

---

① See John Mackintosh, *Has Social Democracy Failed in Britain?*, The Political Quarterly, No. 3, 1978, p. 263.

② See Matt Beech and Kevin Hickson, *Labour's Thinkers: The Intellectual Roots of Labour from Tawney to Gordon Brown*, Tauris Academic Studies, 2007, p. 161.

③ See Geoffrey Foote, *The Labour Party's Political Thought: A History*, Croom Helm Ltd., 1985, p. 219.

④ 《马克思恩格斯选集》第 1 卷，人民出版社 2012 年版，第 401 页。

⑤ See David Reisman, *Anthony Crosland: The Mixed Economy*, Macmillan Press Ltd., 1997, p. 5.

⑥ See C. A. R. Crosland, *The Conservative Enemy*, Janathan Cape, 1962, pp. 87 – 88.

标与工人合作"。在这种情况下,如果仍"认为不同阶级之间的关系仍是对抗性的,就不合时宜了"①。

4. 民主进程改变了经济和社会的性质

克罗斯兰认为,通过成立民主政党、工会等形式,工人和工人阶级代表能够减少贫困、扩大权利,因此,可以通过诸如建立福利国家、实现充分就业等形式对抗资本主义带来的不良后果。由此,民主社会主义也证伪了马克思主义关于社会主义无法在自由民主国家中实现的观点。在克罗斯兰看来,这些条件不是暂时性的,而会是一种长期存在的现象,二战后保守党出于选举考虑而被迫接受艾德礼政府所遗留下来的福利国家等制度安排就充分说明了这一点。也因此,克罗斯兰认为第二次世界大战后英国的经济已完全不同于19世纪英国的经济了。

基于以上,克罗斯兰认为英国资本主义已经被上面提到的经济、政治力量所改造,英国已不是传统的资本主义社会,生产资料所有制已不再是社会本质属性的决定因素,因此根据所有制为核心的生产关系考察社会性质的原理也越来越不重要了,应从价值方面来重新认识社会主义。

(三)"后资本主义"论的意义和局限性

"后资本主义"论是克罗斯兰社会主义思想的逻辑起点,也是其修正马克思主义、提出建立以社会福利、平等为基础的民主社会主义社会的理论前提。他区分了目标和手段,将公有制和国有化视为实现社会主义的手段之一而非目标,建议工党政府应通过财政、货币等间接手段实现对社会和企业的控制,进而影响分配、促进社会平等,而不是直接控制生产资料和下达生产命令。②

---

① Mark Wickham-Jones, *Economic Strategy and the Labour Party: Politics and Policy-making, 1970-1983*, St. Martin's Press, Inc., 1996, pp. 16-17.
② [英]安东尼·克罗斯兰:《社会主义的未来》,轩传树等译,上海人民出版社2011年版,第323页。

"后资本主义"论在战后民主社会主义发展史上具有阶段性意义。[①]二战以后，西方社会经济结构和阶级结构的新变化致使一些社会民主党人认为生产资料所有制决定社会性质的马克思主义传统观点已经过时，国有化不再是，也不应该是社会主义的目标，需要重新分析和概括社会主义的目标和理想。克罗斯兰的"后资本主义"论、关于国有化性质的描述以及在此基础上提出的福利和平等的社会主义目标，就是对上述问题的一种回应。从这一意义上说，他的思想观点促进了英国工党以及西欧其他社会民主党意识形态的更新，因而在民主社会主义发展史上具有一定地位。

但是，"后资本主义"论无论在理论上还是实践上都具有局限性。一方面，他的"后资本主义"论以及"修正"社会主义观，都是以马克思主义为参照的，其仅"冲淡"了马克思主义，但并没有取得任何重要的理论进展，没有建立起新的理论框架。[②]而且，其自身也存在悖论，即不相信社会的连续向上发展，但承认资本主义经济的持续向上增长。也就是说，克罗斯兰认为英国社会已经克服了传统资本主义的弊端和固有矛盾，使经济可以在不改变社会性质的条件下实现持续增长，继而实现财富公平分配、充分就业等直接目标，最终实现社会平等这一社会主义最终目标。

另一方面，从现实来看，克罗斯兰的"后资本主义"论是当时英国经济快速发展的产物。以 1945—1951 年工党政府所取得的巨大成就为基础，英国经济在 20 世纪 50 年代继续保持快速发展势头，共识政治下的保守党政府仍然延续了工党政府时期的宏观经济政策，继续推行混合经济和福利国家政策。在此背景下，克罗斯兰断言英国经济将会长期快速发展下去，甚至认为"按照当前的经济增长速度，仍然残存的基本贫困在十年内就会消失"[③]。然而，60 年代末 70 年代初英国经济再次

---

① 参见谢宗范《凯恩斯、熊彼特、克罗斯兰的民主社会主义思想剖析》，《上海社会科学院学术季刊》1990 年第 4 期。
② 参见[英]唐纳德·萨松《欧洲社会主义百年史：20 世纪的西欧左翼》（上），姜辉、于海青、庞晓明译，社会科学文献出版社 2013 年版，第 284 页。
③ [英]安东尼·克罗斯兰：《社会主义的未来》，轩传树等译，上海人民出版社 2011 年版，第 66 页。

出现的危机表明，他对英国经济形势的估计太乐观了。

克罗斯兰有两大目标，一是证明马克思主义的分析与当代英国是不相关的，二是全面阐述修正主义的缘由。① 通过提出"后资本主义"论，克罗斯兰实现了这两大目标。接下来，克罗斯兰就要对社会主义的目标进行全面的修正了。

二 克罗斯兰的福利观与平等观

战后英国社会的新变化为克罗斯兰重新界定社会主义提供了现实基础。既然资本主义已经不是原来意义上的资本主义了，那自然也要重新认识与之相对立的社会主义。

社会主义究竟是什么呢？这是工党成立以来，特别是经历过1951年大选失败的工党不断追问的核心问题。鉴于社会主义是一个涉及国家、社会、个人、生产方式以及实现这些目标的方式的模糊概念，而且不同派别关于社会主义的概念通常是冲突的，克罗斯兰诉诸传统，追溯了过去150年里最有影响力的十二种社会主义学说，最终发现不同流派和理论对社会主义的理解和实现手段差异巨大，社会主义根本就不是一个严密的描述性词语，无法对其下一个准确的定义。这种混乱源于社会主义被"用来描述那些作为（或者被认为是）达到这种社会或实现这些特征的手段的具体政策"② 这样一种倾向。

在克罗斯兰看来，这些不同理论所共有的唯一相同因素是某种基本道德价值和基本理想。克罗斯兰将社会主义的理想归结为五大方面："一是反对资本主义所带来的物质上的贫穷和肉体上的痛苦；二是拓展'社会福利'，尤其是针对那些由于各种原因而陷入贫困、压迫或不幸的人们；三是坚信平等和'无阶级社会'，尤其是希望赋予工人'应

---

① Stephen Haseler, *The Gaitskellites: Revisionism in the British Labour Party, 1951 – 1964*, Micmillan and Co Ltd., 1969, p. 82.
② ［英］安东尼·克罗斯兰：《社会主义的未来》，轩传树等译，上海人民出版社2011年版，第63页。

有'权利和相应的工作地位;四是反对竞争、对抗,渴望博爱、合作;五是反对作为一种经济制度的资本主义的无效率,尤其是反对其导致大规模失业的趋势。"① 他认为战后英国经济的飞速发展已使第一条和第五条失去了合理性,而过度竞争性个人主义的缓和和竞争所具有的优势使合作不宜成为社会主义目标的一部分。因此,社会主义的理想就是"关注社会福利,实现一个平等而无阶级的社会"②。鉴于彼时的英国已经建成了福利国家,他更进一步地将平等视为社会主义的核心价值和本质。

(一) 克罗斯兰的福利观

虽然福利思想与实践并非源于英国或欧洲社会主义运动,但福利国家思想与战后的英国工党有着密切联系。建设福利国家是英国工党追求的社会改革目标,也是 1945 年工党大选胜利上台后取得的主要政绩之一。以《贝弗里奇报告》为蓝本,工党政府在以往社会改革的基础上,通过了一系列社会立法,如最为重要的《国民保险法》和《国民医疗保健法》,以及其他如家庭津贴、住房、教育、社会救济等方案,建构了英国"从摇篮到坟墓"的社会保障体系和社会政策的基本框架。20 世纪 50 年代英国经济的持续发展和共识政治使之后上台的保守党政府基本保留和延续了艾德礼政府建立和实行的福利体系与福利政策。这样,英国成为除北欧的瑞典等极少数国家之外的西方资本主义大国中最早建成全民性社会保障制度的国家,这也是战后英国社会发生的最深刻变化之一。

克罗斯兰的福利观首先是关于贫困的看法。在克罗斯兰看来,贫困或苦难不是一个绝对概念,应被看作相对于预期以及之前实际收入的相对概念,是一个社会的、文化的概念,其判断标准也应随时间的变化而变化。除了关心生存所需,还要关心幸福和社会公平,"贫困所带来的

---

① [英] 安东尼·克罗斯兰:《社会主义的未来》,轩传树等译,上海人民出版社 2011 年版,第 65 页。
② [英] 安东尼·克罗斯兰:《社会主义的未来》,轩传树等译,上海人民出版社 2011 年版,第 75 页。

不幸福和不公平，实际上并不在于缺少奢华，而是在于缺少其他人拥有的或者被认为拥有的一些小小的愉悦"①。

虽然建立了福利制度的英国已经基本消除了初级贫困，但仍有大量的次级贫困和苦难。这些贫困和苦难主要是由以下原因引起的。首先，贫困主要不是由绝对收入不足而导致的，而是由不合理支出所导致的广义上的次级贫困。次级贫困的消失与收入水平的提高之间没有必然的正相关关系。父母的无知和愚昧可能会使孩子失去基本的健康保障，而对家庭收入的不当分配也会导致家庭平均生活水平的下降。因此，涉及未成年孩子的次级贫困是公共责任，社会支出应优先考虑家庭的社会服务，"在各种实物支出的服务中心，首先考虑女性和孩子的福利；在各种现金救济中，首先考虑家庭津贴等，这些津贴可以弥补多生孩子所带来的经济困难。"②

其次，家庭组织规模和内聚性缩小是造成苦难的第二个原因。克罗斯兰援引1911年和1951年的生育数字，在这四十年间，女性生育四个孩子的比例由70%下降到25%，不生孩子的妇女的比例则由5%上升至近11%。在社会迅速变化的大背景下，这种人口统计上的变化具有深刻的社会影响。职业流动性的扩大和住房条件的改善使家庭规模缩小，家庭成员日益分散化，大大降低了家人间相互帮助的可能性。这种变化也影响了社会服务政策，即需要提高远超传统贫困线以上的大量的社会服务，包括"更多的护士、托儿所、孤儿院、老年公寓、慈善设施，以及（也许是最为重要的）更多的上门服务和家务帮助"③，以共同承担起那些因家庭规模缩小和家庭形式分散所无法独立完成的责任。

最后，相对于需求的个人收入的不当分配是造成社会苦难的第三个

---

① ［英］安东尼·克罗斯兰：《社会主义的未来》，轩传树等译，上海人民出版社2011年版，第89页。
② ［英］安东尼·克罗斯兰：《社会主义的未来》，轩传树等译，上海人民出版社2011年版，第90页。
③ ［英］安东尼·克罗斯兰：《社会主义的未来》，轩传树等译，上海人民出版社2011年版，第92页。

原因。这种不当分配的表现形式是多种多样的，既表现在不同时间段上，如生儿育女阶段收入跟不上需求的增加，或者生病期间需求最大但收入却减少，或者退休以后虽然需求减少，但是收入下降更快；也体现在不同的个人之间，如相比较于单身和有工作的人来说，有家室的人和老人的状况要更窘迫一些。克罗斯兰也因此认为仅通过税收和社会服务实现收入再分配是不够的，社会主义者还应根据公平和福利原则进一步提高老人、病人和那些有小孩群体的实际收入。

克罗斯兰福利观的另一个难得因素是关注特殊群体的需求。这些特殊群体包括"孩子智力迟钝的父母、精神有缺陷的家人、严重的精神病患者、无人看管的孩子、家庭破碎的孩子、盲人、结核病患者、传染病者"①。由于人数少，他们的需求往往被置于社会服务考虑对象的最后，他们的开支也最容易被削减，他们也最容易受家庭形式分散和规模减小的影响，而且其需求往往远大于其收入或资产。对于他们，需要关注的是贫穷的社会、心理原因，救助的措施也应更有针对性，形式也应更具个性化，"更多地体现为家庭计划委员会、儿童保育委员会、家访员、施赈员和心理健康咨询师"②。

对于克罗斯兰来说，社会平等并不是社会支出和服务的主要目的。虽然各种社会政策通常也会增进社会平等，但它只是一个附属目的，社会服务的主要目的是减轻社会不幸和苦难。

（二）克罗斯兰的平等观

平等被克罗斯兰视为社会主义的本质。关于这一论断，克罗斯兰曾在不同场合阐述过。③ 他认为平等不仅仅是机会平等，也不仅仅是结果平等，而是综合了二者的民主的平等，"是一种更宽泛的平等，包括财产的重新分配、教育体制、社会阶级关系、工业权力和特权——也就是原

---

① ［英］安东尼·克罗斯兰：《社会主义的未来》，轩传树等译，上海人民出版社 2011 年版，第 94 页。
② ［英］安东尼·克罗斯兰：《社会主义的未来》，轩传树等译，上海人民出版社 2011 年版，第 96 页。
③ 关于克罗斯兰对平等的阐释，参见拙作《克罗斯兰的社会主义平等观探析》。

来社会主义者所梦想的'无阶级社会'"。① 在他看来,社会主义主要是一种伦理的、道德的目标,而非经济目标。也因此,他的平等更多是社会层面而非经济层面的平等:"更多的社会平等,不仅包括教育改革,也包括社会资本的提高;如此让那些不太富裕的人能获得基本体面的住房、医疗和教育,能够享受到富人通过私人途径所购买到的物品"②。

克罗斯兰赞同自由主义者的起点平等,也相信社会主义者所坚持的对结果平等的追求。机会平等不是平等的全部内容,却是重要的组成部分。他认为阻碍社会平等的主要因素有二,一是通过裙带关系和高等私立学校而维持的有产贵族阶级的存在,二是社会阶级分化和收入与财富的广泛不平等。因此,克罗斯兰的机会平等是一种激进的平等,要求终生的机会平等而不是筛选性的中等中学所代表的一次性的机会平等。也因此,克罗斯兰的机会平等要求重新分配,消除社会阶级分化。他支持公平竞争,坚持"每位公民都应有平等的机会"③,认为公平的起点是公平社会的根本特征。在他看来,机会平等意味着"作为公民,每个孩子都拥有'生存、自由,以及追求幸福'的天然权利,都有权获得依其天赋应能达到的社会地位;换句话说,就是应该具有获得财富、进步与名望的平等机会"④。

但仅有机会平等又是不够的,"尽管机会平等和社会流动性能带来最理想化的智力分配,但是这还不够。……从社会主义的角度看,这个有限目标还是不够的"⑤,因为机会平等不够重视起点和不平等的禀赋,家庭背景和遗传基因对个人起点的影响巨大,从这一意义上来说,从机会平等机制中受益最多就是那些家庭背景好、遗传基因好的人。因此,

---

① Anthony Crosland, *Socialism Now and Other Essays*, edited by Dick Leonard, Jonathan Cape, 1974, p. 15.
② Anthony Crosland, "A Social-Democratic Britain", in *Socialism Now and Other Essays*, Jonathan Cape, 1974, p. 7.
③ [英]安东尼·克罗斯兰:《社会主义的未来》,轩传树等译,上海人民出版社2011年版,第146页。
④ [英]安东尼·克罗斯兰:《社会主义的未来》,轩传树等译,上海人民出版社2011年版,第137页。
⑤ [英]安东尼·克罗斯兰:《社会主义的未来》,轩传树等译,上海人民出版社2011年版,第164页。

克罗斯兰关注起点，并尽可能地用教育来弥补家庭和环境背景的消极特征，如此，竞争中因起点不同而产生的高回报才能更公平。克罗斯兰的这一观点更接近于社会政策，与他对综合教育体制的推崇有关。[1]

结果平等意味着重新关注终点，但结果平等不是绝对的平等。克罗斯兰明确表示虽然艾德礼政府实行的一系列措施导致资本主义发生转变，实际上英国社会仍然很不平等，并没有成功实现社会主义。一方面，克罗斯兰认为不平等在伦理上是不道德的，与社会主义的价值和理想背道而驰。但另一方面，他又认为收入和财富的完全平等是不可取的，也是不可能的，绝对的结果平等从来不是社会主义的目标，在机会平等的前提下应存在收入的不平等，"因为额外的责任与杰出的才能需要也应该得到差别待遇"[2]，而且"经济发展和效率都确实需要某种程度的差异收入以及为获得这种收入而展开的一定程度的竞争"[3]，但这些不同薪酬职位的存在应以最公平的竞争为条件。同时，他也强调"社会主义的目标是消除财富的两极分化，而不是让所有人的收入降低至同样的低水平"[4]，"我自己并不希望：所有私立教育消失；首相也像某个斯堪的纳维亚国家的元首那样，没有公务用车；女王骑着自行车出行"[5]，他想看到的是自由市场条件下社会差距的合理缩小。

但想要多大程度的平等，克罗斯兰也是模棱两可的："我们希望在平等的路上走多远呢？我不认为这是一个明智或中肯的问题，可以给出明确的回复"，"这一终极目标在于其不确定性"[6]，他只是指出不平等

---

[1] David Marquand and Anthony Seldon, *The Ideas That Shaped Post – war Britain*, Fontana Press, 1996, pp. 172 – 173.

[2] [英]安东尼·克罗斯兰：《社会主义的未来》，轩传树等译，上海人民出版社2011年版，第144页。

[3] [英]安东尼·克罗斯兰：《社会主义的未来》，轩传树等译，上海人民出版社2011年版，第156页。

[4] See David Reisman, "Anthony Crosland on Equality and State", *Journal of Income Distribution*, Vol. 7, No. 2, 1997, p. 169.

[5] [英]安东尼·克罗斯兰：《社会主义的未来》，轩传树等译，上海人民出版社2011年版，第144—145页。

[6] Mark Wickham – Jones, *The Future of Socialism and New Labour: An Appraisal*, The Political Quarterly, No. 2, 2007, p. 231.

的普遍存在和采取措施的迫切性,并对平等的目标作了一般性的表述,即"更多的社会平等,不仅包括教育改革,也包括社会资本的提高;如此让那些不太富裕的人能获得基本体面的住房、医疗和教育,能够享受到富人们通过私人途径所购买到的物品"。[1] 而对于机会平等和结果平等的关系,克罗斯兰的逻辑也并非一直清楚。[2] 他一方面赞同通过国家干预调节经济,从而实现结果平等;另一方面又认为从长期来看起点的公平才会带来更多的平等,将机会平等视为收入平等的最佳保障。

(三) 克罗斯兰的福利和平等观的意义

克罗斯兰关于社会主义就是平等的观点肯定了英国政治的两大特色传统——激进自由主义和社会主义之间的密切关系。它融合了个人自由和社会正义,强调国家在对抗自由放任市场资本主义、促进个人自由中的关键作用,强调所有人都天然拥有公民权,行使不可剥夺的公民、政治和社会权利。而且,他在描述未来的"美好社会"时,也明显地带有自由主义色彩。除了将平等置于美好社会的核心之外,他也希望"采取行动,拓宽娱乐和享受机会,减少对个人自由的现有限制","更加强调私人生活,强调自由与不同政见,强调文化、美、休闲和娱乐"。[3]

克罗斯兰关于社会主义本质的重新阐释也对工党的意识形态和策略产生了深远的影响。既然社会主义的目标是平等,那工党就无须强调资本所有制方面资本和劳动力的冲突,转而强调国家对市场的改革,让市场发挥更大作用,协调社会公正和经济效率,从而将人民福祉和创造财富、追求利润置于同等重要的位置。克罗斯兰对待公有和私有部门关系的实用主义态度、肯定私营企业的合法地位以及对经济增长在减少经济

---

[1] Anthony Crosland, "A Social-Democratic Britain", in *Socialism Now and Other Essays*, Jonathan Cape, 1974, p. 71.

[2] See David Reisman, "Anthony Crosland on Equality and State", *Journal of Income Distribution*, Vol. 7, No. 2, 1997, p. 171.

[3] [英] 安东尼·克罗斯兰:《社会主义的未来》,轩传树等译,上海人民出版社 2011 年版,第 338、340 页。

不平等、改善社会福利过程中的重要意义等观点也为 20 世纪 80 年代末 90 年代初"新工党"的出现奠定了基础。

克罗斯兰关于社会主义本质分析的意义还在于他将平等的概念从经济层面转为社会层面。对平等的强调并不是克罗斯兰等修正社会主义者所特有的，如比万等左派也将平等置于核心位置。不同的是，克罗斯兰对传统的社会主义平等观进行了批判，认为财富由富人到穷人的重新分配已不合时宜，因为经历过艾德礼工党政府，作为一种社会现象的初级贫困已经成为历史，而且"财富分化远非那么明显"，"也没几个英镑"① 可以重新分配并带来显著收益，因此经济因素已不是不平等的主要来源。简言之，克罗斯兰认为经济上的重新分配是无效的，因为经济方面的不平等已不那么明显了。因此，克罗斯兰实现社会主义的手段也主要是从社会层面考虑的。

三 实现社会主义的手段

如前所述，克罗斯兰认为彼时的英国已经建成了福利国家，平等才是社会主义的核心价值和本质。因此，克罗斯兰在思考实现社会主义的手段时也多是从实现平等方面考虑的。克罗斯兰虽然没有明确地说明多大程度的平等才是实现了社会主义的社会，但他探讨了追求平等的原因、影响社会平等的因素和实现平等的手段。

对于为什么要平等，克罗斯兰从社会层面进行了解释。他认为实现社会平等和无阶级社会"一直是各种社会主义理论中最强有力的伦理诉求，也仍然是当今社会主义思想最鲜明的特征"②，英国丰裕社会的发展使社会主义的这一理想不再是经济层面上的了，而是一种伦理的、道德的目标，即更平等有利于建设一个"更好"的社会。一方面，一

---

① [英]安东尼·克罗斯兰：《社会主义的未来》，轩传树等译，上海人民出版社 2011 年版，第 122 页。
② [英]安东尼·克罗斯兰：《社会主义的未来》，轩传树等译，上海人民出版社 2011 年版，第 74 页。

个更加平等的社会可以减少集体性的不满和社会敌对情绪。在英国，企业领域的敌对情绪最为明显，"主要表现为非正式罢工、不合作以及普遍存在的猜忌对立情绪"①。这种不满不同于传统紧张的劳资关系，更多是社会学上的，即社会地位与经济地位不匹配而导致的不满与对抗。相对富裕的人群因经济发展和技术进步而日益失去经济优势，而最贫穷的人经济地位虽有所上升，但社会地位并未得到相应的提升，非金钱方面的特权很少，而是有明显的教育劣势。另一方面，现存的不平等危及社会公平。英国教育体制导致教育机会不平等，富人阶级子女可进入私立学校，获得更好的教育资源和特权，进而具有更好的就业前景，而工人阶级的子女因无力负担高昂的学费而无法获得私立学校的教育机会和资源，这种情况违反了机会平等原则。教育机会不平等也致使很多技能只限定在少数特权阶级手中，加上大部分财产是继承所得，因此劳动报酬的获得和财富的分配"不是取决于所有者现在或过去的表现，而是取决于出生的偶然性"②。此外，这种不平等抑制了阶级间的社会交往，限制了社会流动，不利于从所有人中筛选和利用最优秀的人才，从而造成社会浪费，导致低效。

英国社会严重的阶级分化被克罗斯兰视为导致英国社会不平等的最主要根源。他对英国社会的阶级分化程度感到"震惊"和"困惑"，认为英国的这一现象是"一个反常的悖论：英国社会具有异常成熟的政治民主、日益繁荣的经济以及在一定程度上给予公平的社会秩序；然后，它却仍然保留着未曾重建的、容易产生深刻集体怨恨的阶级体系"③，而正是这种僵化的阶级体系及其引起的对立和敌意才是对平等最大的威胁。教育和继承导致并固化了这种阶级体系，因此克罗斯兰认为要改革教育体制，改变消费方式，通过税收对财产进行再分配，并且

---

① [英] 安东尼·克罗斯兰：《社会主义的未来》，轩传树等译，上海人民出版社2011年版，第124页。
② [英] 安东尼·克罗斯兰：《社会主义的未来》，轩传树等译，上海人民出版社2011年版，第138页。
③ [英] 安东尼·克罗斯兰：《社会主义的未来》，轩传树等译，上海人民出版社2011年版，第103—104页。

在企业内实现权力和地位的平等分配，只有这样，英国才能实现更高程度的平等。

（一）改革私立教育，建立综合式教育体制

要实现平等，不仅机会要平等，还要真正摧毁现存的社会等级制度。在社会不平等的各个方面中，克罗斯兰尤其痛恨英国的教育体制，将其描述为"最具分裂性的、最不公平的，也是最浪费的"①，认为"私立学校的特权和社会分离主义是对机会平等的公然否定"②，并将"与国家教育体系相隔离的、只为富裕阶层所有的教育特权等级"视为"造成英国阶级分层和阶级意识的最主要的原因"③，更曾毫不掩饰地声称"如果我只能做一件事情，那我将摧毁英国所有的文法学校"④。

克罗斯兰之所以对英国的教育体制深恶痛绝，是因为文法中学、私立中学比公立中学拥有更好的资源，学生也因此拥有更好的职业前景和更高的社会地位；而工人阶级负担不起高额的学费，其子女也因此无法享受到同样的教育资源和机会。他认为教育，而不是国有化，才是实现更公平社会的主要发动机，"如果国家能在更大范围内、真正公平地配备学校、医院、教师和医生……那结果将会是这样：不是收入的更加平等，而是生活方式和社会生活结构的更加平等。"⑤

因此，克罗斯兰提出要改革私立教育，建立综合式教育体制。私立学校不再是独立的国家教育系统的上层部分，而逐渐地被合并到公立教育体系中。同时，通过政府财政支持，提高公办教育水平，逐步消除公办教育与私立教育之间的差异。

---

① ［英］安东尼·克罗斯兰：《社会主义的未来》，轩传树等译，上海人民出版社 2011 年版，第 181 页。
② See David Reisman, "Anthony Crosland on Equality and State", *Journal of Income Distribution*, Vol. 7, No. 2, 1997, p. 164.
③ Patrick Diamond, *The Crosland Legacy: The Future of British Social Democracy*, Policy Press, 2016, p. 73.
④ Susan Crosland, *Tony Crosland*, Jonathan Cape, 1982, p. 148.
⑤ Maurice Kogan, "Anthony Crosland: Intellectual and Politician", *Oxford Review of Education*, Vol. 32, No. 1, p. 74.

值得一提的是，克罗斯兰关于教育的改革在课程内容和变革速度上都是温和渐进的，充分尊重学校的自治权，"要求"而非"命令"地方政府和学校实施教育改革。他认为"在分离的学校已经建立并广泛存在的情况下很难开始中等教育综合化"，而且就算是没有这些困难，还有"教育设施的匮乏、公众的反对意见以及地方自治的事实"等阻碍因素，因此"绝不可能突然关闭文法中学以及把现代中学转变为综合学校"①，"工党政府永远也不会在整个国家快速推行一套综合性体制"②。教育改革还要充分考虑学校的设施和教师问题，否则"关闭那些具有大家认可的学术资质的文法学校就是非常错误的。结果只会是教育质量的下降，以及人们对整个实验的怀疑"。③

对于英国未来的教育改革，他乐观且深情地畅想道："如果工党做好自己的工作，那么教育体制就会逐渐围绕综合性学校而建立。但是，即使是大型非综合性学校，也会越来越体现社会融合；所有学校都会提供通往大学以及各种职业的途径，从最高到最低；雇主就不会再询问求职者以前上的是什么学校。那么，慢慢地，英国也许就不再是世界上阶级感最强的国家了。"④

（二）改变消费观念，促进合理消费

影响社会平等的第二个因素是生活方式和看得见的消费方式。克罗斯兰认为"平均收入水平越高，看得见的消费方式越平等，人们对平等生活的主观感受也就越强烈"，因为"某些消费形式比其他消费形式更显眼、更具社会意义，而且一个国家越富有，这些具体消费形式便分配得越平等"⑤，

---

① [英]安东尼·克罗斯兰：《社会主义的未来》，轩传树等译，上海人民出版社2011年版，第196页。
② [英]安东尼·克罗斯兰：《社会主义的未来》，轩传树等译，上海人民出版社2011年版，第190页。
③ [英]安东尼·克罗斯兰：《社会主义的未来》，轩传树等译，上海人民出版社2011年版，第196页。
④ [英]安东尼·克罗斯兰：《社会主义的未来》，轩传树等译，上海人民出版社2011年版，第198页。
⑤ [英]安东尼·克罗斯兰：《社会主义的未来》，轩传树等译，上海人民出版社2011年版，第199页。

而不同阶级间生活水平上客观差距的缩小也提高了人们对于平等生活水平的意识,从而使社会更加平等,阶级感减弱。克罗斯兰从个人自由、社会公正和真正平等主义三方面分析了消费水平的提高对社会心态及一般意义上的阶级平等的影响。物质水平的提高必然拓宽个人的选择范围,个人消费的增长也必然增加社会平等的事实和平等意识,而从社会公正的意义上来讲,人人都应有机会享受到富有阶级才能享受到的奢侈品。作为社会主义政党的工党应把促进、提高个人消费作为社会主义目标的组成部分,改变自身在公众意识中的节制消费、定量配给和严格控制等形象,鼓励消费,使"每个人都能快乐、富足、享受到过去只有富人才能享受到的奢侈品",而"在这个过程中,我们会朝无阶级社会迈出一大步"①。

(三) 改革税收制度,重新分配财产

财富分配是影响平等的第三个因素。克罗斯兰分析了财富分配不平等的三种表现形式。若财富的不平等是因遗产继承而非工作造成,那这种财富的分配就是不公平的。劳动收入的极大不平等也是不公平的,因为它们反映的不仅仅是能力的差别,还有机会的不同。而且,英国的税收体制以收入作为缴税依据,低估了财产所有者的缴税能力,不利于以工作作为收入来源的那些人,这也不公平。② 财富分配的不平等会导致很多不利后果。它是购买力不平等的主要原因,因为财产所有权可以带来实质性的经济优势,如"现有的高水平支出可通过固定资产的周期性明智投资来维系"③,使消费分配比税后收入分配更不平等。那些已经拥有资本的人可以获得大量的资本收益,进一步提高了资本所有者的相对购买力。继承所得的财产也为财产继承者

---

① [英] 安东尼·克罗斯兰:《社会主义的未来》,轩传树等译,上海人民出版社 2011 年版,第 213 页。

② 参见 [英] 安东尼·克罗斯兰《社会主义的未来》,轩传树等译,上海人民出版社 2011 年版,第 215 页。

③ [英] 安东尼·克罗斯兰:《社会主义的未来》,轩传树等译,上海人民出版社 2011 年版,第 216 页。

提供了金钱无法衡量的优势，如教育或职业训练、养老保障以及更多的选择权。

克罗斯兰的关注重点是财产导致的不平等，是不直接与工作激励或发展职业技能相关的非劳动所得性收入，尤其是股份分红、继承和资本收益，以及由此导致的财富集中和特权的代际转移。因此，他建议征收直接的收入税和更高额的遗产税、年财富税和资本收益税，认为通过这些措施可以改变财富分配的方式，遏制财富的过度集中，增加公共支出的投入，从而促进平等。当然，他也强调了在征收多少税收方面应对政府有明确的经济和政治限制。

（四）合理分配企业内部的权力和地位

企业内权力和地位的分配是影响社会平等的最后一个因素。虽然战后资本主义的经济权力已发生重大转移，但企业内部的权力和地位仍存在着巨大的不平等。对于企业管理，科尔认为除非实现政治民主与经济民主的转移与分散，否则自我管理就是个骗局，韦伯则认可官僚制的效率。[1] 受科尔的经济民主理论和韦伯的专家治国政治的双重影响，克罗斯兰一方面认为不管领导是利润所得者的资本家，还是领薪酬的企业高管，其"专制权力"都是过度的、令人反感的，其独裁是灾难性；另一方面又认为工人自身并没有真正参与管理的愿望，因为"所有的经验都表明只有一少部分人想参与管理"[2]。

基于此，克罗斯兰建议依赖非正式协商、随意的聊天和工会代表以及民主国家的参与等方式实现权力平等。他尤其强调工会在促进更平等社会中的重要作用，认为不仅应将工会独立于管理阶层，更要扩大其谈判的范围；工会不仅要关注工资水平这一传统和基本目标，更要多关注非金钱领域的特权。

克罗斯兰将经济发展、重新分配和更多的公共支出视为社会民主政

---

[1] See David Reisman, "Anthony Crosland on Equality and State", *Journal of Income Distribution*, Vol. 7, No. 2, 1997, p. 169.

[2] Anthony Crosland, *Socialism in a Dangerous World*, in *Socialism Now and Other Essays*, Jonathan Cape, 1974, p. 65.

治的基本问题。作为凯恩斯主义者,他相信当时的英国已基本解决了产出问题,经济问题已不再是最重要的问题,英国已经进入分配时代。因此,他实现社会主义的手段都是从分配层面上提出的,为工党政府列出了一系列应该遵循的经济政策以保持战后经济的稳定。他明确表示英国的经济增速将继续保持,应以社会政策是否成功来评价经济稳定发展前提下的下届工党政府。因此,在《未来》一书的结语部分,他很乐观地提出"应该把注意力逐渐转向从长远来看更加重要的其他领域——比如,个人自由、幸福以及培养休闲、美、优雅、愉悦、激情等文化追求……有助于构成丰富多彩的个人生活和家庭生活"[①]。

四 重新认识社会主义经济问题

(一) 社会主义与国有化

如果平等不再是一种以经济、收入为中心的概念,那公有制的重要性又何在呢?克罗斯兰从两方面对工党政治思想作出了也许是最重要的贡献:他首次区分了社会主义的手段和目标,认为二者的混淆是传统社会主义思想的弱点之一,也是社会主义定义混乱的根本原因。其次,他区分了经济的社会主义和伦理的社会主义。伦理的社会主义者被马克思称为空想社会主义者,他们的社会主义"建立在一种社会伦理观、一种坚持某种生活方式和道德价值的信仰之上"[②],是一种良好社会的愿景。基于所有制形式决定整个社会性质的假设,马克思将社会主义描述为生产资料的集体所有制。克罗斯兰认为因为"社会主义"这个词逐渐被误用来描述"对社会进行经济、制度方面改造的具体政策,而不是这种改造所旨在实现的最终社会目标",从而导致"社会主义等同于

---

① [英]安东尼·克罗斯兰:《社会主义的未来》,轩传树等译,上海人民出版社2011年版,第337页。
② [英]安东尼·克罗斯兰:《社会主义的未来》,轩传树等译,上海人民出版社2011年版,第64页。

企业国有化，以及政府计划，再分配或国家集体主义"①这一错误观念。如果按照马克思的逻辑，那么苏联和纳粹德国可被称为社会主义国家，但实际情况是苏联"否定了几乎所有那些通常被西方社会主义者解读为社会主义的价值"②；纳粹德国是经济集体主义，国家实现了对经济的完全控制，但它绝对不能被称为社会主义国家。因此，同一手段可以用于多种目标，将手段与目标混淆的做法是非常不明智的。

实际上，自19世纪八九十年代开始，生产方式的公有制已成为英国社会主义思想的核心思想。肯尼斯·摩根也注意到，"从1893年哈第成立独立工党一直到第二次世界大战，主要工业、公共事业及国家资源的公有制，至少作为一种理想，已与英国社会主义思想不可分割"，"对于虔诚的社会主义者、马克思主义者和类似的非马克思主义者来说，广泛的公有制理想无疑是冠上明珠"。③英国社会主义者通过一系列的书籍、小册子、文章和演讲从伦理和技术层面阐述了采用公有制的原因。伦理层面涉及平等，他们将公有制作为财富重新平等分配的基本手段，认为这样可以确保产业资本的私人垄断所有权带来的租金收入和经济剩余被用于社会，从而实现财富的重新分配；技术层面涉及效率，他们认为控制国家经济和代表公众利益的公共组织可以解决资本主义本身的问题，包括资本主义经济日益严重的垄断趋势、重要部门所有权的日益集中等结构性缺陷和独裁本质所导致的生产资源的浪费以及经济的无效率。

实际政策层面，早在1887年，还是苏格兰矿工领袖的哈第就号召将煤矿、铁路、矿产和土地国有化。1908年工党大会承诺将铁路收归国有，并进一步承诺对航道和煤矿进行国有化。1918年工党党章将实现生产资料公有制作为工党的目标。1929年的工党年会又把原来的公

---

① ［英］安东尼·克罗斯兰：《社会主义的未来》，轩传树等译，上海人民出版社2011年版，第64页。
② ［英］安东尼·克罗斯兰：《社会主义的未来》，轩传树等译，上海人民出版社2011年版，第64页。
③ *The Labour Party: A Centenary History*, edited by Brian Brivati & Richard Heffernan, Macmillan Press Ltd., 2000, p.295.

有制条款内容的"生产资料公有制"改成了"生产、分配和交换资料公有制"。1945 年工党作为多数党政府上台执政,终于得以实践其一直坚持的公有制条款,实现了广泛的国有化。至 1951 年,工党政府已把英格兰银行、矿业、民航、通信、电力、钢材等主要产业和部门收归国有。

国有化改革在渡过战后难关、解决失业问题、创办新型工业等方面发挥了作用,取得了一定的效果,但国有化部门自身的发展却乏善可陈。一方面如煤炭、铁路等国有化企业效率低下,官僚主义盛行,因有了"铁饭碗",国有企业职工的工作积极性和责任感也有所下降;另一方面,国家在耗费大量财力赎买私营企业之后,又必须投入大量资金以确保其正常运行,政府负担加重。

因此,关于是否还要进一步国有化的问题被提出来了。以艾德礼为代表的工党领袖赞同"巩固",认为更多的国有化是没有必要的;以比万为代表的左派坚持应进一步扩大国有化的范围。在他们看来,国有化就是社会主义,社会主义就是国有化。而以盖茨克尔和克罗斯兰为代表的党内修正主义者则认为左派混淆了目的与手段,经济目标是手段,社会的道德构建才是目标。对于他们来说,公有制"只是实现社会主义目标的众多手段之一"[1]。他们提出了最让左派社会主义者震惊的结论,即:产业所有权不重要,大型公司受经理而非所有者控制,因此,为获得控制权而进行产业国有化毫无意义,国家才是工业社会中最强大的力量。

在区分目标与手段,即社会主义的价值和实现这些价值的政策时,克罗斯兰降低了公有制的作用,部分原因是出于选举的考虑。在分析工党 1959 年失利的原因时,克罗斯兰认为与国有化的联系使工党形象不佳,是导致大选失利的原因之一。根据盖洛普民意测验,当被问到工党代表着什么时,回答"国有化"的人数比例由 1951 年的 6% 增加到

---

[1] Roger Wicks, "Revisionism in the 1950s: The Ideas of Anthony Crosland", in *British Politics and the Spirit of the Age*, Keel University Press, 1996, p. 201.

1955年的9%，到1959年，这一比例更是增加到17%。[1] 对于工党来说，与国有化关系密切无疑是一种负担，因为所有的民意测验都表明"大多数选民，实际上甚至是大多数投票支持工党的人，都反对进一步进行国有化"[2]。克罗斯兰也试图说明在当时的英国什么是最适当的社会主义政策。在他看来，由于产业中所有权和管理权分离，征收财产税和建设综合性学校等改革才是实现平等的核心，而进一步的国有化则是不可取的。

但这并不意味着克罗斯兰反对公有制，他也不建议取消国有化。实际上早在《社区土地法案》颁布之前20年，克罗斯兰就呼吁对公有土地进行国有化。他接受并支持艾德礼政府所确定的混合经济，不希望缩减公共部门国有化的范围。多年后，丹尼斯·希利也注意到了克罗斯兰著作中的这一观点，认为"托尼所做的就是为艾德礼政府所采用的方式提供原理的阐述"[3]。克罗斯兰认为国有化并不总是正面的，应具体问题具体分析，加强干预，强调所有关于公共所有制的提议必须有利于社会主义目标的实现。[4] 克罗斯兰也曾明确说过他对公有制的观点从未改变，他一直强调公有制"是政府可以利用的若干手段之一，以解决过度的权力垄断、持续的投资不足或未能为社会利益而规划国家资源等问题"，工党政府的每一项国有化提议所取得的成绩也证明了国有化的合理性和正当性，但即便如此，也"没有充足的社会或经济理由证明更大规模的国有化计划是合理的，并且可以确定的是，国有化计划不会解决英国工业的深层次问题"[5]。总而言之，对于克罗斯兰来说，"国有化在很大范围内是必要但非充分条件"[6]。

---

[1] See Anthony Crosland, *Can Labour Win?*, The Fabian Society, 1960, p. 9.

[2] See Anthony Crosland, *Can Labour Win?*, The Fabian Society, 1960, p. 9.

[3] Mark Wickham-Jones, *The Future of Socialism and New Labour: An Appraisal*, The Political Quarterly, No. 2, 2007, p. 234.

[4] David Lipsey and Dick Lenard, *The Socialist Agenda: Crosland's Legacy*, Jonathan Cape, 1981, p. 10.

[5] Anthony Crosland, *Social Democracy in Europe*, the Fabian Society, 1975, pp. 10-11.

[6] See David Reisman, *Crosland's Future: Opportunity and Outcome*, Macmillan Press Ltd., 1997, p. 57.

(二) 社会主义与计划化

虽然基于不同的理由,但社会主义者几乎都将计划化视为社会主义的核心特征和与资本主义的最直接区别,特别是第一次世界大战之后资本主义经济的萧条和 20 世纪 30 年代的经济危机以及苏联第一个五年计划的成功,工党理论家幻想通过计划方法协调资本主义发展过程中的矛盾,克服经济危机。然而,第二次世界大战后十年的实践使人们愈加认识到计划经济体制的运转是十分复杂的,对计划经济的讨论也开始多针对具体情况,而不再是一般的、抽象的、理论的探讨。

实践也使左右派对计划经济的态度发生了变化,不再那么极端和对立。左派之前力主计划的原因是对资本主义的低效和不平等不满,20 世纪 50 年代福利国家的建立、经济的快速发展以及由此带来的充分就业使左派原来的观点不再有说服力。右派的观点也发生了明显的改变,他们不再相信自由价格机制会带来经济福利的最大化。企业界的意识形态也发生改变,不再坚持自由放任,虽然不喜欢被征收高税,但他们承认政府有责任在维持充分就业的范围之内对经济进行干预。因此,"计划问题现在已不再是'左'和'右'之间的一个根本区别。……现在的问题不是要不要计划,而是计划多少,为了什么而计划的问题。"[①] 也就是说,克罗斯兰接受了凯恩斯主义经济管理策略,赞同通过国家干预调节贸易周期,保证充分就业,但他不赞同 30 年代工党倡导的直接控制,认为这种直接控制不利于扩张主义的经济战略,剥夺了消费者自由选择商品的权利,而且会产生一个臃肿低效的官僚机构。

当然,克罗斯兰也承认政府的直接计划和控制对需要大量资金投入的企业或应对大规模失业时的必要性。[②] 在克罗斯兰看来,计划的主要功能是"确保将适量资源配置到各主要经济部门,确保投入的资源量既满足充分就业但又不至于导致通货膨胀",主要目标是"稳步提高的

[①] [英] 安东尼·克罗斯兰:《社会主义的未来》,轩传树等译,上海人民出版社 2011 年版,第 327 页。

[②] See Geoffrey Foote, *The Labour Party's Political Thought: A History*, Croom Helm Ltd., 1985, p. 216.

投资水平以及相应的充足储蓄和风险资本;不影响出口商品的国内需求量;不会引起工资—物价螺旋上升的劳动力市场形势;以及提高社会支出在国民收入的比例"①。简言之,计划的主要目标是在充分就业又没有通货膨胀的框架内实现资源在主要经济部门间的合理配置。

政府在什么情况下应该计划呢?这也是政府干预的边界问题。确保资源在各个主要经济部门之间的合理配置是政府干预的主要领域和目标,而要实现这一目标需要政府制定科学合理的财政政策,确定国民生产中出口、投资、消费等方面的大体比例。克罗斯兰分析了三种政府干预的情况。第一种是政府愿承担而私有企业不愿承担风险的时候。如钢铁厂等基础性行业的扩张是其他经济部门扩张的前提,但它们需要大量的资本投入及管理技术,而且长期扩张的风险较大,这时就需要政府通过"补贴、担保、大量采购,或任何其他手段,承担其部分或全部风险",这种形式也是"具体经济计划中最有用的部分"②。第二种需要政府干预的情况是私人成本和社会成本发生分离的时候,即经济单位的资产负债表没有反映社会所承担的成本或所获得的受益。一个明显的例子就是新工厂的选址,政府需要综合考虑新厂址对就业、交通、城市发展、资本能力(包括社会资本和公共设施)等的影响而进行干预。第三种情况是私人成本不能体现国家利益时,即对于个人企业来说,某种投资带来的利润可能是微乎其微的,但对于整个行业和国家利益来说,投资的整体效果却很明显。例如煤炭业,安装节能设备而降低的成本和增加的利润对单个企业的影响可能很小,但对于整个国家则意义重大,因此国家也有理由进行干预。

战后工党政府实行计划的表现不尽如人意,克罗斯兰将其根本原因总结为一种政治问题:因为涉及既得利益、压力集团、选民意见、后座议员等多方力量和利益的较量,大臣们往往缺乏意志力和决心,从而无法实行那些不受欢迎的决定和计划,即艾德礼政府的计划失灵不是源于

---

① [英]安东尼·克罗斯兰:《社会主义的未来》,轩传树等译,上海人民出版社2011年版,第327页。
② [英]安东尼·克罗斯兰:《社会主义的未来》,轩传树等译,上海人民出版社2011年版,第331—332页。

经济权力的缺失，而是意愿的缺失。关于这一点，也有学者指出过，"如果社会主义者想要更大胆的计划，那他们必须选择更为大胆的大臣。"①

五 温和而渐进的政治策略

克罗斯兰身上同时存在着平等主义和自由主义两种政治哲学，因此他也被视为英国自由主义传统中的激进分子。在协调自由和平等的关系方面，他坚持认为平等和自由是密不可分的："公正社会的问题不仅仅是经济平等问题，更重要的是在一个社会中同时实现平等和自由。"②他更曾直接地说过"社会主义就是追求平等，保护自由。除非我们真的平等了，否则我们就不是真正的自由"③。

然而，尽管克罗斯兰的社会意图很激进，但他反对极端的政治行动，支持英国议会民主，与英国社会主义经济和社会政策的渐进主义方法保持一致，所以克罗斯兰还是处在传统的自由主义模式中。克罗斯兰温和渐进的政治策略主要体现在他对待税收改革、教育改革以及对待民主政治的态度方面。在改革税收制度方面，他反对工党左派提倡的惩罚性资本税，担心征税的极端行为会引发不可预见的社会和政治后果。在教育改革方面，虽然克罗斯兰对英国现存的教育体制深恶痛绝，但他反对直奔目标地建立一个非隔离的综合性学校，而是要考虑学校设施、公众舆论以及地方教育自治权等现实。在他初任教育大臣时，只有大约12%的中学是综合性学校，④ 尽管他急于加快政策的实施，但在起草第

---

① Chris Harman, "From Bernstein to Blair: One Hundred Years of Revisionism", *International Socialism*, 1995, Vol. 2, No. 67.

② See Patrick Diamond, *The Crosland Legacy: The Future of British Social Democracy*, Policy Press, 2016, p. 87.

③ David Reisman, *Crosland's Future: Opportunity and Outcome*, Macmillan Press Ltd., 1997, p. 59.

④ Maurice. Kogan, "Anthony Crosland: Intellectual and Politician", *Oxford Review of Education*, Volume 32 (1), 2006, p. 77.

10 号通告时,他是"请求"而不是"要求"地方当局引入综合学校,也很高兴看到 1965 年内阁同意不通过立法来执行综合学校政策,因为他坚持认为"如果能够自愿实现改革,改革就会坚持得更好"①,这是其民主观的一个很重要的内容。在他看来,"不断告诉人们怎么支配他们的收入不是社会主义的一部分,这样做是对自由的干预,认为白厅的人最了解什么是对人民最有利的观点也是对自由的干预。"② 因此"取消所有的付费私人教育……是对个人自由的限制"③,可以通过税收适当修正人们的购买力,但如果是他们的自主选择,政府便没有权力阻止人们在寄宿教育上花钱,因此他才建议在保留私立教育的同时提高公立教育的质量。在《未来》的结尾,他更是呼吁一种更自由的文化,号召大家更包容地看待社会问题,促进休闲和文化活动。

在克罗斯兰看来,变革社会的途径是通过民主选举赢得权力,再给予大臣们权力来控制国家机器。如果在任的大臣们具有足够的智慧和决心,那社会主义的政策肯定可以得以实施。用他妻子的话来说,他做决定的方式也体现了他这个人的性格,他"总是喜欢说服而非强迫"。④他也尊重社会和政治宽容,认为这是英国议会民主的特点,为社会主义创造了巨大的成果,因此工党要小心行事,避免不可预测的经济后果,避免与选民的政治情绪脱节。于他,那些不可定义却至关重要的相互容忍和妥协的边界正是民主体系最终得以建立的基础,他不可能冒险破坏国家的民主结构。⑤ 这种谨慎也意味着克罗斯兰的社会主义需要时间和耐心才能成功实施。

克罗斯兰的渐进主义也体现了他的实用主义,其实用主义也是为激

---

① Susan Crosland, *Tony Crosland*, Jonathan Cape, 1982, p. 144.
② See Mark Wickham-Jones, *The Future of Socialism and New Labour: An Appraisal*, The Political Quarterly, No. 2, 2007, p. 233.
③ See David Reisman, "Anthony Crosland on Equality and State", *Journal of Income Distribution*, Vol. 7, No. 2, 1997, p. 165.
④ Susan Crosland, *Tony Crosland*, Jonathan Cape, 1982, p. 146.
⑤ See Geoff Horn, *Crosland's Socialism: A History of the British Labour Party's Revisionist Tradition 1951 – 1981*, thesis for the degree of Doctor Philosophy, London Metropolitan University, 2006, p. 37.

进的社会目标服务的。他认为渐进的方式可以让改革者们不断试验,并有足够的时间处理呈现出来的相关问题,而暴力的、极端的方式则会起反作用,因为"旧事物已去,而取代它们的新事物则需要时间才能成长起来,结果会导致一种危险的真空。……如果我们玩弄社会,那我们肯定会发现历史会在适当的时候给我们些不愉快的惊喜"①。萨松将修正主义的这种不断提及社会主义价值,又能坚持实用主义和现实主义的做法称为伦理实用主义,认为其"更大的政策灵活性、更多的选举吸引力以及——在使联盟成为一种必要条件的环境中运作的政党来说——发现盟友的更好的机会,足以抵偿学说思想上纯洁性的丧失"②。

这种经验主义和道德相对主义也致使克罗斯兰无法准确判断潜在的困境,对问题的反应也缺乏确定性。克罗斯兰所追求的平等既有机会平等,也有结果平等,但又不仅仅是机会平等和结果平等,但他对于要多大程度的平等却是模棱两可的,没有明确的答案,只是指出不平等普遍存在和采取措施的迫切性,并对平等的目标作了一般性的表述。而对于实现平等的方式,克罗斯兰认为应该是灵活的,因为"没有人知道具体什么程度的平等才足以体现社会主义的价值。我们必须根据新形势重新评估问题"。他认为不可能明确确定什么时候才会实现他的所有目标,但他确信"当我们实现了之前提到过的那些变化时,我们的社会看起来就会大不相同"。③ 这也是克罗斯兰修正主义留下来的遗产——他的社会主义不是一种静态的或教条的政治观点,而是根据经验和具体情况不断演变。换句话说,克罗斯兰的社会主义只是一种对平等社会的一般的伦理追求,在特定时间达到何等平等仍是一个判断的问题。

实际上,克罗斯兰的政治方式具有实践上的脆弱性。平等主义政治家们在进行社会改革时有时间和机会实践渐进主义吗?渐进地实现平等肯定需要长期执政,而长期执政反过来也要求公众能长期支持平等目标。然而,这一切都是无法保证的。作为选举型政党,工党在很大程度

---

① Anthony Crosland, *The Future of Socialism*, Jonathan Cape, 1964, p. 314.
② [英]唐纳德·萨松:《欧洲社会主义百年史:20世纪的西欧左翼》(上),姜辉、于海青、庞晓明译,社会科学文献出版社2013年版,第277页。
③ Anthony Crosland, *The Future of Socialism*, Jonathan Cape, 1964, pp. 216–217.

上需要获得工人阶级的支持才能上台执政，但当它上台执政时，它又需要对全体国民负责。这是工党在政治上无法摆脱的两难处境："为了使工人阶级满意，工党就要采取激进的措施，这样就会破坏经济的渐进发展；为了平息资本家的恐惧，它就要背叛对工人的承诺，这样又会失去工人阶级的支持。"① 因此，工党陷入了一个无法摆脱的怪圈，即：通过承诺取得工人阶级的支持而得以上台，上台以后的政策则发生从左而右的变化。从这一意义上说，工党"不存在一条通往社会主义的道路"，因此也"几乎不可能希望工党政府进行实质性的社会变革"。② 这一观点虽然绝对了些，但也从另一个角度揭示出工党不可克服的困境，证明了克罗斯兰政治策略的脆弱性。

克罗斯兰的聪明之处在于他排除了建立平等主义的激进战略，转而依赖于一种间接的战略，即依赖于持续的经济增长以资助其平等主义的支出方案，依赖于政治精英的良好实践和判断以维持公众的支持。但实践证明，其实现平等的策略也很脆弱，具有不可持续性。一旦经济停止增长，其平等策略也立即停摆。

六 独具特色的社会主义文化观

在《未来》的最后一部分，克罗斯兰提出了其著作中最独具特色的一部分，也是被萨松评价为"最重要、最有意义"③的一部分：文化观。这一部分也被迈克尔·杨称为克罗斯兰社会主义观的新因素，即一个良好的社会，除了平等之外，还应该是有趣的。④

---

① 刘成：《英国现代转型与工党重铸》，生活·读书·新知三联书店2013年版，第246页。
② David Coates, *The Labour Party and the Struggle for Socialism*, Cambridge University, 1975, p. viii.
③ [英] 唐纳德·萨松：《欧洲社会主义百年史：20世纪的西欧左翼》（上），姜辉、于海青、庞晓明译，社会科学文献出版社2013年版，第284页。
④ Michael Young, *Anthony Crosland and Socialism*, in *Crosland and New Labour*, edited by Dick Leonard, Macmillan Press Ltd., 1999, p. 53.

克罗斯兰的文化观是对未来的一种预设。在他看来，在实现了社会主义的诸多目标之后，改革者们需要关注"那些不能明确归于社会主义还是非社会主义的"、但对于福利、自由、社会公平具有非常重要意义的"其他领域"的问题。① 这些问题主要涉及两大领域：一是个人休闲生活自由，二是文化价值的社会责任。

当时的英国已接近实现上文中所阐述的社会主义的目标，传统费边主义的节制、自律、效率、为公共责任而不惜牺牲个人享受的价值观渗透过度，已经不合时宜。因此，改革者应转变文化态度，不应再含糊不清地强调关注人类幸福和消灭不公平，而应"采取行动，拓宽娱乐和享受机会，减少对个人自由的现有限制"，真正看重人的尊严，"使英国变成一个更加多彩、更加文明的国度"。这些限制包括"离婚法、许可证法、陈旧的（也是极不公平的）堕胎法、对性变态的不当处罚、对书刊与戏剧的文字审查制度，以及仍然存在的对女性平等权利的种种限制"。在克罗斯兰看来，"我们不仅需要更高的出口和养老金，也需要更多的露天咖啡厅、夜晚更加欢快明亮的街道、营业时间更长的酒吧、更多的地方剧院、更为友好周到的酒店老板、更加宽敞整洁的餐厅、更多的河边茶座、更多的游乐园、公共场所更多的壁饰和壁画，以及设计更为精美的家具、陶器和女装、新建住宅区的中央石雕、街灯、电话亭，等等不一而足"②。

对于文化价值的社会责任的强调也是基于这样一种现实和假设：20世纪50年代英国经济快速增长，人民收入和消费水平持续增长，福利国家的建成也使英国社会达到较高的福利水平。因此，克罗斯兰预测从当时起未来十年内英国的物质福利水平将达到"资源配置的边际变化不会影响任何人的满足感"③ 这样一种水平，而文化方面的需求会很

---

① ［英］安东尼·克罗斯兰：《社会主义的未来》，轩传树等译，上海人民出版社2011年版，第338页。
② ［英］安东尼·克罗斯兰：《社会主义的未来》，轩传树等译，上海人民出版社2011年版，第338—339页。
③ ［英］安东尼·克罗斯兰：《社会主义的未来》，轩传树等译，上海人民出版社2011年版，第341页。

大，应实行坚定的政府计划，将更多的资源和精力用在美与文化方面。克罗斯兰强调，与经济和社会领域相反，在文化领域，应将社会利益置于个人利益之上。如此，随着物质水平的提高，"对个人利益动机的弱化已在不知不觉中渐渐实现"。就像凯恩斯说的，"当积累财富不再具有重大社会意义的时候，社会道德准则就会发生巨大变化……人们自然而然回到宗教和传统美德的某些基本原则……我们将重新强调目的而不是手段，强调好坏而不是是否有用。"①

当然，克罗斯兰也强调当时的英国还为贫穷和不公平所困，过于强调这些更人性化的行为还为时过早。他的文化观更多是对未来的一种假设："我们也不希望进入这样一种时代：物质富足了，但是却发现我们已经丧失那些教会我们如果享受这种富足的价值。"②

本章小结

克罗斯兰的修正主义被称为"英国议会社会主义与一种更早期的进步主义传统之间的历史性妥协，通过凯恩斯和贝弗里奇，其历史渊源可追溯到上世纪初的新自由主义"③，是一种典型的乐观主义。在克罗斯兰看来，资本主义已不再是传统的资本主义，因此，社会主义也应是一种不同的社会主义。第二次世界大战后工党政府的改革以及凯恩斯主义经济思想使社会主义的目标可以通过新自由主义的方式实现，社会主义的目标被重新界定为平等，因此，作为传统社会主义目标和手段的公有制已经不再是必要的，甚至不再是相关的了。

具体说来，克罗斯兰认为与传统资本主义的特征相比较，当前的资

---

① ［英］安东尼·克罗斯兰：《社会主义的未来》，轩传树等译，上海人民出版社2011年版，第344—345页。
② ［英］安东尼·克罗斯兰：《社会主义的未来》，轩传树等译，上海人民出版社2011年版，第345页。
③ David Marquand, *The Progressive Dilemma: From Lloyd George to Blair*, Phoenix, 1999, p. 171.

本主义已变得面目全非。英国社会发生的这些变化要求政治信仰和社会主义目标也要进行相应的改变。在当时的条件下，社会主义的首要目标是更高水平的社会福利和更多的社会平等。正是在这一目标的规定下，他认为可以通过教育改革、对那些继承财产的人征税、改善贫困人群的社会福利，从而实现社会平等。尽管产业的公有制会显得更平等，但实际上是不必要的，因为如果控制得当，大公司在管理上是有效率的。最终他希望英国人民能更加平等但不同质，当高质量的免费教育、良好的医疗保健、工伤保险、老年养老金、疾病津贴和住房补贴的福利国家长时间发挥作用时，人们就可以自由、平等而又多样化。

在克罗斯兰看来，社会主义的目的是伦理的，要求所有人都能获得平等的、体面的待遇。在社会主义社会里，每个人都可以享受到良好的教育、足够的住房、职业卫生保健、回报丰厚的就业机会、愉悦的休闲和社会环境。过去，社会主义者们相信只有把国民经济转变为公有制并且为所有人的利益实行中央计划才是社会主义，才能实现社会主义。但是，在一代代人的努力过程中，他们忘记了公有制只是实现这些目的的手段之一，而把它当作社会主义的目的。而当真正实现了公有制，公有制的表现却差强人意，并没有表现得比私有制更有效率。与此同时，资本主义也实现了转变，在创造社会财富和提高大众生活水平及机会方面要胜于公有制。因此，克罗斯兰认为应摒弃公有制，实行混合经济。而实现社会主义社会的关键之处是要扩大民选政府的权力，并运用其政治权力对财富进行重新分配，通过税收消灭贫穷、提高教育水平和医疗水平、改善住房等，即广义上的福利，最终实现平等。至此，克罗斯兰提出了著名的修正社会主义公式，亦即"社会主义平等＋混合经济＋政治自由＋凯恩斯经济学＋福利国家"[①]。

[①] ［德］托马斯·迈尔：《社会民主主义的转型》，殷叙彝译，北京大学出版社 2001 年版，第 41—42 页。

第四章

克罗斯兰社会主义思想对 20 世纪 50—70 年代的工党及工党政府的影响

克罗斯兰的修正社会主义思想是对选举失败和变化了的社会环境的反应，它重新修正了社会主义的含义和目的，并深深影响了工党 20 世纪 50 年代的文件和政策。《未来》的发表以及克罗斯兰与盖茨克尔的密切关系巩固和加强了修正主义思想对党内政策和文件的影响，党内政策文件更为强调社会平等和个人自由，而进一步国有化的传统经济考量的重要性则进一步削弱。在社会主义被定义为更高程度的平等的同时，在以市场为导向的混合经济中，公有制越来越被视为一种根据具体需要灵活运用的技术问题。在完成了战后重建和社会改革后，50 年代和 60 年代的工党将克罗斯兰的思想融入政治认同和特性中，以求实现重新复兴。到 1964 年威尔逊政府上台时，表面上看工党已经是一个温和的、有前瞻性的执政党，实行的政策仍体现着克罗斯兰修正社会主义思想的影响。

在工党上台之前，克罗斯兰主要通过与工党高层的互动间接影响工党。克罗斯兰与工党高层的关系一方面建立在私人友谊上，另一方面建立在共同的观念上。他和当时的工党领袖盖茨克尔私交甚好，伍德罗·怀亚特曾回忆虽然罗伊·詹金斯和克罗斯兰与盖茨克尔的关系都很好，但毫无疑问，盖茨克尔最喜欢克罗斯兰。和道尔顿一样，盖茨克尔"不仅爱他的思想，也爱他的外表，以及永远年轻的气质"①。共同的观点更是将二人紧紧联系在一起。尽管工党并没有完全采用克罗斯兰在《未来》中所提的建议，但从1956年起，平等开始逐渐出现在工党委员会的提议中，并成为重要的关注点。凯文·杰弗瑞的书里曾提到过这样一件事情：工党文件《工业与社会》起草人之一的彼得·索尔惊讶地发现，在盖茨克尔把文件文本给克罗斯兰看过之后，他之前关于逐步扩大国家在大型公司中的股份的建议竟然变得含蓄了，成为了布莱恩·布里瓦蒂所形容的"政治上的软糖"，怎么说怎么有理。正如索尔所言，克罗斯兰当时既不是国会议员，也不是国家执行委员会中的一员，但盖茨克尔竟然允许他以这种方式介入，这足以说明前者对后者的倚重。②

克罗斯兰的思想也直接影响了工党政府的执政理念和施政政策。从1964年的威尔逊政府到1976年的卡拉汉政府，克罗斯兰一直担任内阁不同部门的大臣，从经济事务部大臣到教育科技部大臣，从商务部大臣、地方政府和区域规划部大臣到环境事务部大臣、外交及联邦事务部大臣，因此其思想必然直接影响工党政府的理念和政策，如他对威尔逊政府的一个最明显影响就是从1964年到1970年，工党政府没有对任何一个新的产业进行国有化。

具体说来，克罗斯兰对工党及工党政府的影响主要体现在以下几方面。

一　影响英国工党意识形态的转型

自1918年党章"第四条"中宣布"在生产资料、分配和交换公有制以及对每一工业或服务业实行公众管理和监督的最有效的制度基础之上，确保体力或脑力劳动者得到其辛勤劳动的全部果实，并尽可能做到

---

① Kevin Jeffreys, *Anthony Crosland: A New Biography*, John Blake, 1999, p. 66.
② Kevin Jeffreys, *Anthony Crosland: A New Biography*, London: John Blake, 1999, p. 66.

公平分配"① 以及《工党和新社会秩序》中承诺的最低生活标准、充分就业、国有化、资本税与累进税、用直接税和国有化的成果为教育、住房、医疗保健等公共服务提供资金等目标诉求,一直到艾德礼政府时期,工党的意识形态一直是以费边主义为核心的英国社会主义。

艾德礼政府时期实行的福利制度和国有化是对费边社会主义的坚持,这些社会主义的实践和改革使英国社会发生了深刻变化,奠定了英国"共识政治"的基础,在很大程度上改造了英国的社会和政治。但国有化遭受的挫折和失败也使党内本就存在的矛盾进一步尖锐化,始于对国有化程度和速度的不同认识逐步转变成为对社会主义本质认识的根本性分歧,并最终形成了变革民主社会主义思想的浪潮。这一思潮对其后的工党社会主义意识形态的变迁与转型具有开创性影响,引发了工党在坚持还是修改传统的社会主义目标问题上的激烈争论,并最终导致 1995 年工党废除"旧四条",为"第三条道路"理论奠定了思想基础。

(一) 工党主流意识形态及党内修正主义的发展

1900 年,由工会、费边社、独立工党和社会民主联盟组成的"劳工代表委员会"成立,标志着工党百年历史的开端。复杂的组成成员也意味着指导思想和意识形态的多样化。学者们对于工党在这一阶段是否存在主流意识形态观点不一②,但随着第一次世界大战的爆发、自由主义和自由党的衰落以及社会主义思想的传播,社会主义的意识形态逐渐在工党内占据主流地位。1918 年党章明确将公有制条款写入其中。这个党章被艾德礼视为"一个毫不妥协的社会主义者的文件"③,其后工党发表了《工党与新社会秩序》,进一步将这一条款具体化,标志着

---

① Brian Brivati and Richard Heffernan, eds., *The Labour Party: A Century History*, Macmillan Press Ltd., 2000 p. 293.
② 如李华锋认为工党早期的主导思想是劳工主义,而张志洲则认为是各种意识形态各存其中,难辨主流。
③ [英]艾德礼:《工党的展望》,吴德芬、赵明岐译,商务印书馆 1961 年版,第 26 页。

工党实现了"根本性的意识形态的变迁"①，结束了原先多种意识形态混杂的状态。自此，社会主义成为工党的主流意识形态，"并在此后的几十年时间里逐渐成为工党社会主义意识形态的'正统'"②。

工党内部修正主义的发展可追溯到20世纪30年代。主流的正统工党社会主义将公有制视为社会主义的本质属性和根本目标，相应地，推行公有制和国有化就成为社会主义意识形态的本质要求。到30年代，以柯尔、道尔顿、德宾等新费边研究局成员为代表人物，提出了一系列不同于正统社会主义思想的见解。这些见解既有对英国发展新形势的思考，也有对党内原有的、边缘化的社会主义观点的继承，包括从伦理角度理解社会主义，将平等和自由视为社会主义的本质属性等观点。

到50年代，英国的政治、经济、社会都发生了深刻变化，经由艾德礼政府实行的改革所实现的共识政治、英国经济的持续发展和英国人民生活水平的持续提高使工党很多理论家重新思考社会主义。这些理论家们的论述既各有侧重，又具有内在的一致性，这些理论被称为修正主义，其共同性在于"从两方面背离了工党内部被广泛接受、但又具有高度争议的正统理论。首先，它拒绝承认传统的社会主义观点，即社会主义应该通过生产资料公有制来确认。其次，它使用诸如个人自由、社会福利，特别是社会平等等表达价值与理想的词汇，代表着对民主社会主义的一种伦理重述。……在修正主义者眼中，公有制只是实现社会主义价值和理想的众多有效的政策手段中的一种而已。自然，它不能被认为是未来社会主义社会的奠基石"③。其中，克罗斯兰因"否定社会主义与生产资料公有制之间的必然联系，论证了时代变化背景下社会主义哲学和政策调整的必要性，并对社会主义在伦理的基础上加以重新论述"④ 而被

---

① Samuel Beer, *Modern British Politics*, Faber, 1982, p. 125.
② 张志洲：《英国工党社会主义意识形态变迁研究》，社会科学文献出版社2011年版，第124页。
③ Tudor Jones, "Labour Constitution and Public Ownership: From Old Clause IV to New Clause IV", in *The Labour Party: A Centenary History*, Brian Brivati and Richard Heffernan, eds., Macmillan Press Ltd., 2000, pp. 301–302.
④ 张志洲：《英国工党社会主义意识形态变迁研究》，社会科学文献出版社2011年版，第136页。

称为 20 世纪 50 年代工党内修正主义"公认的'教父'"[1]，对工党意识形态转型影响深远。

（二）克罗斯兰社会主义思想对工党意识形态转型的影响

作为党内修正主义理论最具代表性的人物，克罗斯兰最大的理论贡献在于修正了传统社会主义关于社会主义本质的认识，重新系统阐述了社会主义，"尤其是他将社会主义意识形态的调整与变化了的后资本主义社会联系起来，使其对工党意识形态的变迁和转型具有'开创性的影响'"[2]。他拒绝承认传统社会主义的观点，拒绝将公有制视为实现社会主义目标的必要条件，将国有化"降级"为实现社会主义目标的手段之一。他对民主社会主义进行了伦理重述，明确指出社会主义的价值目标是"慷慨的社会福利"和"更高程度的社会平等"，并且坚持认为这些理想目标可以在以市场为导向的混合经济的框架内通过适当的财政和社会政策加以追求和实现。

克罗斯兰和盖茨克尔将民主社会主义思想由制度转向价值的变革必然反映到政策层面，影响工党 20 世纪五六十年代的政策声明和竞选纲领。如 1957 年工党的政策声明《工业与社会》就包含了很多修正主义的内容和观点；1959 年的竞选宣言增加了很多伦理社会主义的内容，"强调社会主义对人类平等的信仰"[3]，还专门论述了大众娱乐休闲的政策设想，这很容易让人联想到克罗斯兰在《未来》中关于"美好社会"的追求。

虽然盖茨克尔 1959 年修改党章第四条的努力以失败告终，但其后发表的"新十二条信仰声明"在一定程度上表达了克罗斯兰的平等、自由、公平、正义、无阶级社会等新民主主义社会价值观，

---

[1] 张志洲：《英国工党社会主义意识形态变迁研究》，社会科学文献出版社 2011 年版，第 139 页。
[2] 张志洲：《英国工党社会主义意识形态变迁研究》，社会科学文献出版社 2011 年版，第 139 页。
[3] 张志洲：《英国工党社会主义意识形态变迁研究》，社会科学文献出版社 2011 年版，第 143 页。

在正式文件层面上延展了工党的社会主义意识形态含义，尤其认可混合经济是公有制的一种形式，在一定程度上反映了凯恩斯主义对工党的影响。虽然工党仍将公有制的原则和目标置于突出位置，但这一声明确认了其他的民主社会主义原则，成为工党主流意识形态变革完成的重要环节。

　　以克罗斯兰为理论代表的修正社会主义动摇了被工党视为象征符号的"第四条"，从伦理和价值观方面重新阐释了社会主义，使民主社会主义的原则和目标为人们熟悉，为工党后来的意识形态变迁打下了基础。随着社会和经济的变化，建立在以公有制为基础上的传统社会主义意识形态必然慢慢发生转变，而以盖茨克尔和克罗斯兰为代表的修正主义派在其中发挥了不容忽视的推动作用。虽然他们未能成功修改"第四条"，"但为工党随着时代变迁而实行政治文化改革、推动意识形态上的转型，迈开了开创性的一步"①，"其修正主义的遗产被后来的工党现代派所继承"②，到 1995 年，布莱尔终于成功修改党章第四条，完成了三十多年前修正主义者未完成的事业。

　　如果用一句话来总结克罗斯兰在工党意识形态转型中作用和影响，那就是："如果说工党的第一次转型在议题的提出上是始于 D. 杰伊、E. 德宾、H. 莫里森等早期理论家，那么在理论上最终是成于 A. 克罗斯兰；如果说工党的第二次转型在政策及理论上成于布莱尔的'第三条道路'，那么在价值追求上却源于 A. 克罗斯兰，至少在逻辑上他们是一致的。总之，在工党战后的整个转型过程中，A. 克罗斯兰堪称中坚，这不仅仅是表现在他本人所处的时空方位上，更主要的是体现在其思想理论的承上启下作用。"③

---

　　① 张志洲：《英国工党社会主义意识形态变迁研究》，社会科学文献出版社 2011 年版，第 148 页。

　　② 张志洲：《英国工党社会主义意识形态变迁研究》，社会科学文献出版社 2011 年版，第 125 页。

　　③ ［英］安东尼·克罗斯兰：《社会主义的未来》，轩传树等译，上海人民出版社 2011 年版，译者序，第 20 页。

二 影响工党内部的左右翼之争

毫无疑问,单纯从工党内部斗争来看,克罗斯兰从学术方面表达了党内右派的关注点和理想。在20世纪50年代出现的一系列的修正主义成果中,克罗斯兰的贡献是最重要的。在深深扎根于工党社会主义传统之中的同时,他阐述了修正主义者对艾德礼政府的看法,是1951年英国大选失败的逻辑发展,更代表了其社会主义思想与马克思主义遗产的最终剥离。他直面公有制和平等问题的意愿受到了右派的欢迎,盖茨克尔甚至以之作为对抗党内比万派的武器,并在五六十年代党内左右翼之争中占据上风。而到了70年代,随着英国经济形势的恶化,工党和保守党"共识政治"破产,工党政府经济政策的无效、为实现经济好转而实行的大幅削减工资待遇、限制工资增长等紧缩性政策导致了工党与工会关系恶化,再加上附属工会左翼力量增强,党内左翼力量开始崛起壮大,与克罗斯兰代表的右翼修正主义在意识形态和政策主张方面展开了斗争,并逐渐占据上风。

(一)克罗斯兰与20世纪50—60年代工党内部的左右翼之争

由于工党成立之初就是一个由工会、费边社、独立工党和社会民主联盟组成的政治组织,因此其思想也是混杂的。虽然工党在1918年确立了社会主义的主导思想,有了共同的社会主义目标,但因为对社会主义的基本观点和实现路径的认识差异,工党内部一直存在着思想与路线之争,更有学者认为"英国国内的政治斗争不是在工党与保守党之间,而是在工党内部进行的"[1]。工党内部的这种对立必然影响工党的团结,并进而影响工党在英国政治中的表现。20世纪三四十年代,一批青年知识分子开始重新思考和认识资本主义与社会主义,并发

---

[1] 冉隆勃:《当代英国:政治、外交、社会、文化面面观》,中国社会科学出版社1990年版,第71页。

表了一系列著作。① 到 50 年代，工党自 1918 年关于公有制的思想和政策而形成的广泛的意识形态的共识开始逐步瓦解，1951 年艾德礼政府下台后这一过程变得越来越明显，修正主义和传统社会主义的观点之间的矛盾也开始明朗化。

第二次世界大战后工党和保守党在混合经济、福利国家等问题上达成了共识，形成了一直持续到 70 年代初的"共识政治"局面。但随着艾德礼政府的下台，国有化政策的实践问题逐渐显现。经济形势的持续大好巩固了保守党的执政地位，经济生活水平的提高使社会阶层结构发生了明显变化，工党的阶级基础被削弱，再加上 50 年代工党连续大选失败，工党内部日益分裂，由此导致的不合变得更加明显，左右两派互相指责。左派认为工党的失败是因为其在 50 年代早期放弃了一直坚持的社会主义理想，背叛了工党原则，疏远了支持者，而右派则认为工党的失利是其未能采取行动，改变发展策略以适应战后社会的大变革。② 在公有制和国有化问题，左派认为公有制是社会主义的标志和目标，而国有化则是实现社会主义的根本途径，国有化改革虽然在艾德礼政府执政期间的表现不尽如人意，但这绝不是终止国有化改革的理由，国有化实践是迈向社会主义经济的第一步，工党应进一步在更深、更广的范围内推进国有化，扩大公有制的比重，右派则基于英国社会的变化和国有化改革存在的问题，主张维持现有的混合经济模式，反对进一步国有化，并从社会主义本质的角度重新认识国有化，以平等和福利作为社会主义的本质取代了国有化，认为公有制只是实现社会主义的手段之一。

在这个过程中，系统的修正主义著作开始出现，其中，克罗斯兰的《未来》就是右派修正主义者提出的最全面、最系统的修正主义论点，并影响了工党内部左右翼力量的对比。1951 年、1957 年接连两次选举

---

① 如道尔顿在 1935 年出版的《英国的实用社会主义》(*Practical Socialism for Britain*) 和道格拉斯·杰伊于 1937 年出版的《社会主义的理由》(*The Socialist Case*)，以及德宾 1940 年出版的《民主社会主义政治学》(*The Politics of Democratic Socialism*)。

② 参见唐凯《20 世纪五十年代工党内部的左、右翼斗争》，《宜宾学院学报》2010 年第 3 期。

失败后，由克罗斯兰和盖茨克尔引发的修正主义成为工党的官方文件。① 1957 年通过的关于公有制的政策文件《工业与社会》完全采用了 50 年代初的新思想和克罗斯兰、盖茨克尔在 50 年代中期传播的思想，是一部完全的修正主义文件，没有 1951 年工党选举失败后修正主义者所做的基础工作就不可能有这个文件的出台。《工业与社会》也标志着扩大或巩固公有制策略的终结，自此，修正主义右派在工党内部占据上风。1958 年的《进步计划：工党的英国经济扩张政策》以及罗伊·詹金斯为 1959 年大选而撰写的《工党的例证》都承诺继续进行社会改革和发展私营部门。至此，缺乏系统的思想主张、出色的领导者以及工会支持的左派被彻底打败，"1959 年的竞选宣言《英国属于你》更是一篇鲜明的、姿态温和的修正主义檄文"②，里面包含了克罗斯兰珍视的对社会主义伦理的承诺，包含了不再继续推进国有化的承诺。

虽然 1959 年工党连续第三次大选失利，但这并没有动摇修正主义者在党内的地位，不过这次失利对工党是一次致命的打击。1955 年盖茨克尔担任工党领袖后，为了在党内建立威信，他采取了安抚左翼的措施，把比万和威尔逊纳入新的影子内阁，让他们担任重要职务。因此，不能再将 1959 年选举失利归于工党内部的不团结。一些评论者认为面对日益增长的生活水平和所谓的富裕工人，工党已经过时了。③ 大多数党员也相信工党失利并不是因为党的政策，而是党的形象："工党恰似一个念念不忘国有化的、枯燥无味的官僚主义政党；恰似一支毫无希望的分裂力量；恰似一个无故认同战前工人阶级以及早就过时的戴布帽劳

---

① 作为党的领袖，盖茨克尔被视为党内修正主义思想和政策制定的核心，党内修正主义甚至被称为"盖茨克尔主义"，修正主义者也被称为"盖茨克尔主义者"。实际上修正主义是一套连贯、完整的思想体系，这样做过分突出和夸大了盖茨克尔的个人作用，而且实际上，克罗斯兰对修正主义理论的贡献要比盖茨克尔更大。参见 Tudor Jones, *Remaking the Labour Party*: *From Gaitskell to Blair*, Routledge, 1996, p.20. 注：因为这本书的 PDF 版和纸质版的页码不对应，所以此处的页码并不是原版纸质书中的页码。

② [英]唐纳德·萨松：《欧洲社会主义百年史：20 世纪的西欧左翼》（上），姜辉、于海青、庞晓明译，社会科学文献出版社 2013 年版，第 296 页。

③ Kevin Jefferys, *Anthony Crosland*: *A New Biography*, London: Politico's Publishing, 2000, p.73.

动者的组织"①。克罗斯兰、罗伊·詹金斯等发文要求工党放弃进一步国有化，改变工党的工人阶级形象。借此，盖茨克尔不顾克罗斯兰和党内其他高层的建议和反对，在1959年的年会上贸然提出要修改党章第四条，希望根据时代发展更新党章，重新制定民主社会主义的根本原则。

盖茨克尔在1959年11月28日的工党年会上分析了工党1959年大选失利的原因。② 他首先考察了英国政治中发生的深刻的经济和社会变化，包括工人阶级的人数和失业率的下降、福利国家的建成、生活水平的提高以及消费支出的提高。由这些变化，他推导出克罗斯兰在《未来》中的结论，即资本主义已经发生了巨大的变化。因此，工党需要调整自身以适应变化了的社会。在盖茨克尔看来，由于以下两点原因，国有化已成为工党选举的丢分项。一是现有的国有企业的表现不受欢迎，二是公众对工党未来的国有化政策感到困惑和担忧，"认为不管效率如何，我们（指工党）会将所有的私营企业国有化……认定仅仅出于对公有制的教条主义的信念，我们（指工党）会无差别地接管一切……"③。盖茨克尔提出了英国民主社会的一系列首要原则，包括关注贫困和被压迫群体、社会公正、财富的平等分配、无阶级社会的理想、基于合作的人际关系等。对于党内争论，这些广泛的平等理想和人道主义原则具有双重作用：一是重申社会主义是伦理的，而非基于所有制；二是强调永久目标和灵活方式之间的区别，公有制仅被视为实现这些原则的方式之一。

盖茨克尔的这一演讲完整、清晰地表达了其关于公有制的修正主义看法。他融合了很多修正社会主义的观点，如对国有化的疑虑、支持除公有制之外的其他实现形式、将国有化视为一种手段而非目标以及对混

---

① ［英］唐纳德·萨松：《欧洲社会主义百年史：20世纪的西欧左翼》（上），姜辉、于海青、庞晓明译，社会科学文献出版社2013年版，第296页。
② Labour Party Conference Report, 1959. See Tudor Jones, *Remaking the Labour Party: From Gaitskell to Blair*, Routledge, 1996, pp. 34–37.
③ Tudor Jones, *Remaking the Labour Party: From Gaitskell to Blair*, Routledge, 1996, p. 35.

合经济的肯定等，这些主要论点大量借鉴了克罗斯兰的理论分析。由此，修改党章第四条就成为逻辑发展的自然结果。

对于右翼修正主义者的社会主义不等于公有制，应从个人自由、社会福利和平等等价值角度重新解读社会主义的观点，工党左翼也作出了回应。领袖比万坚持必须以议会斗争实现对国家机器的控制，消灭私有制，最终实现民主社会主义。克罗斯曼也认为战后英国社会的新变化并没有改变资本家的统治地位和自由竞争的传统方式，因此仍应坚持以所有制为核心的生产关系来考察社会性质。[1] 他们将国有化等同为社会主义，坚称"没有社会主义，我们可以有国有化；但没有国有化，我们就没有社会主义"[2]，认为只有国家控制了生产和分配方式，社会才会更加平等。而克罗斯兰将平等作为社会主义的目标则弱化了国有化和国家所有制的地位，是无法接受的。

新老左翼和工会也抨击了盖茨克尔修改党章的主张。左翼政治家芭芭拉·卡素尔支持正统社会主义者对公有制的理解，对修正主义者关于资本主义文明化、放弃进一步国有化等观点嗤之以鼻。她认为支持公有制的真正理由应是共同体而非个别私人利益控制经济，掌管所有企业；不仅要提高企业的效率，还要确保它们对全体民众负责。[3] 迈克尔·富特反驳了盖茨克尔关于社会主义目的和手段的区分，认为他的观点有损工党的共同方向和目标，"因为社会主义……是一种解释如何调动所有国家资源以实现最终目标的学说"[4]，比万也指出"在现代的复杂社会中是不可能通过私人经济活动来实现合理的经济秩序的。因此，我是社会主义者，我信仰公有制"[5]。

---

[1] 参见郑海洋《英国工党内部左右翼斗争内涵探析》，《中共党史研究》2018年第5期。

[2] 转引自薛刚《战后英国工党政治思想述评》，《世界经济与政治论坛》1988年第4期。

[3] Tudor Jones, *Remaking the Labour Party: From Gaitskell to Blair*, Routledge, 1996, p. 37.

[4] Tudor Jones, *Remaking the Labour Party: From Gaitskell to Blair*, Routledge, 1996, p. 37.

[5] Tudor Jones, *Remaking the Labour Party: From Gaitskell to Blair*, Routledge, 1996, p. 38.

工会反对修改党章第四条的原因一方面是工会是国有化和公有制的受益者,很多工会的章程中也有公有制的内容。因此,无论是出于维护自身利益的考虑,还是出于其所代表的会员利益的考虑,工会总体上都主张维持或扩大公有制。另一方面,自20世纪50年代后期开始,许多大工会已为左翼控制,他们只关注和维护工会利益,不重视其他利益。如担任运输与普通工人工会书记的库恩斯就坚决反对盖茨克尔修改公有制条款,称工会"可以有不要社会主义的国有化,但不能有不要国有化的社会主义"[①]。

在工党左派和工会的反对下,盖茨克尔被迫让步,表示肯定和支持公有制,但又提出一个折中的"新十二条信仰声明",并最终在1960年10月的年会上作为公有制条款的具体化被附在党章中。这是以盖茨克尔和克罗斯兰为代表的新民主社会主义观在党的纲领中的初步表达,一定程度上意味着修正主义的胜利。

这一时期工党左右翼争论的主要焦点在于什么是社会主义的本质,根本分歧在于如何看待公有制。实际上,在英国的社会主义传统中,社会主义一直是伦理的,只不过是与经济联系在一起的。党内左翼从阶级平等和人道主义出发,将社会主义等同于公有制,国有化的程度越高,就越能实现阶级平等,因此他们主张不断扩大国有化。而修正主义者则从伦理、价值方面强调社会主义本质,将社会主义的理想与社会主义的经济分析框架剥离开来,强调社会主义的理想,即福利和平等,可以在国家监管的、以市场为取向的混合经济中实现,从而使工党从理论上摆脱了公有制的束缚,为修改党章第四条奠定了基础。

值得一提的是,虽然克罗斯兰在党内属于盖茨克尔派,甚至被称为"盖茨克尔的司酒侍童"(Gaitskell's cup-bearing Ganymede)[②],但他仍很敬仰比万,也一点不希望工党划分为不同的阵营,更憎恨自己被贴上

---

① 转引自李华峰《英国工党政坛沉浮与主导思想的关系研究》,中国社会科学出版社2013年版,第128页。

② Martin Francis, "Mr. Gaitskell's Ganymede: Reassessing Crosland's The Future of Socialism", *Contemporary British History*, Volume 11 (2), 1997, p. 51.

右翼的标签。① 当盖茨克尔提出想修改党章第四条的想法时，克罗斯兰的建议是不要自惹麻烦，认为如果盖茨克尔执意这样做"将会在党内挑起一场战争，带来的麻烦将远远超过事情本身的意义"②。事实证明克罗斯兰的建议是对的。

（二）克罗斯兰与20世纪70年代工党内部的左右翼之争

到了20世纪70年代，随着英国经济形势的恶化，工党和保守党的"共识政治"趋向破产。工党政府和保守党政府经济政策的无效、威尔逊政府为实现经济好转而实行的大幅削减工资待遇、限制工资增长等紧缩性政策所导致的工党与工会关系的恶化以及附属工会左翼力量的增强都使党内左翼力量开始崛起壮大，与右翼修正主义在意识形态和政策主张方面展开了斗争，并逐渐占据上风。

70年代国际经济持续衰退，英国国内失业率日益增加，通货膨胀飙升，动摇了工党修正主义者通过国家管理经济和通过有效的社会、财政政策以减少不平等、促进社会福利的乐观态度。而与此同时，工党左派力量开始壮大，主要体现在以下几方面。一是如全国执行委员会和工党年会这些政策制定机构左转，传统社会主义实现手段开始重新兴起。二是对威尔逊政府的经济、产业以及国际政策感到幻灭的选区活动家和工会主义者人数增加，这反过来又导致选区政党和工会内部左翼竞选活动的复苏。三是左派和工会的联系因共同反对希思政府的劳资关系立法和加入欧洲共同体而变得更加密切。③

政策层面上，左派力量壮大的表现就是重申公有制，强调制订和执行新的国家经济计划的必要性。从1973年到1983年，作为对停滞的英国经济的回应，左派提出了被统称为"更替性经济战略"的政策主张，主要包括需求扩张、公有制的实质性扩张、对私有企业实行正式和强制性的经济计划、价格控制、实行工业民主以改变私有企业主的控制权和

---

① Kevin Jeffreys, *Anthony Crosland: A New Biography*, John Blake, 1999, p. 51.
② Susan Crosland, *Tony Crosland*, Jonathan Cape, 1982, p. 93.
③ See Tudor Jones, *Remaking the Labour Party: From Gaitskell to Blair*, Routledge, 1996, p. 67.

控制进口等六方面的内容。① 这一主张否定了建立在凯恩斯主义宏观经济学基础之上的修正民主社会主义，试图通过扩大公有制恢复和发展英国经济，是一种完全不同的经济主张。

理论层面上，1975年英国左翼理论家霍兰出版了《社会主义的挑战》一书，为左派的政策主张提供理论支撑。他认为大公司，尤其是跨国大公司的经济力量和政治影响已侵蚀了政府通过凯恩斯主义控制它们的能力，通过运用政府的财政和货币政策等宏观干预的方式来规范这些高度集中的私有经济力量已成为一种无效方式。他用具体的数据来佐证自己的观点：1950年，英国最大的100家企业控制了20%的资本，而到了1970年，这个比率上升到50%，私人垄断越来越加剧。② 面对国际资本主义的新发展、跨国公司的威胁和国家经济主权的衰败，霍兰主张抛弃凯恩斯需求管理理论，通过扩大公有制和建立国际机构对私营企业进行管理和指导这两种方式加强国家的干预。

针对左翼激进的政策和理论，右翼修正主义也进行了反击。克罗斯兰在《当代社会主义及其他》一书中再次阐述了社会主义和公有制问题。克罗斯兰承认自1950年以来英国制造业是集中了，但相对于国家和工会的权力，私营企业的权力并没有增大，国家立法与政策、外国企业的竞争以及就业由制造业向服务业的转移都限制了私营企业权力的扩大，跨国企业虽然带来了一定的经济风险，但也带来了可见的好处，如对内投资和净收入的增加；而且，还可以通过政府立法、税收等方式规范跨国公司的行为，因此没有必要扩大公有制和国有化的范围。③

对于社会主义，克罗斯兰也从伦理的角度，尤其是平等主义的角度进行了解读。他认为"修正主义者没有必要修改我们关于社会主义的定义"，"社会主义就是平等"④，而且这种平等不仅仅指精英社会中的

---

① 参见刘成《英国现代转型与工党重铸》，生活·读书·新知三联书店2013年版，第235页。
② 参见刘成《英国现代转型与工党重铸》，生活·读书·新知三联书店2013年版，第245页。
③ Anthony Crosland, *Socialism Now and Other Essays*, edited by Dick Leonard, Jonathan Cape, 1974, pp. 15 – 58.
④ Anthony Crosland, *Socialism Now and Other Essays*, edited by Dick Leonard, Jonathan Cape, 1974, p. 15.

机会平等,是一种民主的平等,不仅仅是财富的重新分配,更是一种包括财富分配、教育体制、社会阶级关系以及产业权力和特权的更广泛的社会平等,① 而这就是工党在 70 年代应努力实现的目标。

要实现上述目标,就要实现经济的快速和持续发展,坚持以市场为导向的混合经济,确保国家有能力控制私有企业的经济权力,促进经济发展。但面对 70 年代英国经济的停滞和工业衰败,克罗斯兰显然缺乏深入的分析和说明,他对经济增长的乐观主义不合时宜。在经济发展和再分配的关系问题上,克罗斯兰既缺乏理论研究,也没有具体的政策主张,再加上右派在是否加入欧共体问题上的纷争导致自身力量削弱,以及左翼在组织权力方面对工党的控制,这一时期的左翼占据明显上风,右翼被压制。

三 影响工党的竞选策略

20 世纪 50 年代工党选举大溃败,特别是 1959 年连续第三次选举失利,使工党迫切需要革新选举策略。克罗斯兰坚持工党必须放弃传统的口号,因为"仅仅因为时间久远或具有情感价值而拒绝改变某个口号、某种固有的态度或古老观点的政党不能被称为进步政党"②。他建议工党改变传统的观点和过时的策略以适应变化了的经济和社会,声称"如果社会主义要在现代社会存活,那它必须要经历现代化的过程"③。但克罗斯兰的目标不是为获得政治权力而放弃工党价值观,而是要确保社会民主主义能够满足当代社会的需求,提出相关的实践措施以吸引选民联盟。面对阶级分化和资本主义发生的本质变化,他认为工党不能再

---

① See Anthony Crosland, *Socialism Now and Other Essays*, edited by Dick Leonard, Jonathan Cape, 1974, p. 15.

② See Patrick Diamond, *The Crosland Legacy: the Future of British Social Democracy*, Policy Press, 2016, p. 163.

③ A. Schlesinger, Jr., *Crosland's Socialism: A Review of The Conservative Enemy*, The New York Review of Books, 1 June 1963.

继续只依靠产业工人阶级来获得选举成功，而应发展一种适应丰裕社会和现代化本质的包容性诉求，但50年代末及70年代初工党内部意识形态的分裂使这一任务难以完成。更为重要的是，他坚定地认为在一个流动性高的社会里，工党不能在原则和权力之间二选一，而应将二者视为相互依赖的关系：没有权力，原则将无法被付诸实践，将毫无意义，而没有原则的权力也就丧失了伦理目标。他坚持社会主义者应"理解和解和妥协的必要性"，意在"既定条件下，坚持原则的前提下实现目标的最大化"[1]。

（一）克罗斯兰竞选策略提出的背景

20世纪50年代工党选举失败是克罗斯兰试图重建社会主义的背景，尤其是1959年大选的失利。这次失利被视为"一个重大的剧变，一个转折点，一个政治分水岭"[2]，更证实了工党已与社会变化脱节。

20世纪50年代，英国进入了丰裕社会，实际收入的增加导致个人消费急剧增长，这十年间，生活水平超过了1918年至1939年两次世界大战期间的增速。[3] 1948年至1958年间，六分之一的家庭成为房产自住者，到1964年，一般的家庭拥有自己的住房。汽车拥有率从1951年的225万辆增长到60年代中期的800万辆；与1951年的100万台相比，到1964年，已经有1300万家庭拥有电视机。[4] 英国经济生产效率和消费速度的提高以及财富的增长必然对阶级结构产生不容忽视的影响。

与此同时，工党的形象却"逐渐不适合不断变化的社会环境了"[5]。

---

[1] Anthony Crosland, *The Conservative Enemy*, Jonathan Cape, 1962, p. 144.

[2] Patrick Diamond, *The Crosland Legacy: The Future of British Social Democracy*, Policy Press, 2016, p. 168.

[3] David Reisman, *Anthony Crosland: The Mixed Economy*, Macmillan Press Ltd., 1997, p. 62.

[4] V. Bogdanor, "The General Election 1959", Lecture at Gresham College, 11 November 2014, cited from Patrick Diamond, *The Crosland Legacy: The Future of British Social Democracy*, Policy Press, 2016, p. 185.

[5] Anthony Crosland, *The Conservative Enemy*, Jonathan Cape, 1962, p. 149.

第四章　克罗斯兰社会主义思想对20世纪50—70年代的工党及工党政府的影响

首先，艾德礼之后的保守党政府继续维持了工党执政期间实现和施行的充分就业和福利制度，这致使原先被工党视为主要执政成就的充分就业和福利国家不再是工党所特有的了。其次，人们仍倾向于将工党和国有化联系起来，而这对于工党来说是一种负担，因为民意调查表明大多数选民，三分之二乃至更多，甚至包括工党的选民，都反对进一步的大规模的国有化。[1] 最后，工党仍执迷于战前大量的失业、贫困和饥饿，对贪婪的物质主义的发展感到不安。1945—1951年生活水平完全没有增长，人们倾向于认为左派代表着紧缩，不关心富裕和繁荣。在《未来》中，克罗斯兰就曾提醒工党"面临着严重的危险，让托利党轻易获得鼓励繁荣和消费的名声"[2]。1959年的大选中，很多选民认为如果工党在选举中获胜，"将威胁到当前的繁荣，因为它将采取更多不为人知的国有化行动，重新实施彻底的管控，并恢复工资通胀"[3]。杰伊也认识到工党的这一困境，认为工党的"布帽"形象和国有化是阻碍工党未来成功的两个致命障碍。[4] 实际上，保守党也利用了这一点，将工党视为消费者日益富裕的反对者，提出了"不要让工党毁了这一切"的口号，向工党发起挑战。

随着新技术的兴起和制造业、服务业的发展，非体力劳动者的数量减少，传统产业中体力劳动的重要性降低，工人阶级数量日益减少，中产阶级人数不断增加。随着传统产业衰败而去的还有传统的阶级身份。收入的稳定增加和工作环境的改善使工薪阶层的生活情趣和政治态度都发生了变化，他们开始将自己认同为中产阶级，表现得不再那么依赖无产阶级政党的工党。[5] 根据1958年的民意调查，一半以上的英国人认为自己属于中产阶级。[6]

---

[1] Anthony Crosland, *The Conservative Enemy*, Jonathan Cape, 1962, p. 149.
[2] Anthony Crosland, The Future of Socialism, Jonathan Cape, 1964, p. 293.
[3] Anthony Crosland, The Conservative Enemy, Jonathan Cape, 1962, p. 150.
[4] 参见张世鹏《西欧社会民主主义政党指导思想的历史演变》，山东人民出版社2014年版，第232页。
[5] V. Bogdanor, "Labour in Opposition 1951–64", in V. Bogdanor and R. Skidelsky (eds.), *The Age of Affluence*, Penguin, 1970.
[6] Bill Simpson, *Labour: The Unions and the Party*, George Allen & Unwin, 1973, p. 109, 转引自刘成《英国现代转型与工党重铸》，生活·读书·新知三联书店2013年版，第179页。

作为修正主义者，克罗斯兰也认同经济转型提升了工人阶级的职业和社会抱负，从而使工党作为单一阶级代表的形象过时了。也鉴于此，克罗斯兰指出现代工人阶级已资产阶级化，工党应该抛弃造成工党内耗的"最终目标"思想，转而关注赢得选举这一最重要的问题。①

（二）克罗斯兰竞选策略的内容及对工党竞选策略的影响

作为一位务实的政治家，克罗斯兰认识到如果不适应社会变化，工党很难重新掌权。从一开始，他就积极、热情地投入工党竞选策略的争论中。在早期的政治生涯中，克罗斯兰与杰伊、詹金斯、帕特里克·戈登·沃克等一起经常聚集在盖茨克尔汉普斯特德的家里，"以期共同或单独影响工党领袖的战略或战术"②。1959年的大选结果证实工党在英国社会的结构性变化中处于不利地位，因此他坚持认为，对于工党来说，放弃与工人阶级的传统联系是更社会主义的，"被这样认为（指工党仅代表工人阶级——作者注）不仅是一种轻率的做法，而且违背了社会主义的基本原则，因为无阶级社会是不可能通过完全以阶级为导向的工具来实现的。工党的目标是创建一个基础广泛的、全国性的人民党"③，"摆脱党的'无产阶级'形象是取得选举进步的必要条件"④。

此外，克罗斯兰还意识到要帮助社会底层人民，工党必须重新成为英国政治中可信的执政力量，必须能够治理整个国家而不仅仅代表狭隘的局部利益。要恢复工党的政治元气就要联合工人阶级和中产阶级，扩大党的选民基础，调和工党的道德目标和战后消费主义与丰裕社会的发展。克罗斯兰的这一看法与1959年工党右翼刊物《社会主义评论》中所做的抽样社会调查所得出的结论是一致的，即：在英国现有的社会结构中，工党要想在未来的大选中获得成功，一定要代表中产阶级的利

---

① Anthony Crosland, *Can Labour Win?*, Fabian Society, 1960.
② Susan Crosland, *Tony Crosland*, Jonathan Cape, 1982, p. 93.
③ Anthony Crosland, *Can Labour Win?*, Fabian Society, 1960, p. 160.
④ ［英］唐纳德·萨松：《欧洲社会主义百年史：20世纪的西欧左翼》（上），姜辉、于海青、庞晓明译，社会科学文献出版社2013年版，第288页。

第四章　克罗斯兰社会主义思想对20世纪50—70年代的工党及工党政府的影响　149

益,改变自身的工人党形象。① 但要扭转工党的这一形象并非易事。据盖洛普民意测验,33%的人认为工党代表工人阶级和受压迫者②,而只有17%的受访者认为保守党代表着富有和上层阶级③。

1959年盖茨克尔未能成功修改党章的经历使克罗斯兰意识到需要最大限度地扩大工党领导层的领导权力,实现组织优势。盖茨克尔试图改写党章第四条,但最终失败,这表明工党领导层面临着双重压力,即既要在工党选举一再失利的情况下实现工党的现代化,又要避免工党内部的派系斗争。在这之后,克罗斯兰就投入建立民主社会主义运动的活动中,以期作为内部压力团体赢得党内争论,把工党变成一个适合当权的、具有前瞻性的现代组织。在他看来,"大部分都在讨论牺牲原则的危险,却忘了实际上牺牲的是社会主义的目标,更别提长时间在野所牺牲的个人自由和福利了。"④ 布莱恩·布里瓦蒂曾写过"盖茨克尔在世担任党的领袖时,克罗斯兰就准备当幕僚长,插手党内派系斗争的低级事务"⑤。比尔·罗杰斯也回忆了克罗斯兰在筹备民主社会主义运动中的"关键性作用",认为他不仅在学术上引导着他们,还表现出了目标和纪律的坚定性,是民主社会主义运动意识形态的灵感之源。⑥

同时,克罗斯兰也为盖茨克尔提出了新的领导目标,将其任务总结为"孤立极左派,赢回或巩固中左派的支持"⑦。他害怕作为左翼领导人的盖茨克尔不够激进⑧,试图说服盖茨克尔建立一种对工党和广大选民具有广泛而可信的吸引力的领导,以对抗英国社会的保守主义和自

---

① Mark Abrams & Richard Rose, *Must Labour Lost?* Penguin, 1960, pp. 12 – 14, 转引自刘成《英国现代转型与工党重铸》, 生活·读书·新知三联书店2013年版,第190页。
② Anthony Crosland, *The Conservative Enemy*, Jonathan Cape, 1962, p. 149.
③ Anthony Crosland, *The Conservative Enemy*, Jonathan Cape, 1962, p. 150.
④ Anthony Crosland, The Conservative Enemy, London: Janathan Cape, 1962, pp. 118 – 122.
⑤ Brian Brivati, *Crosland as Apparatchik*, in D. Leonard (ed.), *Crosland and New Labour*, Macmillan, 1999, p. 107.
⑥ Patrick Diamond, *The Crosland Legacy: The Future of British Social Democracy*, Policy Press, 2016, pp. 172 – 173.
⑦ Patrick Diamond, *The Crosland Legacy: The Future of British Social Democracy*, Policy Press, 2016, pp. 172 – 173.
⑧ Susan Crosland, *Tony Crosland*, Jonathan Cape, 1982, p. 88.

满。而这种保守主义,在克罗斯兰看来,主要是工党的惰性和保守主义倾向。他认为正是这种怀旧倾向使工党正在迅速成为"世界上最保守和最原教旨主义的政党",而这样保守的工党是不可能赢得选举、对保守党构成最有效的挑战的。①

要将原则付诸实践,社会民主主义者必须通过票箱赢得政权,而要获得选民的支持,就必须了解选民的态度和行为。1959 年连续三次大选失利后,工党面临的问题是如何成为一个非教条主义的政党,动员整个英国社会的选举支持,形成广泛号召力。作为政治生活的一个决定性因素,阶级的衰落是工党不得不面对的现实。以前的工人阶级忠于工党的基础是对工人运动的归属感,但"自二战以来,社会的进步已经削弱了工党的阶级忠诚意识"②,"年青一代尤其强烈反对工党的阶级形象和对上一代问题和态度的认同"③。到 1960 年,人们认为,"在新的社会力量发挥作用,逐渐打破工人阶级和中产阶级之间的旧壁垒,并产生新的流动性社会群体的地方"④,工党已没有能力促进繁荣。克罗斯兰也认为工党的失败是"长期的社会力量"的结果,"而且这些社会力量绝不会枯竭",于克罗斯兰,这种"社会力量"指的是"传统工人阶级观念的逐渐侵蚀"。⑤ 这些变化"暗中削弱了无产阶级的旧阶级意识,至少是那些更年轻、更富裕的工人的阶级意识。越来越多的选民态度模棱两可,流动性强。因此,工党必须在中产阶级和社会流动群体中获得选票"。这一观点也出现在《社会主义评论》1951 年的一篇社论中,即如果工党要执政,它就必须吸引浮动选民,而在一个传统的阶级联合衰落的时代里,如果工党仍重弹国家控制和国有化的老调,那它就不可能赢得竞选的成功。⑥

---

① Anthony. Crosland, *The Conservative Enemy*, Jonathan Cape, 1962, p. 120.
② Cited in P. Clarke, *A Question of Leadership*: *From Gladstone to Thatcher*, Penguin, 1991.
③ Anthony Crosland, *The Conservative Enemy*, Jonathan Cape, 1962, p. 128.
④ Anthony Crosland, *The Conservative Enemy*, Jonathan Cape, 1962, p. 150.
⑤ Patrick Diamond, *The Crosland Legacy*: *The Future of British Social Democracy*, Policy Press, 2016, p. 184.
⑥ Cited in S. Fielding, *The Labour Governments 1964 – 70*: *Labour and Cultural Change*, Manchester University Press, 2003, p. 66.

第四章 克罗斯兰社会主义思想对 20 世纪 50—70 年代的工党及工党政府的影响

克罗斯兰一直坚定地认为，作为一个进步的全国性的社会民主党，工党必须吸引最广泛的民众①，并考虑加强工党与工会的传统联系，同时与自由党建立更密切的关系。他也坚定地认为大多数英国人民，包括大多数工人阶级，甚至大多数投票支持工党的人都不是社会主义者，并且也永远不会成为社会主义者。鉴于公有制和国有化在实际操作过程中并没有取得良好的效果，而且包括工党选民在内的大多数人都不信任或者渴望公有制，那工党再在民主选举过程中提倡公有制无异于自杀行为。因此，他认为如果工党要在选举中获胜，就必须改变心态，改变代表紧缩与控制的"布帽"形象，认可《未来》中所说的 20 世纪 50 年代英国选民的理想已经发生变化，他们不仅要求提高社会保障，还要求增加个体消费机会、实现更好的生活水平和自我实现。

克罗斯兰的这些竞选策略为 1983 年大选后金诺克领导下的工党所采用，并在 90 年代史密斯和布莱尔的领导下进一步推进。八九十年代的工党改革者们认为作为社会民主主义的工党，如果要想赢得胜利，就必须更新党的形象和诉求，但与此同时，他们也面临着与五六十年代的修正主义者类似的、从未解决的难题与困境，即如何调和他们对劳工运动的忠诚与将工党重塑为可信的执政党的必要性之间的矛盾。作为一个 20 世纪初才诞生的新兴政党，在很大程度上说，工人阶级的支持是工党在很短时间内从一个选举联盟发展成为英国两大主要政党之一的主要促成原因，但作为宪政党，工党需要兼顾全民利益，又需要扮演全民党的角色。这种与生俱来的内在矛盾性使工党左右为难，竞选纲领和执政政策难以相符。对于工党的这一特点，戴维毫不留情地指出："几乎不可能希望工党政府进行实质性的社会改革"，实际上"不存在一条通往社会主义的道路"。② 一直到 90 年代，这种竞选实用主义和工党根基的草根性之间的冲突仍然困扰着工党的现代主义者。实际上，这种冲突也是社会民主党在执政过程中普遍面临的危机，即"一方面要将自身视

---

① Anthony Crosland, *The Conservative Enemy*, Jonathan Cape, 1962, p. 159.
② David Coates, *The Labour Party and the Struggle for Socialism*, Cambridge University, 1975, p. viii.

为被压迫的工人阶级与现存的社会制度进行斗争,另一方面又要求在现实政治制度选举中获得胜利,因此往往又成为了现实制度的维护者。"①

四 影响工党政府的社会政策

在《未来》中,克罗斯兰声称对于工党来说,经济不再是重要的问题了。既然已证明当前的经济制度是稳定和成功的,那就应以社会政策来评判工党政府的成败,因此克罗斯兰提出的主要政策都与提高社会福利和促进社会公平有关,这些政策包括教育改革、鼓励更高的消费、税收改革、扩大工会谈判权和大幅提高社会支出。而一旦实现了这些目标,他希望国家优先考虑更为自由宽松的政策,促进个人自由和文化追求。

工党左派和很多前比万主义者对克罗斯兰关于资本主义转型程度的分析持怀疑态度,也怀疑其降低公有制作用的修正主义策略的有效性。即便如此,工党1964年的纲领仍体现了克罗斯兰的修正主义目标,为党内达成一定程度的共识奠定了基础,这些共识包括"通过提高社会福利、教育改革、提供体面的住房、改善社会保健服务、重新分配财富等手段实现工党政府建设一个更平等、更公正社会的首要目标方面"。②克罗斯兰和左派的克罗斯曼虽然对工党第四条中公有制的地位看法不同,但他俩都认为工党一旦执政,实现扩大社会支出所需要的经济增长是关键的第一步。③

实现克罗斯兰所设想的社会主义目标的主要挑战来自工党政府未能将经济发展置于首位。克罗斯兰的修正社会主义依赖于高速发展的经济,而威尔逊政府上台时,经济增长缓慢,国际收支逆差大。威尔逊认

---

① [美]劳伦斯·迈耶、约翰·伯内特、苏珊·奥格登:《比较政治学:变化世界中的国家和理论》,罗飞等译,华夏出版社2001年版,第231页。
② Eric Shaw, *The Labour Party Since 1945*, Blackwell, 1996, p. 88.
③ Geoff Horn, *Crosland's Socialism*: *A History of the British Labour Party's Revisionist Tradition 1951 – 1981*, p. 117.

为保守党政府导致了这种不利的经济条件,并声称这种经济条件"主导了政府在位五年八个月期间的几乎所有行为"①。为维持英镑地位、矫正国际收支逆差、重树金融市场信心,威尔逊政府一直实行紧缩政策刻意压制经济发展。这种经济危机管理意识一直凌驾于其他目标之上,而缺乏经济增长使工党很难有明确的策略以促进平等,②自然对克罗斯兰实现其修正社会主义目标产生消极的影响。"政府经济困难其后果是严重地限制了它执行社会改革纲领的机会"③,但即便如此,威尔逊政府仍推行了选举宣言中承诺的社会改革,这些社会改革主要集中在教育和住房等方面。

(一) 教育政策

英国真正意义的现代教育改革开始于二战之后。1943年,战时联合政府教育委员会主席巴特勒发表《教育的重建》白皮书,构想了战后英国教育的发展。1944年,英国议会通过的《巴特勒教育法》是英国教育改革史上里程碑式的事件,与社会保障、医疗保健等其他福利制度一起构成了"英国型福利国家的基本结构",为战后英国教育的民主化和现代化奠定了基础。④ 保守党执政时期的《罗宾斯报告》对英国传统的精英式高等教育模式提出了改革要求,重新界定了高等教育的原则和理念,取消了高等教育的出身门槛,为更多中下层民众接受高等教育提供了更多机会,为精英制的高等教育走向大众化的高等教育创造了条件。⑤

---

① Harold Wilson, *The Labour Government 1964 – 1970: A Personal Record*, Weidenfeld and Nicolson, 1971, p. 5
② Jim Tomlinson, *The Labour Government 1964 – 1970. Volume 3. Economic Policy*, Manchester University Press, 2003, p. 213.
③ [英] 亨利·佩林:《英国工党简史》,江南造船厂业余学校英语翻译小组译,上海人民出版社1977年版,第150页。
④ 易红郡:《战后英国高等教育政策研究》,湖南师范大学出版社2012年版,第27页;参见李华峰、董金柱等《英国工党理论与实践专题研究》,人民出版社2017年版,第59页。
⑤ 易红郡:《战后英国高等教育政策研究》,湖南师范大学出版社2012年版,第54—56页;参见李华峰、董金柱等《英国工党理论与实践专题研究》,人民出版社2017年版,第59页。

艾德礼政府上台后，对英国教育进行了初步的改革，在一定程度上改变了教师和教学设施短缺的局面，但由于对文法学校、技术中学和现代中学三类学校的严格区分，且教学质量最好的文法中学的数量仅占总数的20%不到，因此战后初期工党政府所实现的教育体制对于劳工阶层的优惠力度并不是那么明显。1963年的年会上，威尔逊提到了工党的教育政策问题，承诺拓展教育规模，取消11岁选拔考试，以更有效地选拔人才。1964年工党的大选宣言《新英国》，强调经济发展与科学进步的重要性，承诺改革教育制度，重视教育均等化，保证"对全体居民，而不只是对他们中的小部分进行教育"①。《鲁宾斯报告》提出"应为所有在能力和成绩方面合格的、愿意接受高等教育的人提供高等教育课程"的"鲁宾斯原则"，标志着英国高等教育由精英教育向大众教育迈进，英国的高等教育迅速发展。②

教育改革在克罗斯兰关于未来社会的设想中具有重要的作用。1965年克罗斯兰担任威尔逊政府教育科技部大臣，开始了其关于教育改革设想的实践。虽然克罗斯兰并没有在威尔逊政府的教育科技部完成整个任期（他先是被调任为商务大臣，后又被任命为地方政府和区域规划大臣），但人们认为他对威尔逊政府的方向以及整个英格兰和威尔士教育的影响最大。③ 可以毫不夸张地说，克罗斯兰改写了英国的中等教育制度，他废除了《巴特勒教育法》建立的文法学校、技术中学和现代中学三类学校的区分制度，取而代之的是综合教育制度。他任职之初，只有大概12%的学校是综合学校，④ 20世纪60年代中后期，全国综合中学的数量增加了几倍，16岁以上的在校中学生的百分比也在增长，学生人数每年增长10%以上，1964年到1967年间，培养教师的数目增加

---

① 金重远等：《战后西欧社会党》，上海人民出版社1997年版，第17页。
② 参见李华峰、李媛媛《英国工党执政史论纲》，中国社会科学出版社2014年版，第140页。
③ Mike Finn, "The Politics of Education Revisited: Anthony Crosland and Michael Gove in Historical Perspective", *London Review of Education*, Vol. 13, No. 2, 2015, p. 98.
④ Maurice. Kogan, "Anthony Crosland: Intellectual and Politician", *Oxford Review of Education*, Volume 32 (1), 2006, p. 77.

第四章　克罗斯兰社会主义思想对20世纪50—70年代的工党及工党政府的影响

了三分之一以上。① 威尔逊政府在公共教育上的投入也增加了，经费在国民经济总产值中的比例由1964年的4.8%上升到1970年的6.1%。②

在高等教育方面，克罗斯兰引入双重教育机制，将技术学院作为大学学位教育的替代选择③，即在普通高校之外，将高等技术院校和继续教育学院建立为另一种独立自主的教育系统，以"使高层次继续教育更好地与普通高等教育保持一致，减少二者间的地位差异"。④ 自此，英国的高等教育开始迅速发展。60年代中后期，高等学校增加了30多所，超过了过去150年创办的大学的总和。1966年英国的全日制大学生人数为10万，是战前的两倍，到60年代末又翻了一番。⑤ 1969年建立了面向全体公民的、被威尔逊视为最希望世人铭记的空中大学，通过电视节目、函授和暑假补习班等形式，为所有英国公民接受高等教育创造了条件，深受广大民众欢迎。⑥

1974年工党再次上台后，进一步加快了英国的综合教育改革，重申在全国建立综合中学制度的政策。1976年的《教育法》要求地方教育当局提交中等教育综合改组计划，并规定任何公立学校都不得以能力来选拔学生。到1976年，综合学校的数量达到了3387所，其学生数量占中学生总数的69.7%，第二年增至80%左右。1983年，苏格兰和威尔士在综合中学就读的学生比例已达到83%，同年就读于现代中学和文法中学的学生比例则分别下降到7%和4%。至此，英国公立中等教育的综合改组基本上宣告完成。⑦

---

①　参见李华峰、李媛媛《英国工党执政史论纲》，中国社会科学出版社2014年版，第140页。
②　Anthony Crosland, *Socialism Now and Other Essays*, edited by Dick Leonard, Jonathan Cape, 1975, p.20.
③　Maurice Kogan, *The Politics of Education: Edward Boyle and Anthony Crosland in conversation with Maurice Kogan*, Penguin Education Specials, 1971, p.52.
④　王承绪等：《战后英国教育研究》，江西教育出版社1992年版，第306页。
⑤　殷胥彝：《当代西欧社会党人物传》，黑龙江人民出版社1998年版，第75页。
⑥　参见李华峰、李媛媛《英国工党执政史论纲》，中国社会科学出版社2014年版，第140—141页。
⑦　参见李华峰、李媛媛《英国工党执政史论纲》，中国社会科学出版社2014年版，第173—177页。

克罗斯兰对综合教育体制的推崇源于期望在"教育被认为是决定中产阶级职业的唯一方式时,避免因不同阶层不同学校的分化而导致的极端社会分裂和因未能进入文法学校而引起的极端社会不满"①。出任教育大臣以后,他主张"关于教育的决定——关于支出的优先次序或教育体制组织——必须具有社会维度,并反映关于正义、阶级、平等、道德或经济增长的价值判断",在他看来,教育"代表着英国社会中要求扩大公民权利的强大而不可抗拒的驱动力"②。也就是说,在克罗斯兰关于未来社会主义的构想中,教育除了能够促进机会平等,还能够提高社会凝聚力。关注社会分化问题是克罗斯兰教育思想的最显著特征,这也是他尤其关注公立学校,重组公立学校和确立公立学校重要地位的原因。正是在这一意义上,莫里斯·科根声称"没有任何一位大臣像他那样,在任命前就对教育在更广泛政治议程中的地位进行理论化的思考"③。人们也认为无论在对教育的投资方面,还是在作为教育大臣的影响力方面,很少有人能与克罗斯兰相媲美。④

(二) 住房政策

制定有效的社会福利保障政策,提高工人阶级的生活水平一直是工党成立以来的主要目标。虽然艾德礼在 1948 年就宣布英国已经建成了福利国家,成为除瑞典等北欧国家之外资本主义大国中最早建立全民性社会保障制度的国家,但经过保守党政府的执政,民众对社会保障制度的改革诉求越来越强烈。作为回应,工党在 1964 年的竞选宣言中提出了自己的改革构想,承诺重建社会保障制度。上台执政之后,工党政府颁布了《社会保障管理法》和《国民保险法》,提高社会保障津贴,完善了国家养老金制度和社会救济制度,实行新的补充

---

① Anthony Crosland, *The Future of Socialism*, Jonathan Cape, 1964, p. 202.
② See Mike Finn, "The Politics of Education Revisited: Anthony Crosland and Michael Gove in Historical Perspective", *London Review of Education*, Vol. 13, No. 2, 2015, p. 101.
③ Maurice Kogan, "Anthony Crosland: Intellectual and Politician", *Oxford Review of Education*, Vol. 32, No. 1, 2006, p. 72.
④ Mike Finn, "The Politics of Education Revisited: Anthony Crosland and Michael Gove in Historical Perspective", *London Review of Education*, Vol. 13, No. 2, 2015, p. 98.

救济制度，制定了新的儿童补贴制度等，而最直接受克罗斯兰影响的则是住房政策。

克罗斯兰曾先后担任教育科技部大臣、地方政府和区域规划大臣和环境事务大臣，这些职位都直接或间接与住房问题相关。作为机会平等的一方面，克罗斯兰将住房界定为一种"一种最低限度的文明居住标准，能够使人过上体面的、舒适的私人家庭生活"①，而且这种最低限度本身也是目标，是一种"基本的公民权利"②，应成为社会共识。

住房政策也是建立在每个公民有权享受体面住宅这一价值判断的基础之上的。1965年工党出台了对中下层民众有利的新的《房租法》，修正了原来有利于房东的条款，确保租赁者只需要支付合理的房租就可享有租赁期内对房屋的完全使用权，维护了租房者的利益。在克罗斯兰看来，市政房租金绝不能成为市场价格。相反，它们应该由成本决定，而且只由成本决定。成功连任后，工党加大了住房建设的力度，从1966年到1969年，在经济十分困难的情况下，仍然每年增建40多万栋的住房，虽然未能兑现1966年竞选时的从1966年到1970年每年增建50万栋新住房的承诺，但也远超保守党执政后三年中每年平均新建住房31万栋的成绩。③虽然公共住房通常是当地政府的责任，但克罗斯兰任环境事务部大臣时，他在确保中央政府拨款3.5亿英镑用于建造新住房、修复破旧的房屋、购买面临最严重住房短缺的地方议会的私人租赁投资方面发挥了重要作用。同时，他也积极为建房互助协会争取了5亿英镑的中央政府贷款，帮助他们应对金融问题。④

除此之外，工党政府还颁布了包括堕胎、死刑、同性恋、离婚法和

---

① Crosland, *Towards a Labour Housing Policy*, Fabian Tract 410, Fabian Society, 1971, p. 118.

② Crosland, *Towards a Labour Housing Policy*, Fabian Tract 410, Fabian Society, 1971, p. 117.

③ Anthony Crosland, *Socialism Now and Other Essays*, edited by Dick Leonard, Jonathan Cape, 1975, p. 21.

④ David Reisman, *Crosland's Future: Opportunity and Outcome*, Macmillan Press Ltd., 1997, p. 96.

剧院审查制度等人道主义的社会和刑事立法。虽然这些立法在某种形式上是跨越党派分界的，但它们非常符合克罗斯兰所强调的个人自由，被视为"修正主义者在实践上同它们在理论上所主张的同样激进的一个领域"，甚至被评价为"也许是工党政府最大的成就"。[①]

本章小结

20世纪50年代，随着英国社会经济的发展、社会结构的变化以及艾德礼政府国有化政策弊端的显现。以克罗斯兰为主要代表的修正社会主义理论家向工党的正统社会主义理论提出了挑战，围绕着修改党章第四条开始了对工党意识形态的更新，经过与左派数十年的博弈，最终在1995年由"新工党"用"新第四条"代替了"老第四条"，实现了修正主义意义上的民主社会主义。而作为党内右翼的主要理论家和政治家，再加上与工党领袖的亲密关系，克罗斯兰也参与和影响了工党内部的左右翼之争，见证了50年代工党修正主义的崛起和党内地位的上升一直到70年代逐渐被左翼压制这一过程。面对工党大选的屡次失利，他建议工党应认识到自身在英国社会的结构性变化中的不利地位，摆脱党的"布帽"形象，联合工人阶级和中产阶级，扩大党的选民基础，调和工党的道德目标和战后消费主义与丰裕社会的发展。而在社会政策方面，克罗斯兰也凭借其独特的学术影响力和行政职位影响了工党政府的教育政策和住房政策。

克罗斯兰从未担任首相或财政部大臣这些高级职位，人们也很少认为他的大臣生涯是成功的。人们往往将工党政府的失败归为克罗斯兰修正社会主义思想的失败，但实际上正好相反。克罗斯兰的修正主义并未失败，而是从未被实践过。1964—1970年工党政府最大的失败是牺牲经济增长以维持收支平衡的经济政策，"这一重大失败破坏

[①] [英]威廉·佩特森、阿拉斯泰尔·托马斯编：《西欧社会民主党》，林幼琪等译，上海译文出版社1982年版，第119—120页。

第四章 克罗斯兰社会主义思想对20世纪50—70年代的工党及工党政府的影响

了工党政府的所有努力和良好意愿。它限制了公共支出,惹恼了工会,疏远了大批工人……并阻碍了改善产业结构的政策。"[1] 即便如此,工党政府仍在教育和住房政策方面进行了努力和尝试,并取得了一定的成就。

---

[1] Anthony Crosland, *Socialism Now and Other Essays*, edited by Dick Leonard, Jonathan Cape, 1974, p. 18.

第五章

克罗斯兰社会主义思想对 20 世纪 80 年代以来工党现代化的影响

自 20 世纪 50 年代以来,克罗斯兰的政治思想对工党的影响无处不在。他综合了修正主义和激进的自由主义传统,坚称如果工党左派克制对教条的国家社会主义的热情,强调个体权利和自由,民主社会主义就有潜力创造一个更平等、更公正的社会;如果工党能在忠于道德理想的同时解决出现的新问题,那工党就可以转变为英国政治中的天然执政党。然而,克罗斯兰的这种乐观主义受到战后英国发展的诸多限制,对工党的影响起起伏伏。70 年代末 80 年代初,克罗斯兰的影响力急剧下降,并在 1979 年工党选举失利的分水岭事件中达到最低点,而 80 年代末及之后,克罗斯兰的民主社会主义又开始回归,塑造了工党的现代化政治。

一 克罗斯兰社会主义思想对 20 世纪 80 年代工党现代化的影响

(一) 20 世纪 70 年代末工党左翼重新崛起

作为著名的社会主义理论家和位居高位的政治家,虽然克罗斯兰给工党留下了难以磨灭的印记,但他为工党设计的未来仍遭到了比万左派的敌视,特别是 1975—1976 年国际货币组织危机和 1979 年工党的灾难性失败,使工党内部关于国有化和公有制效率的讨论再次浮出水面。在

第五章　克罗斯兰社会主义思想对20世纪80年代以来工党现代化的影响

这一过程中，克罗斯兰的观点在党内几乎不再流行，人们相信工党有能力通过实现生产社会化、控制进口、计划协议和国有化的方式重新控制英国经济，彻底改革资本主义制度，认为克罗斯兰关于英国资本主义不再需要根本性转变的核心原则已经过时。

1970年大选失败后，出于对威尔逊政府经济政策的不满，工党"开始反思其五六十年代的主流经济政策，反对以克罗斯兰为主要代表的修正主义经济策略"[①]，以托尼·本为首的激进左派开始崛起，主张用公有制占主导地位的新经济体系代替资本主义。工党党员和工会的政治立场也发生了改变，变得更加激进。20世纪70年代工党政府的政绩导致以提高工人阶级和工会利益为入党动机的党员人数减少，而以社会主义信仰作为入党动机的工党党员不会轻易改变信仰，因此随着个人党员人数的下降，工党也出现了左转趋势。[②] 此外，工党政府的限定工资政策、失业率上升问题引起工会不满，导致其政治立场也开始左倾。1967年到1969年，全国六大工会中有四个工会支持左翼的政策，到1970年，左翼工会的票数在工党年会上已占多数，[③] 工党年会和议会党团也随党员和工会的左转而左转。

与艾德礼政府所取得的神话般的成就相比，威尔逊—卡拉汉政府表现平平，以通货膨胀和经济停滞为特征的"英国病"开始出现征兆，"英国在20世纪70年代中期的收入不平等程度比战后任何时候都要严重"[④]，工党的社会民主主义计划陷入瘫痪。包括斯图尔特·霍兰在内的有影响力的左翼经济学家主张采取替代战略，以打击克罗斯兰对英国资本主义的自满情绪，对抗其关于不受约束的市场关系已被战后通过国家干预而实现人性化的经济所取代的观点。在霍兰看来，工党政府的政策非但没有改变资本主义的垄断，反而维护了社会阶级结构和经济的不

[①] 刘成：《英国现代转型与工党重铸》，生活·读书·新知三联书店2013年版，第236页。

[②] Paul Whiteley, *The Labour Party in Crisis*, Methuen, 1983, pp. 53–79；参见刘成《英国现代转型与工党重铸》，生活·读书·新知三联书店2013年版，第224—242页。

[③] Patrick Syed, *The Rise and Fall of the Labour Left*, St. Martin's Press, p. 47.

[④] Patrick Diamond, *The Crosland Legacy: The Future of British Social Democracy*, Policy Press, 2016, p. 206.

平等，尤其是跨国经济在英国经济中占主导地位，经济资源分配不公问题更加严重，而要遏制跨国公司，只能扩大公有制，通过建立国家机构对私营企业进行管制，加强政府干预。

工党与工会的关系曾是工党实现更有效管理经济的资本，但到了70年代末期却成为一种负担。经济不景气迫使卡拉汉政府采取了限制工资增长和支出的策略，导致"愤懑之冬"，工党下台，撒切尔政府上台，后者反过来又破坏了民主社会主义的制度安排。工党内部的本激进主义和撒切尔个人主义致使英国政治变得两极化，撒切尔主义坚持自由应该永远优先于平等，国家应该退后，而本激进主义人士则反驳说平等是一种最卓越的价值，要用集体主义对抗市场，二者都直接挑战了克罗斯兰关于平等和自由相互依存的观点。

（二）"政策反省"运动的兴起

20世纪80年代后期，在工党经历了连续三次惨败后，克罗斯兰的政治哲学开始借由金诺克领导的"政策反省"运动复兴，其关于市场与公有制的关系、政府在经济活动中的角色、工会与劳资关系等思想在"政策反省"中均有所体现。

"政策反省"的学术基础来自积极自由的概念，它将国家视为一种必要的手段，声称"集体行动的目的一直是创造机会，促进个人自由，并逐步促进整个社会的自由"①。一方面，工党不再提倡大规模的国有化，转而立场坚定地赞同市场经济，肯定市场的调节作用，将市场经济视为决定供求关系的有效手段。工党的副领袖罗伊·哈特斯利更是直截了当地主张工党应"发展和鼓励不同的所有制形式"，认为"社会主义关心自由和经济效率，这就需要市场经济的支持，改变官僚式的计划性"②；另一方面，工党的最高目标被明确定义为"创建一个真正自由的社会……在这个社会里，政府的基本目标就是扩大个

---

① Labour Party, *Meet the Challenge, Make the Change: A New Agenda for Britain*, The Labour Party, 1989.

② Roy Hattersley, *Choose Freedom: The Future for Democratic Socialism*, Penguin, 1987, p. 209.

人自由"。① 哈特斯利在其修正主义的小册子《选择自由》中直接借鉴了克罗斯兰对平等和自由的看法,并在书的结尾引用了克罗斯兰去世前与哈特斯利的一次对话:"社会主义就是追求平等,保护自由——我们知道,除非真正平等,否则我们不会真正自由。"② 这些都标志着工党试图重拾克罗斯兰的修正社会主义原则。

由"政策反省"运动催生的第二波修正主义浪潮,最终以工党1997年的胜利而告终。1983年工党以极左的竞选宣言《英国的新希望》参加竞选,结果一败涂地。这是工党自1918年以来最大的一次失败,绝大多数选民不赞同工党的替代型策略,其以扩大公有制为核心的竞选宣言也被称为工党"历史上最长的自杀备忘录"③。这次大选工党得票率为27.6%,只比自由—社会民主联盟高2.2%,④ 这说明左翼的替代方案并没有解决右翼修正主义失败所带来的意识形态危机,反而加深了这一危机:工党如果不能顺应英国的变化,调整政策,制定符合英国现实的政策,那工党非但不能上台执政,还有可能丧失大党地位。此后十年间,工党开始了修订意识形态和纲领的过程。

金诺克和史密斯时期,工党慢慢从左倾立场向温和的中间立场转移,在市场与公有制、政府作用、工会、福利国家等问题上进行了调整。他们放弃了左翼传统的公有制和国家全面干预经济的思想和承诺,主张缩小国家干预范围,认为现代政府的角色是"帮助市场体系正常地运作,并指出市场在哪些方面是不能做或不应该做的"⑤;认可市场经济和企业自由竞争的作用,抛弃了过去扩大公有制的政策,刻意拉开与工会的距离,较少提及与工会的合作伙伴关系。更重要的是,工党放

---

① Tutor Jones, *Labour's Constitution and Public Ownership: From Old Clause IV to New Clause IV*, p. 3.

② Roy Hattersley, *Choose Freedom: The Future for Democratic Socialism*, London: Michael Joseph, 1987, p. 6.

③ Eric Shaw, *The Labour Party Since 1979: Crisis and Transformation*, Routledge, 1994, p. 12.

④ D. Butler & G. Butler, *British Political Facts* (1900 - 1997), Macmillan, 1994, p. 219; 参见刘成《英国现代转型与工党重铸》,生活·读书·新知三联书店2013年版,第252页。

⑤ 转引自刘成《英国现代转型与工党重铸》,生活·读书·新知三联书店2013年版,第252页。

弃了曾被工党老右翼一直秉持却早已落伍的通过再分配和普遍福利实现平等的思想和凯恩斯主义，开始认为应把福利开支的多少与经济的好坏联系起来，不能不顾经济发展状况而盲目增加福利开支，"工党新的福利思想是：经济发展在前，福利支出在后……可以说，它是工党真正走向成熟的一个标志"①。

而关于放弃凯恩斯主义，实际上早在1976年，即将担任工党领袖的卡拉汉就在工党年会上发表了著名的结束凯恩斯时代的讲话："很长时间以来，甚至是从战后开始，我们忽视了英国社会和经济的变化……我们通常认为，凯恩斯经济理论可以使英国经济走出萧条，并扩大就业，但实践证明并非如此。如果我们还坚持这个理论，必然会导致经济的进一步膨胀，接下来的就是更高程度的失业。"②

对于工党来说，更艰巨的任务是在凯恩斯主义共识崩溃后制定其他的治理原则，同时使工党适应市场自由主义、私有化和1979年后工会权力削弱的现实。然而，面对20世纪80年代失业率大幅上升和的不平等程度加深的困境，工党未能提出令人信服的解决方案，意识形态危机进一步加深，以致传统工人阶级越来越倾向于认为除了撒切尔主义之外没有其他的替换方案。这正应了萨松所总结的："长期以来，工党左翼对凯恩斯主义持抵触态度，认为它是党内右翼社会民主主义者（比如克罗斯兰）的意识形态。但是，当凯恩斯主义的丧钟开始在整个欧洲敲响的时候，它却欢呼一种被称为货币主义的意识形态的到来，而不是欢迎一种新的激进主义经济学潮流。"③

工党在1992年大选中仍然失利，这表明民众对工党领导层极度不信任，尤其对工党管理经济的能力和税收政策存有疑虑。尽管工党在竞选宣言中已放弃对公有制的承诺，但其意识形态现代化的成果并没有成为大众的普遍认识，他们仍认为工党是国有化的化身。虽然工党再次失

---

① 刘成：《英国现代转型与工党重铸》，生活·读书·新知三联书店2013年版，第261页。
② Patrick Seyd, *The Rise and Fall of the Labour Left*, St. Martin's Press, 1987, p. 23.
③ [英]唐纳德·萨松：《欧洲社会主义百年史：20世纪的西欧左翼》（上），姜辉、于海青、庞晓明译，社会科学文献出版社2013年版，第296—297页。

利，但继承金诺克政治遗志的史密斯进一步推动了工党的现代化，废除了工会的集体投票制，实现了"一人一票制"，重新界定了工党与工会的关系，这使工党在政策上摆脱了工会的束缚和阶级党的形象，成为全民党和现代化的政党，并经由布莱尔成功修改党章第四条，最终实现了工党的再次执政。

（三）"政策反省"是对克罗斯兰社会主义思想的继承与发展

工党提倡的这种以市场为导向、选择性干预的做法是否意味着工党已回归克罗斯兰所代表的社会民主主义？学者们对此意见不一。

有人认为工党的现代化并不是对社会民主主义传统的更新，而是对撒切尔主义政治的防御妥协[1]，工党断绝了与战后社会民主主义的联系，将全球化和自由市场的意识形态优势内在化，这种"偏好适应"策略的目的是通过支持撒切尔政府的议程赢回失去的选民，克服选民对工党的恐惧。古尔德坚称"工党领导人在80年代末、90年代初所采取的立场是投降……承认我们确实输掉了这场辩论，承认撒切尔式的议程已经确立，我们只能接受它，不能改变它"[2]。萨松也认为"传统的社会主义在各方面，从安东尼·克罗斯兰到工党左派的传统社会主义，都处于衰亡的边缘，或可能已消亡。……从1987年到1992年，工党并非仅仅是像在1987年以前那样重塑自己的形象，而是接受了许多由保守党倡导的议程"[3]，因此，"凯恩斯主义之后，'撒切尔主义'成为这个所谓的如此非意识形态的国家在其整个历史上提供给世界的唯一的'主义'"[4]。

另一些学者则完全将金诺克领导的"政策反省"运动视为对克罗

---

[1] Colin. Hay, *Labour's Thatcherite Revisionism: Playing the 'Politics of Catch-up'*, Political Studies, XLII, 1994, pp. 700-7.

[2] Cited in R. Heffernan, *New Labour and Thatcherism: Political Change in Britain*, Palgrave Macmillan, 1999, p. 129.

[3] ［英］唐纳德·萨松：《欧洲社会主义百年史：20世纪的西欧左翼》（上），姜辉、于海青、庞晓明译，社会科学文献出版社2013年版，第815页。

[4] ［英］唐纳德·萨松：《欧洲社会主义百年史：20世纪的西欧左翼》（上），姜辉、于海青、庞晓明译，社会科学文献出版社2013年版，第608页。

斯兰民主社会主义的回归。如凯尔纳就认为工党已实现了向社会民主主义的转变，因为"'政策反省'的一个基本特征是彻底抛弃了我们过去所称的与工业国有化同义的社会主义"，克鲁将"政策反省"描述为"工党有史以来发表的最不具社会主义色彩的政策声明"，坚称"左翼人士关于工党为了社会民主主义而抛弃社会主义的抱怨是完全公平的"，① 马昆德更是认为经过"政策反省"后的工党已经"成为一个正常的欧洲社会民主党"，"致力于进一步的欧洲一体化，继续成为大西洋联盟的成员，并实行开放的、以市场为导向的混合经济，"金诺克也因此证明自己是"比盖茨克尔更纯粹、更成功的修正主义者"。② 马丁·史密斯则强调了工党现代化与战后修正民主社会主义之间的连续性。在他看来，从艾德礼到克罗斯兰等战后的政治家大多是务实的，他们承认通过混合经济实现社会正义，私人部门将因政府干预变得更加公平。同时，他也强调了保守党和工党在市场和国家关系方面的本质区别，认为1983年之后工党右转不是对撒切尔主义的妥协，而是对战后制度安排和政策的回归，承认1945年后国际经济施加的限制以及国家干预取得的模棱两可的成功。③

诚然，"政策反省"运动和克罗斯兰的修正社会主义之间存在着显著差异。克罗斯兰的修正社会主义建立在凯恩斯需求管理经济学基础之上，而"政策反省"则关注国家的选择性干预。为了适应20世纪八九十年代的经济和政治环境，金诺克淡化了克罗斯兰依赖于高公共支出和再分配税制的激进平等主义，不再致力于充分就业和以经济增长为基础的财富和资源的重新分配，转而追求一种更温和的、更可能实现的目标。而且，不同于克罗斯兰的修正社会主义，"政策反省"缺乏一种连贯的理论基础，虽然它的主要提议也来源于近20年来英国的社会和经

---

① Cited from Tudor Jones, *Remaking the Labor Party: From Gaitskell to Blair*, Routledge, 2005, p. 94.
② David Marquand, *The Progressive Dilemma: From Lloyd George to Blair*, Phoenix, 1999, p. 216.
③ Martin Smith, *Understanding the 'Politics of Catch up': The Modernization of the Labour Party*, Political Studies, XLII, 1994.

济变化，但它缺乏对这些变化的系统化分析，也没有如克罗斯兰那样有一种明确的意识形态来指引方向，"金诺克有的只是民意调查"，其"政策反省"的目标"不是依据一套原则来动员选民，而是为选民量身定制竞选方案"，① 从这一意义上说，"政策反省"更多的是一种为赢得选举而实行的权宜之策。

即便如此，金诺克和史密斯领导的工党现代化仍可被视为克罗斯兰修正社会主义在八九十年代的继承与发展。和50年代克罗斯兰的修正主义一样，"政策反省"也是试图在变化了的经济、社会和政治条件下重新确立社会主义的原则，调整党的政策。而且，二者对公有制的态度都是务实的，在很大程度上持怀疑态度，都倡导在以市场为导向的混合经济框架内进行有选择的国家干预，以矫正市场缺陷或确保更公正的、更高效的结果。更重要的是，二者都将持续的经济发展视为减少社会不平等、提高社会福利的必要基础。

二 克罗斯兰社会主义思想对"新工党"的影响

（一）"新工党"新理念的提出

自1997年"新工党"执政以来，关于克罗斯兰社会主义的目标和"新工党"政府目标的比较一直在继续，英国政界和学界对布莱尔新修正主义与20世纪中期以克罗斯兰为代表的修正主义的关系看法迥异，仍无定论。以哈特斯利为代表的一派认为布莱尔政府已抛弃了民主社会主义，不再致力于创造一个更平等的英国社会，实际上也就抛弃了克罗斯兰。哈特斯利认为"布莱尔追求的精英政治的英国不是真正的社会民主主义者的追求"，"新工党""与社会民主主义的共同点几乎没有。"② 理查德·赫弗曼认为克罗斯兰强调通过政府干预限制市场和资本主义，

---

① David Marquand, *The Progressive Dilemma: From Lloyd George to Blair*, Phoenix, 1999, p. 219.

② Stephen Merdith, "Mr. Crosland's Nightmare? New Labour and Equality in Historical Perspective", *Political Studies Association*, Vol. 8, 2006, p. 238.

而布莱尔政府则允许市场主导国家和社会,因此,从意识形态上来说,"布莱尔与玛格丽特·撒切尔的关系远比他与托尼·克罗斯兰的关系密切。克罗斯兰的修正主义是重塑工党的身份,以确保实现工党的古老目标,而'新工党'则重新定义了工党远离平等的目标"。[1] 安东尼·霍华德也认为"对于克罗斯兰来说,总有一些终极原则。比如公共支出本身就有优势,如平等是社会主义之所在,如即使在现代社会,财富的重新分配也很重要,应是追求目标",而布莱尔不关注平等,"'新工党'最终断绝了与克罗斯兰的联系"。[2]

以迪克·伦纳德和戈登·布朗为代表的另一派则认为"新工党"和克罗斯兰的社会民主主义有着千丝万缕的关系,帕特里克·戴蒙德甚至认为克罗斯兰关于社会主义的重新表述为"新工党"的出现奠定了基础,其关于公有和私营部门关系的态度既实用又具有指导作用。[3]

出现上述两种截然不同的观点固然与相关学者的立场、对社会民主主义以及对克罗斯兰修正社会主义的理解不同有关,也与"新工党"自身不无关系。"新工党"认为除了被视为社会主义成就典范的艾德礼政府,战后民主社会主义的发展与成就乏善可陈,工党只在1945年和1966年获得决定性的多数席位,执政期间多次的经济和金融危机摧毁了工党经济管理能力的声誉,恶化的劳资关系又削弱了劳工运动的团结和力量,因此"新工党"刻意拉开了与战后民主社会主义的距离。工党内部也一直饱受修正主义者和原教旨主义者之间尖锐分歧的困扰。1951年以后,工党由于思想和意识形态匮乏而陷入瘫痪,除了克罗斯兰的修正主义之外,没有其他的社会民主主义战略,"全党缺乏系统的世界事务理论"[4]。因此,"新工党"的现代化主义者对工党黯淡的过去不感兴趣,而倾向于当下,把工党视为20世纪90年代的新产物,以打

---

[1] Richard Hefferman, *New Labour and Thatcherism: Political Change in Britain*, p. 129.

[2] See Kevin Hickson, *Reply to Stephen Meredith*, "Mr Crosland's Nightmare? New Labour and Equality in Historical Perspective", Political Studies Association, 2007, Vol. 9.

[3] Patrick Diamond, *The Crosland Legacy: The Future of British Social Democracy*, Policy Press, 2016, p. 43.

[4] [英] 唐纳德·萨松:《欧洲社会主义百年史:20世纪的西欧左翼》(上),姜辉、于海青、庞晓明译,社会科学文献出版社2013年版,第284页。

第五章 克罗斯兰社会主义思想对20世纪80年代以来工党现代化的影响

造一个全新的、有活力的选举党。布莱尔仅有一次提到过克罗斯兰①，约翰·伦图尔和安东尼·谢尔顿也分别说过工党的领袖鄙视克罗斯兰，认为正是因为克罗斯兰过于强调分配才造成了工党的某些困难处境，谢尔顿更是认为布莱尔在1995年5月的梅思演讲中将低膨胀作为经济政策的首要目标实则刻意拉大了工党与克罗斯兰主义的距离。②

另一方面，"新工党"的理论核心或重要原则仍很模糊，其战略辞令迷惑和掩饰了很多关于"新工党"意识形态定位、特点和轨迹的分析与比较。"新工党"提出的第三条道路中的诸如"超越左右""现代化""新中间派""新社会""新政治"等概念最初是作为政党政治竞争的口号提出来的，缺乏理论上的严格界定，影响了其作为理论体系的完整性和逻辑的严密性。而作为一种政治实践，虽然其倡导者和实践者为争取更多的支持者需要这种政治的模糊性，但这也影响到作为一种政治理论的思想价值的纯粹性，也由此导致了反对者的攻击。

"新工党"是新时代的产物，它既是对保守党选举主导地位的回应，也是对现代化资本主义和全球化效率的认可。作为选举党，工党的主要目标之一就是上台执政。在"新工党"上台之前，工党经历了选举连败，在野时间长达18年。在竞争性的政党体制下，只有获得选票才能上台执政，才可能实践其政治思想和政策策略，而要取得执政地位，就要关注选民舆论的要求并作出及时、恰当的反应。因此，"新工党"不得不接受新的选举格局，在这种格局中，工党的传统支持力量和基础不断萎缩，这种结构性变化导致传统的阶级身份和阶级忠诚不断衰落。如何在传统选民基础之外呼应中间选民的需求并争取他们的支持是工党无法回避的问题，这必然导致工党向中间立场转移，也必然致使工党在社会政策方面呈现出与保守党的趋同性。虽然二者在对待私有化、福利国家的作用，尤其是政党价值方面观点相左，但在如"认同

---

① 在实施婴儿债券时，布莱尔曾说过："我相信托尼·克罗斯兰在30年前的《社会主义的未来》一书中所勾画出的愿景，每个家庭都希望并相信能自然而然地成为中产阶级。"参见 Tony Blair, 'The Saving Grace of the Baby Bond', The Guardian, 10 April 2003。

② Mark Wickham-Jones, The Future of Socialism and New Labour: An Appraisal, The Political Quarterly, No. 2, 2007, p. 229.

自由市场和私有制；实行严格的财政预算，控制公共花费；继续撒切尔时代对劳动市场的放松管制，保持劳动市场的灵活性；保留各项工会立法，限制工会权力；改革福利国家等"① 方面二者又存在着明显的趋同性。因此，拉大与传统社会主义思想的距离，从左向中间转变是工党情理之中的选择。

20世纪90年代以来，通信革命和信息技术的广泛传播、跨国贸易、移民以及资本的转移影响着社会各个方面，也冲击了传统左翼政党以国家为基础的战略，削弱了民族国家控制本国事务的权力，压缩了其实行独立政策的空间。但在给工党带来"持续的贫困和社会排斥、上升的犯罪率、家庭的崩溃、妇女角色的转变、劳动和技术革命、民众对政治的敌意和要求深刻的民主改革，以及许多需要采取国际行动的环境和安全问题"② 的同时，全球化也带来了新的机遇与发展。对此，工党选择参与其中，并在参与过程中寻求新的理论和政策。

英国社会也出现了很多新议题，如权力下放、宪法改革和公共服务改革等，这些新议题带来了新的发展，削弱了英国这个在20世纪40年代被认为是社会主义变革核心力量的单一国家。③ 新时代的发展、风险社会的出现以及以服务业为基础的经济的持续发展致使"新工党"对以克罗斯兰为代表的传统民主和经济管理模式不屑一顾。此外，社会理论家安东尼·吉登斯也影响了"新工党"，他们认为"税收和支出"的凯恩斯主义和中央集权的国家机构在全球化时代已经过时，"新工党"应放弃克罗斯兰战略中通过政府干预国家、社会和经济而实现现代化的观念，重塑民主社会主义。

对于"新工党"的转变和政策主张，彼得·曼德尔森认为它应更强调与克罗斯兰的修正社会主义的联系，以避免被批评为仅追求"便

---

① 谢峰：《政治演变与制度变迁：英国政党与政党制度研究》，北京大学出版社2013年版，第89页。

② 杨冬雪、薛晓源：《第三条道路与新的理论》，社会科学文献出版社2000年版，第26页。

③ V. Bogdanor, *Social Democracy*, in A. Seldon (ed.), *Blair's Britain*, Cambridge University Press, 2007.

利的、模糊的、中立的政治学",建议"新工党"应"通过表明它的方式在逻辑上仍遵循着20世纪五六十年代的修正社会主义思想和工党部长、理论家克罗斯兰的思想,从而修正人们对(布莱尔)政府的这一认知。……应更公开、更直接地追根溯源到工党的社会民主主义的传统"[1]。对于平等,曼德尔森也承认平等应在"新工党"的社会公正话语中发挥更大作用,因为这一概念是"左派的精髓"[2]。

(二)"新工党"对克罗斯兰社会主义思想的继承

的确,"新工党"和20世纪四五十年代以克罗斯兰为代表的修正主义有很多不同。相较于克罗斯兰,"新工党"既不讨论目标的轻重缓急,也不试图细化政策以实现抽象的目标,尽管也试图重新界定伦理社会主义,但他们主要考虑的是选举策略和经济管理。也就是说,90年代的"新工党"不关注遥远的、道德的、终极的目标,转而关注眼前的实际问题。而且,与以克罗斯兰为代表的传统民主社会主义的平等观相比,"新工党"的平等观也发生了变化。工党传统上侧重于追求结果平等,主张利用国家力量,通过扩大公共支出和改革税收制度实现收入和财富的再分配,从而实现结果平等;而"新工党"则强调价值平等和机会平等,主张为所有人提供平等的教育和工作机会。如戈登·布朗所言:"通向机会平等之路的起点不是税率,而是工作岗位、教育、福利国家的改革以及对既有资源的有效和公平的分配。"[3]

鉴于此,有学者认为"新工党"把婴儿连同洗澡水一起倒掉了,它消除了像"第四条"那样各种愚蠢的东西,但也失去了克罗斯兰关于社会主义就是平等的观点。[4] 然而,如果我们仔细审查1997年后

---

[1] See Stephen Merdith, "Mr. Crosland's Nightmare? New Labour and Equality in Historical Perspective", *Political Studies Association*, Vol. 8, 2006, p. 240.

[2] Stephen Merdith, "Mr. Crosland's Nightmare? New Labour and Equality in Historical Perspective", *Political Studies Association*, Vol. 8, 2006, p. 240.

[3] [英]马丁·鲍威尔主编:《新工党,新福利国家? 英国社会政策中的"第三条道路"》,林德山等译,重庆出版社2010年版,第19页。

[4] Patrick Diamond, *The Crosland Legacy: The Future of British Social Democracy*, Policy Press, 2016, p. 220.

"新工党"政府的执政成绩,就会发现其与克罗斯兰代表的传统民主社会主义的分歧并非那么明确。最初,"新工党"接受了保守党前任施加的开支限制,之后,他们大规模增加公共开支,遏制公共服务质量的下降。① 受益于快速增长的经济,布莱尔政府是1945年以来在公共支出方面持续增长最多的一届政府,② "对公共服务体系的关注程度在现代英国历史上是前无古人的。从20世纪90年代中期开始至今,在国民保健服务体系上的资金投入增长了一倍以上,而且现在英国在以下方面的投入已高于欧洲的平均水平:教育、治安、治理犯罪和交通方面的资金投入都有了显著增长。公共服务的现实表现也有了明显改善……与此前十年相比,如今英国的公共区域更加强大,更加安全,也更加具有可持续性。英国经济的稳定增长不仅意味着大多数人实际收入增加和失业率降到历史最低水平,也意味着英国公共服务体系投入的增长"③。

"新工党"政府还有针对性地增加福利和税收抵免,解决儿童和养老金领取者的贫困问题,缩小底层和中层之间的差距。虽然这一策略最终并未取得预期效果,但我们不应怀疑"新工党"政府的初心。截至2008年,"新工党""在克罗斯兰关于建设社会主义社会的大部分标准中都表现出色,特别是维持了十多年的经济增长(这是英国经济史上经济持续发展时间最长的一个时期)、保持了充分就业、消除了贫困以及修补了社会保障体系漏洞……"④。

虽然布莱尔和布朗都不愿采用克罗斯兰修正社会民主主义中平等主义的语言,避免谈论平等,但这并不能说明"新工党"已不再将平等视为社会民主主义的头等目标。实际上,"新工党"仍坚持"老"社会民主主义所坚持的平等和社会公正等价值⑤,只不过它的平等理念依赖

---

① M. Mullard and R. Swaray, "New Labour Legacy: Comparing the Labour Governments of Blair and Brown to Labour Governments Since 1945", *Political Quarterly*, Volume 81 (4), 2010.

② Stephen Merdith, "Mr. Crosland's Nightmare? New Labour and Equality in Historical Perspective", *Political Studies Association*, Vol. 8, 2006, pp. 238 – 239.

③ [德] 弗里德里希·艾伯特基金会编:《社会民主主义的未来》,夏庆宇译,重庆出版社2014年版,第89页。

④ Peter Hain, *Back to The Future of Socialism*, Bristol: Policy Press, 2015, p. 37.

⑤ Jane Franklin, *What's Wrong with New Labour Politics?*, Feminist Review, No. 66, Political Currents, 2000, p. 139.

于真正的、积极的机会配置,将权力、财富和机会分配到多数人而不是少数人的手中。这与战后工党的民主社会主义的传统和演进是一致的,"与克罗斯兰同时代的人会认识到'新工党'与之前的民主社会主义的相似性"①。而且,即便是修正主义者也在努力界定其平等的社会主义追求。他们承认仅有机会平等是不够的,但也认为对高收入人群实行惩罚性增税的程度是有限的,认为在成熟的资本主义民主国家,增长是任何可行的再分配战略的核心。

更进一步讲,在某种意义上,布莱尔对工党党章"第四条"的修改可被视为克罗斯兰的胜利,也可被视为工党修正社会主义者的胜利,因为它降低了公有制的地位,赞同市场经济,而这些正是20世纪50年代克罗斯兰所倡议的。它还承诺工党将建立一个权力、财富和机会掌握在多数人而不是少数人手中的社区,也就是说,它承诺继续争取更大的平等,而这种承诺就是反对克罗斯兰一直批判的过时的、导致不平等的阶级结构和等级制度。② 萨松也强调"新工党"对克罗斯兰社会主义思想的继承性,指出"50年代的工党修正主义者已经充分表达了未来八九十年代修正主义者的多数主体和思想。不过,二者的主要差异在于,克罗斯兰的修正主义强调的是社会平等以及通过税收进行财富再分配的重要性。后来的现代化者则更喜欢强调'共同体'和'个人自由'等缺乏争议性的概念"③。

作为一名思想家,20世纪50年代克罗斯兰出版《未来》,震撼了英国学术界。但作为一名政治家,他的从政经历又显示出他的实用主义,而1963年盖茨克尔去世是"战后英国所经历的最沉重的打击。从根本上来说,它致使克罗斯兰民主社会主义的地位降为理论而不是一种

---

① See Stephen Merdith, "Mr. Crosland's Nightmare? New Labour and Equality in Historical Perspective", *Political Studies Association*, Vol. 8, 2006, p. 241.

② Roger Wicks, *Revisionism in the 1950s: the Ideas of Anthony Crosland*, in *British Politics and the Spirit of the Age*, Staffordshire: Keel University Press, 1996, p. 214.

③ [英]唐纳德·萨松:《欧洲社会主义百年史:20世纪的西欧左翼》(上),姜辉、于海青、庞晓明译,社会科学文献出版社2013年版,第296—297页。

经过验证的实践"①。70 年代中期英国经济陷入滞涨，福利状况恶化，全面驳斥了克罗斯兰之前过于乐观的"残存的基本贫困在十年内就会消失"②的社会、经济分析以及 50 年代工党政府取得的福利成就是不可否定和逆转的结论。八九十年代英国经济的持续衰退和大规模失业的再次出现使经济平等被再次提上议程。③ 我们无法确切地知道克罗斯兰会如何看待这些发展，但克罗斯兰修正社会主义承认经济和社会变化的现实，同时也承认方式必须随着整个世界的改变而改变，处于新时代的"新工党"自然也要根据时代的变化采取适宜的手段。从这一点上来说，克罗斯兰应该认可"新工党"的部分政策主张。

（三）"蓝色工党"对"新工党"的批评与布莱尔主义者的反击

面对 2008 年经济危机对英国经济和社会的重大冲击，布朗政府未能提出有效的应对措施，再加上工党内部一直存在的派系斗争以及政党政治的钟摆效应，工党最终在 2010 年大选中失利，结束了长达 13 年的执政经历。为了从失利中吸取经验教训，为日后重新上台奠定基础，党内外的专家都对工党竞选的失利和以往的政策进行了反思和剖析，"蓝色工党"就是这一背景下的产物，是金融危机后伴随着 2010 年大选而来的工党内部的一种新的、关于工党未来政治理念和实践走向的政治思想。

"蓝色工党"最初是由莫里斯·格拉斯曼在 2009 年 4 月的工党会议上发起的一种讨论。在这次会议上，格拉斯曼提出以互惠、互助和团结的新政治观取代战后工党中央集权式的管理模式。④ 关于"蓝色工党"最完整的表达集中在 2011 年出版的《工党传统和政治悖论》中，

---

① John Vaizey, *In Breach of Promise: Gaitskell, Macleod, Titmuss, Crosland, Boyle: Five Men Who Shaped A Generation*, The Pitman Press, 1983, pp. 88 – 89.

② ［英］安东尼·克罗斯兰：《社会主义的未来》，上海人民出版社 2011 年版，第 66 页。

③ Roger Wicks, *Revisionism in the 1950s: the ideas of Anthony Crosland*, in British Politics and the Spirit of the Age, Keel University Press, 1996, p. 214.

④ Stratton Allegra, Now: It's kind of Blue, from http://www.Guardian.co.uk/politics/blog/2009/apr/24/blue – labour – conservative – socialism, April 6, 2009.

第五章 克罗斯兰社会主义思想对20世纪80年代以来工党现代化的影响

这本书收录了格拉斯曼、卢瑟福、斯蒂尔思等人的文章，由艾德·米利班德作序。"蓝色工党"将家庭、信仰和旗帜作为核心理念，宣称通过保守的社会政策和国际政策赢回和争取传统的工人阶级及中产阶级选民，支持基尔特社会主义和大陆社团主义，认为工党需改革制度，构建地方民主自治管理制度，而不能继续依赖传统的福利国家体系。[1]

"蓝色意味着对失去的怀旧感和保守色彩"[2]，"蓝色工党"代表着党内的保守主义力量，既区别于保守党的"红色托利"理论，也与工党内部的"新工党"理念相对抗。2010年以后，它逐渐在工党内外产生巨大影响，特别在成为工党党魁的艾德·米利班德将格拉斯曼视为自己的理论先知后，"蓝色工党"不断发展，"甚至成为米利班德兄弟领导下的工党区别于'新工党'的政治转型的起点和理论基础"[3]，代表着一种背离正统思想的做法。在描绘社会主义的新愿景时，"蓝色工党"承认克罗斯兰对工党政治思想的影响，但坚持认为正是"新工党"与克罗斯兰修正社会主义的相似导致了工党的失败。[4] "蓝色工党"对克罗斯兰修正主义以及"新工党"的批评主要集中于三方面：与工人阶级的疏离、自由至上和专制的官僚国家治理模式。

在"蓝色工党"看来，以克罗斯兰为代表的中产阶级知识分子所坚持的抽象政治理论将工党与英国工人阶级生活的现实和生活经历割裂开来，"已引发了工人阶级身份认同的巨大危机……工党激进政治传统被抛弃……威胁到工党现实行动的基本能力"[5]。实际上，克罗斯兰的助手迈克尔·杨在20世纪50年代就提出了这一观点，他对修正主义者强调的开放社会应接纳新中产阶级的观点表示欢迎，但同时也表达了自

---

[1] 来庆立：《革新将从"新工党"和"蓝色工党"的结合开始——英国工党对未来的政治理念和实践走向展开讨论》，《当代世界与社会主义》2012年第5期。
[2] 《2000年以来的工党及其历史研究》，劳伦斯·布莱克撰，刘宇译，《英国研究》第8辑，第52页。
[3] 来庆立：《革新将从"新工党"和"蓝色工党"的结合开始——英国工党对未来的政治理念和实践走向展开讨论》，《当代世界与社会主义》2012年第5期。
[4] http://fabians.org.uk/crosland-and-one-nation-labour/.
[5] 来庆立：《"新工党"和"蓝色工党"的结合》，硕士学位论文，上海社会科学院，2013年，第81页。

己的担忧，即工党不应失去与传统工人阶级的关系。①

同样地，"蓝色工党"认为"新工党"不重视全球化给工人阶级带来的不安全感，不重视工人阶级选民对工党的疏离感以及由此导致的工人阶级选票的流失。艾德·米利班德在 2011 年的工党会议中指出，工党在 1997—2010 年失去了 500 多万选民和 137 个下议院议席，这 500 多万选民中有 400 万是工人阶级选民。到戈登·布朗选举时期，中产阶级的选民人数甚至超过了工人阶级。② 2010 年的大选中，工党得票率下降了 6.2%，跌至 29%，创几十年来最低，导致净损失 91 个议会席位。③ 这表明工党在工人阶级中的影响力正在下降，其阶级基础已不再牢固。弗兰克·菲尔德也哀叹蓝领工人阶级选民对工党的社会观怀有敌意，不再将工党视为英国的骄傲。④ 因此，"蓝色工党"认为，工党面临的主要挑战和首要问题是如何避免具有历史传统意义的工人阶级选民的流失，弥合其与中产阶级选民之间的分裂，重新培养工人阶级的传统、文化和制度，从而赢回工党自 1997 年以来失去的 400 万工人阶级选民。

作为一位强烈反对自由主义的"美德理论家"，格拉斯曼非常重视普遍的道德准则。在他看来，共同体是一个道德实体，由个体组成，而组成共同体的基础是"个体可以在其中实现自身价值"，但"自由主义将伦理价值和道德准则从公共社会和其文化脉络中抽离出来，分离了道德生活与自治的共同体生活，使道德去政治化，只认同专业人员制定的规则和实施手段，这也使国家可以合法地干涉非自由主义的个人生活"⑤。从这个角度看，格拉斯曼认为克罗斯兰的修正主义将道德和道德价值等目

---

① Geoff Dench, "Reviewing Meritocracy", in Geoff Dench (ed.), *The Rise and Rise of Meritocracy*, Blackwell Publishing, 2006.
② 转引自李华峰、董金柱《英国工党理论与实践专题研究》，人民出版社 2017 年版，第 112 页。
③ Mett Beech and Kevin Hickson, "Blue or Purple? Reflections on the Future of the Labour Party", *Political Studies Review*, 2014, Vol. 12, p. 76.
④ Frank Field, "A Blue Labour Vision of the Common Good", in I. Geary and A. Pabst (eds.), *Blur Labour: Forging a New Politics*, IB Tauris, pp. 56–57.
⑤ 来庆立：《革新将从"新工党"和"蓝色工党"的结合开始——英国工党对未来的政治理念和实践走向展开讨论》，《当代世界与社会主义》2012 年第 5 期。

标政治与实现目标的制度和政策变化分离开来,因此,克罗斯兰从未发展出一种将平等主义政策与整个社会的价值观联系起来的愿景。①

格拉斯曼更进一步断言,与"新工党"拥抱全球化一样,克罗斯兰更关注目的而非手段,其抽象术语的表达可能"适合于任何国家……而不是从我们自己国家的政治传统中发展特定的语言"。② 来庆立也认同这一观点,认为克罗斯兰使工党由关注公共利益的传统激进左翼政党演变成为宣扬进步主义的中左翼社会民主党,工党的政治信条转变为关注社会福利和社会平等,工党由组织化向动员化转变,由民主向追求政治权力转变,由自我管理向科学管理转变。③

"蓝色工党"也抨击了战后费边主义管理国家的遗产,宣布恢复合作、互助和道德的社会主义传统。作为"蓝色工党"的主要理论家之一,格拉斯曼认为"艾德礼政府和克罗斯兰对工党由柯尔、拉斯基和合作社的多元主义转变为重新分配和确保品质生活的集权国家负有责任"④。艾德礼政府被视为英国民主社会主义的全盛期,它成功实施了1945年的宣言,以累进税为公共产品和服务提供资金,重视充分就业和管制,从而成功地将中央政府的首要地位嵌入了英国左派的政治思想中;"新工党"力图通过自上而下的官僚机构改革国家和社会,利用政府的杠杆重建福利制度和公共服务。"蓝色工党"认为正是集权费边主义的这种主导地位削弱了战后社会主义的成功,"新工党"将注意力集中在专家推行的改革上,而不是忠于过去的多元主义和根植于工人阶级社区可靠的互惠关系,宣称"工党把国家作为唯一经济监管工具的做

---

① Raymond Plant, "Democratic Socialism and Equality", in D. Lipsey and D. Leonard (eds.), *Crosland's Legacy*, Macmillan, 1981.

② Maurice Glasman, "Labour as a Radical Tradition", in Maurice Glasman, J. Rutherford, M. Stears and S. White (eds.), *The Labour Tradition and the Politics of Paradox*, The Oxford – London Seminars and Soundings, p. 24;转引自劳伦斯·布莱克《2000年以来的工党及其历史研究》,刘宇译,《英国研究》第8辑,第53页。

③ 来庆立:《"新工党"和"蓝色工党"的结合》,硕士学位论文,上海社会科学院,2013年,第81页。

④ 劳伦斯·布莱克:《2000年以来的工党及其历史研究》,刘宇译,《英国研究》第8辑,第53页。

法一定会失败。它太迟钝，太大，又太小，而且通常不合适"①。因此"蓝色工党"坚决否决"新工党"在中央官僚国家和全球自由市场的共同庇护下将社会与经济自由化结合起来的做法②，主张"在经过改革的国家机构中实行民主自治……在所有城市恢复公民身份，重建行会会馆，并恢复职业自律机构，包括地区性银行，从而建立一种为共同利益的政治"③。

"蓝色工党"对英国社会主义的理解及对克罗斯兰式民主社会主义的评价引发了激烈的辩论，有人认为它"对工党精英内部的经济和文化自由主义提出了发人深省而又富有争议的批评"④，而以布莱尔和彼得·曼得尔森等为代表的布莱尔主义者则对之进行了反击。⑤ 首先，"蓝色工党"主张要赢得大选胜利，应解决全球化带来的负面影响，反对资本过度扩张对工人阶级选民权利的侵害，要为工人阶级提供安全感。在布莱尔主义者看来，"蓝色工党"的这一主张过分强调前市场化，过于重视传统的工人阶级选民。其次，"蓝色工党"试图恢复工党劳工运动传统以指导工党未来发展的做法在现代社会是不现实的，是一种乌托邦式的遐想。再次，"蓝色工党"关于增加就业、重视家庭的政策以及对待移民的态度与极右翼的民族党的政策趋同，未能反映其作为左翼政党的激进性身份。最后，"蓝色工党"的理论过于抽象，既没有指导性原则，也没有提出合理的解决方案，不具有实践性。

此外，"蓝色工党"几乎没有涉及民族共同体应如何在现代世界中

---

① Maurice Glasman, "Labour as a Radical Tradition", in Maurice Glasman, J. Rutherford, M. Stears and S. White (eds.), *The Labour Tradition and the Politics of Paradox*, The Oxford – London Seminars and Soundings, p. 31.

② A. Pabst, *Introduction*, in I. Geary and A. Pabst (eds.), *Blue Labour: Forging a New Politics*, IB Tauris, p. 1.

③ Maurice Glasman, "Labour as a Radical Tradition", in Maurice Glasman, J. Rutherford, M. Stears and S. White (eds.), *The Labour Tradition and the Politics of Paradox*, The Oxford – London Seminars and Soundings, pp. 31 – 32.

④ M. Beech and K. Hickson, "Blue or Purple? Reflections on the Future of the Labour Party", *Political Studies Review*, Volume 12, 2014, p. 78.

⑤ 郑海洋：《英国工党内部左右翼斗争内涵探析》，《中共党史研究》2018 年第 5 期。

第五章 克罗斯兰社会主义思想对20世纪80年代以来工党现代化的影响

运行的问题,这种狭隘主义和孤立主义很容易招致指责。同克罗斯兰一样,他们几乎没有考虑英国与欧盟以及世界其他地区之间的关系。[1] 而对于"蓝色工党"关于工党不重视工人阶级的指责,实际的情况是不论在野还是执政时,工党的策略一直都是"试图满足这两个群体(指工人阶级和中间阶级——作者注),并找到保持工党传统自由主义的方法,同时应对选民在犯罪、移民、庇护以及恐怖主义等问题上的担忧。这是一个微妙的平衡,也许像工党这样的政党能做的最好的事情就是采取一系列妥协"[2]。实际上,布莱尔和布朗领导的"新工党""不仅仅是费边主义官僚技术统治和经济自由主义的混合体,而且是活跃的社群主义,强调互惠原则,平衡社会责任与社会权利","同时包含了都市自由主义和社群主义、爱国主义和国际主义,费边主义和分权主义等因素",强调社会义务和义务的重要性,采取强硬态度对抗犯罪、反社会行为和滥用福利制度行为,并同时恢复了"对社区的尊重"。[3]

实际上,通过否决克罗斯兰的民主社会主义,"蓝色工党"将工党推向一个与其多元政治传统背道而驰的狭隘立场,使其变得更为狭隘和排外。[4] 2011年7月,格拉斯曼在接受《每日电讯报》的采访时提到英国不应成为欧盟处理移民问题的前哨,应将本国人民的需求放在第一位,并建议应暂时禁止向英国移民。格拉斯曼的这一言论招致了批评,最终他不得不道歉。[5] 《新政治家》认为这一过于激进的、排外的移民观是"蓝色工党"的终结,埃德·米利班德也立马与之划清界限,称

---

[1] David. Runciman, "Socialism in One Country", *London Review of Books*, Volume 33 (15), 11 July 2011.

[2] J. Cronin, *The Ironies of New Labour*, Paper presented to What's Left of the Left Conference, Center for European Studies, Harvard University, 9–10 May 2010, Quoted from Patrick Diamond, *The Crosland Legacy: The Future of British Social Democracy*, Policy Press, 2016, p. 230.

[3] M. Beech and K. Hickson, "Blue or Purple? Reflections on the Future of the Labour Party", *Political Studies Review*, Volume 12, 2014, p. 84.

[4] Patrick Diamond, *The Crosland Legacy: The Future of British Social Democracy*, Bristol: Policy Press, 2016, p. 231.

[5] M. Beech and K. Hickson, "Blue or Purple? Reflections on the Future of the Labour Party", *Political Studies Review*, Volume 12, 2014, p. 80.

这一观点是格拉斯曼的个人观点，并不能代表工党。[①]

三 克罗斯兰社会主义思想对"全民国家"的影响

(一)"全民国家"的提出

"全民国家"是艾德·米利班德于 2012 年 10 月提出来的，号称要重建英国，使人人都能在社会中发挥作用，目标是建立"一个事关所有人，繁荣公平共享，命运休戚相关，人们共同努力、共同生活的国家"[②]。其主要内容包含经济、政治和社会三方面。[③]

经济方面，"全民国家"意在重建现有的只服务于少数社会顶层阶级的经济体制，使其为所有劳动人民服务。工党抨击卡梅伦政府对富翁减税的政策，支持工薪家庭，并承诺将采取措施降低家庭账单，减少家庭支出。主要措施包括：取消对百万富翁的减税政策，恢复工薪家庭的税款减免；对豪宅征收物业税，对中低收入者实行 10 便士的税率；促使大型能源公司和铁路公司降低价格，减少低收入家庭的支出。

社会方面，"全民国家"意图建立一个使每个阶层都能发挥作用并承担责任的社会。建议对那些在英国设立机构并盈利的大公司征收相应的税款，政府需帮助那些有能力工作的人和必须工作的人获得工作机会。

政治方面，"全民国家"指应使人民对民生政策的制定拥有发言权。工党应改变权力和政治的运作模式，使政治家为全体人民服务，重建人民对工党的信任。具体来说，就是要求所有社会阶层都负起对国家

---

① 参见李华峰、董金柱《英国工党理论与实践专题研究》，人民出版社 2017 年版，第 113 页。

② E. Miliband, "Speech to the Labour Party Conference", September 2012, See Patrick Diamond, *The Crosland Legacy*: *The Future of British Social Democracy*, Policy Press, 2016, p. 232.

③ 参见李华峰、董金柱《英国工党理论与实践专题研究》，人民出版社 2017 年版，第 117—118 页。

的责任：加强对包括能源公司和金融业等既得利益者的监管；进行经济体制改革，使经济体制为大多数劳动人民服务。

工党历史上曾有过三次大的危机，第一次是1931年第二届工党政府垮台、麦克唐纳加入国民政府，第二次是1979年工党大选失利、撒切尔主义胜出以及20世纪80年代初工党面临着被第三政党社会民主党取代的危险，第三次是全球经济危机后2010年工党大选失利。[1] 在米利班德看来，这是一次大胆变革的机会，"每一代人都会有这样一个时刻，现有的做事方式受到挑战。1979年有过这一时刻，1997年又发生了一次。现在也是这一时刻。"[2] 斯图尔特·伍德也认为"现在与20世纪70年代末类似：都是旧的制度安排衰竭的时刻，而这一次衰竭的是撒切尔政府建立的制度安排。这也是一个需要勇于大变革的政治家的时刻，米利班德领导下的工党的'全民国家'政策就是对这一挑战的回应，它要求以一种不同的方式组织我们的政治和经济生活"[3]。

（二）"全民国家"对克罗斯兰社会主义思想的继承和批判

与"新工党"和"蓝色工党"不同，"全民国家"积极接纳了克罗斯兰的思想遗产，强调克罗斯兰的思想遗产是工党的重要组成部分。作为"全民国家"的倡导者，艾德·米利班德在成为工党领袖之前就"在私下和公开场合都非常热情地谈论克罗斯兰，将之视为一位重要的、有影响力的知识分子"[4]。2006年，在庆祝《未来》出版50周年的纪念会上，艾德·米利班德发表演讲，提及克罗斯兰的思想。他还曾打算出版一本当代版的《未来》[5]，并计划与罗伊·哈特斯利编辑出版

---

[1] Jon Cruddas and Jonathan Rutherford, *One Nation: Labour's Political Renewal*, The Labour Party, 2014, p. 8.

[2] Patrick Diamond, *The Crosland Legacy: The Future of British Social Democracy*, Policy Press, 2016, p. 236.

[3] Jon Cruddas and Jonathan Rutherford, *One Nation: Labour's Political Renewal*, The Labour Party, 2014, p. 14.

[4] Patrick Diamond, *The Crosland Legacy: The Future of British Social Democracy*, Policy Press, 2016, p. 232.

[5] G. Eaton, *We Will Ever See a Thatcher of the Left*, New Statesman, 26 February 2015.

一本关于克罗斯兰遗产的著作,虽然这一计划后来并未完成,但米利班德仍被认为是"工党内部克罗斯兰主义的继承者"。①

"全民国家"认可克罗斯兰《未来》中根除不平等的思想。在他们看来,克罗斯兰的政治愿景具有惊人的"全民国家"特质,因为其"社会主义的目的很简单,就是要消除这种阶级意识,并代之以共同利益和平等地位的意识"。②相对于通过经济改革实现生活水平和机会的平等,克罗斯兰更强调公民通过公共机构共同生活的重要性,坚持"社会心理"措施可以把个人聚集在一起,共享生活,而不考虑阶层背景,这也与"全民国家"之间具有天然的亲近性。而要改变公民之间的"社会心理"关系,克罗斯兰分别从三方面进行了设想。③首先,克罗斯兰意图终结学校里的"社会等级制度",虽然他自己也作了很多努力,但这一任务仍未完成。这一问题是"新工党"关心的问题,也是米利班德领导下的工党关心的问题。另外两个设想是财富和企业主与员工间的关系问题,他希望企业主和员工之间的关系能从敌意转为共同努力,而这也是米利班德"全民国家"政治议程的核心。其次,二者都认可北欧的社会民主主义,认为瑞典的做法值得效仿,因为其在接受全球化的同时又致力于平等的公民身份和社会福利。

克罗斯兰对米利班德"全民国家"的影响集中体现在彼得·海恩的《回到社会主义的未来》一书中。作为米利班德的盟友,海恩在这本书中利用克罗斯兰的政治和经济分析,考察了金融危机后工党的学说和纲领,试图为米利班德的"全民国家"愿景提供实质内容,并在书的结尾引用已故记者杰弗里·古德曼的话表达了对工党未来的乐观态度和对克罗斯兰的推崇之情:"一个复兴的、充满活力的工党仍然有能力证明耶利米是错的,它仍然能够承托人们的希望和梦想,走向一个体面的、更平等和更公正的社会,而这,正如奈·贝文和克罗斯兰一致认为

---

① Patrick Diamond, *The Crosland Legacy: The Future of British Social Democracy*, Policy Press, 2016, p. 50.
② A. Harrop, *Crosland and One Nation*, The Fabian Review, Fabian Society, 2015.
③ See A. Harrop, *Crosland and One Nation*, The Fabian Review, Fabian Society, 2015.

的，才是社会主义思想的真正意义所在。"①

海恩坚称工党应在克罗斯兰思想遗产的基础上提出真正替代紧缩的方案。克罗斯兰一直反对削减公共支出和缩减经济发展，但其在经济管理方面备受争议。威尔逊及威尔逊—卡拉汉工党政府一直努力建立经济信誉，但最终仍被迫紧缩经济以纠正国际收支赤字，并在油价震荡和全球经济衰退之后被迫削减公共支出，英镑贬值，最终危及战后一直优先考虑的充分就业和社会福利。2008 年的金融危机严重冲击了英国经济，使英国"成为整个欧盟内财政危机最为严重的国家之一"②，2010 年后，英国仍是发达国家中经常项目赤字最高的国家之一。据国家货币基金组织，2010 年英国的财政赤字占 GDP 的比例为 11.4%，是欧盟成员国中赤字最高的国家③，尤其容易受到全球冲击。在这样的情势下，要维持克罗斯兰关于社会民主主义的愿景，即高而稳定的公共支出是不现实的。

尽管米利班德赞同克罗斯兰强调平等的伦理重要性，但"全民国家"对工党的修正主义传统仍持谨慎态度。"全民国家"的目标是推翻 20 世纪 90 年代建立的"新工党"的正统说教，确立一种不同于布莱尔和布朗的中左派立场，但它对英国的社会学基本没有兴趣，如它没有分析英国的新阶级结构，也回避民族认同和文化问题。更甚者，米利班德仅在口头上支持建立一个更平等的社会，而不愿冒任何政治风险，他"对于成功人士的巨额财富问题的解决方案仍然犹豫不决"④。海伦·汤姆普森也认为"米利班德的政治语言是危机话语以及进行经济结构改革以减少不平等的迫切需要……然而，他迄今提出从豪宅税到冻结能源价格的所有政策都没有任何实质性的举措，都称不上是激进的、旨在解

---

① Peter Hain, *Back to the Future of Socialism*, Policy Press, 2015, p.318.
② 李华峰、董金柱：《英国工党理论与实践专题研究》，人民出版社 2017 年版，第 106 页。
③ 王涛：《英国经济面临财政赤字难题》，《经济日报》2010 年 5 月 12 日；转引自李华峰、董金柱《英国工党理论与实践专题研究》，人民出版社 2017 年版，第 106 页。
④ David Lipsey, *The Meritocracy Myth—What Ever Happened to the Old Dream of A Classless Society?*, New Statesman, 26 February 2015.

决严重错误的经济计划"①。

"全民国家"也批判了20世纪五六十年代修正主义策略的缺陷，认为它对英国经济的生产能力过于乐观。此外，米利班德的"掠夺性和生产性的资本主义"这一概念也与克罗斯兰提出的资本主义已发生转变的"后资本主义"论背道而驰。

米利班德领导下的工党自身也有缺陷。他们提议废除免费学校和学院，刻意控制能源价格，对媒体采取国家管控，抵制公共服务供给的垄断行为，从而陷入了旧式的官僚费边主义。② 而且，"全民国家"的选举策略建立在由传统的工党支持者、左倾的自由民主党以及混杂的绿党和前民族主义者选民组成的狭隘联盟的基础之上，正是这一选举策略导致工党2015年大选成为自第一次世界大战以来工党最严重的惨败之一。③

克罗斯兰修正社会主义号召工党以一种独创的思维方式在丰裕社会中建立基础广泛的吸引力，而米利班德未能正视英国社会民主主义面临的政治和经济现实，即：对于提高生活水平和为工党实现雄心壮志提供资源来说，一个充满活力的私有部门是必要的。从这一点上说，"全民国家"与克罗斯兰的社会主义思想相去甚远。

本章小结

克罗斯兰为工党现代化和"新工党"的崛起提供了起点。"新工党"被定义为新修正主义事业，取得不菲成就，在1997年、2001年和2005年连续三次获得议会多数席位，但这并不意味着当下工党应回归

---

① Helen Thompson, "Post–Crisis, Post–Devolution Politics and the Mansion Tax", *Political Quarterly*, Volume 86 (1), January–March 2015.

② D. O'Leary, "Something New and Something Blue: The Key to Labour's Future", *New Statesman*, 21 May 2015.

③ Patrick Diamond, *The Crosland Legacy: The Future of British Social Democracy*, Policy Press, 2016, p. 238.

第五章　克罗斯兰社会主义思想对 20 世纪 80 年代以来工党现代化的影响

"新工党"模式。世界在前进，社会民主主义面临的挑战已不同于 20 年前塑造"新工党"第三条道路时。经济方面，非通货膨胀持续增长的美好十年已让位于实际工资下降和生活水平下降的严峻十年，经济长期停滞的威胁笼罩着西方经济大国。[①] 政治方面，保护和加强个人权利的政治自由主义概念重新塑造了社会，对代议制民主的疏离和不信任破坏了既有的政党制度，民粹主义政党的崛起又加剧了此种状况。社会方面，20 世纪 60 年代和 70 年代英国以阶级和社区为中心的群体忠诚和身份的弱化使工党面临着新的挑战，民众的团结意识、公共归属感和相互依赖感削弱。在这种背景下，社会民主党必须进行新的修正，使政策适应后工业经济和社会环境的变化。

克罗斯兰的社会主义与"新工党"、蓝色工党及"全民国家"多有不同之处。"新工党"在选举上是务实的，主要受民意和选举能力的动态变化驱动，"蓝色工党"否认修正主义是工党自由主义传统的一部分，"全民国家"虽然接受了克罗斯兰的遗产，但未系统分析英国社会不断变化的社会和文化图景。克罗斯兰认为英国左派应重新发现其自由主义的传统根源，而这与社群主义的社会主义愿景格格不入。尽管如此，上述三者都从克罗斯兰的分析中得出重要的概念，克罗斯兰也因此深刻影响了工党。

克罗斯兰承认如果工党想继续扮演路标角色，它就必须与时俱进。克罗斯兰不是 20 世纪唯一的修正主义者，战后一代如唐尼、德宾、道尔顿和盖茨克尔发展了修正主义的方法，罗伊·哈特斯利等实践型思想家也试图阐明一种新的社会民主愿景。在整个 20 世纪，包括 80 年代初那段黑暗的日子里，修正主义者一直在重塑工党，以适应不断变化的时代。因此，尽管存在局限和不足，"工党的修正主义传统仍是是丰富而强大的"[②] 这一说法仍然令人信服。

[①] Andrew Gamble, *Crisis Without End? The Unravelling of Western Prosperity*, Basingstoke: Palgrave Macmillan, 2014.

[②] R. Philpot, *Introduction*, in R. Philpot, *The Purple Book: A Progressive Future for Labour*, London: Biteback, 2011, p. 12.

第六章

克罗斯兰社会主义思想评析

以资本主义发生新变化的"后资本主义"论为理论预设，克罗斯兰区分了目标与手段，将战后英国社会主义重新界定为慷慨的社会福利和更高程度的社会平等的价值追求，实现社会主义的手段不是人们通常认为的国有化或计划化，而是教育改革和政府运用财政、税收等手段对财富进行再分配。这些论断既有合理性，也有局限性。即便如此，克罗斯兰的社会主义思想对英国工党以及整个欧洲社会民主主义运动都有着持续而深远的影响，仍具有当代价值。但同时也应看到，克罗斯兰将社会主义定义为平等的思想、否定消灭资本主义私有制这一科学社会主义的基本原则，是非科学的。

一 克罗斯兰社会主义思想的合理性

（一）改变了工党对社会主义的认识

克罗斯兰的社会主义致力于实现平等，激发了战后英国工党关于平等本质的争论。在他看来，机会平等意味着所有人，不论阶级和职业结构，都能凭借才能获得提升，结果平等则确保可支配性收入和资源的分配符合社会公正的基本原则。鉴于克罗斯兰将平等视为首要价值，因此他在《未来》《当代社会主义及其他》和其他的小册子中广泛地讨论了平等，人们认为他提炼了平等对于工党的意义，"以一种可接受的方式定义平等,从而为平等赋予了实质内容"①,是迄今为止"对民主社会主义的价值做的最具说服力、最雄辩、最全面的阐述"②。克罗斯兰的平等和福利思想建立在艾德礼政府的执政成就之上。因为严格地将社会主义与国家计划和国有化联系在一起,工党在 20 世纪 50 年代初就迷失了方向,在推动建设更平等社会方面进展甚微,而克罗斯兰关于社会主义就是平等而不是中央计划的论断就像一道真理的闪电,对工党政治学说具有深远影响。

虽然克罗斯兰的平等观受到新右派和党内左派的抨击,当今经济、社会和国家环境的变化又使人们怀疑克罗斯兰社会主义思想与当代英国的相关性,但对工党来说,他比战后其他理论家们更清楚地说明为什么平等而不是公有制才是工党意识形态的核心,国有化不再是促进社会公正和大众利益的最有效手段。他论证了机会平等是不够的,只有追求多方面的平等个体才会自由,社会才会更公正。正如布朗所言,克罗斯兰对于通过变革提升个人自由、社会满足和公平正义的坚定信念,对于通过社会福利和社会平等的强调,对于社会主义的重新阐释,即社会主义既不是国有化,也无关国家控制,而关乎人的尊严,关乎个人自我实现的平等权利等价值的倡导是其最伟大而不朽的贡献,这也使《未来》成为自 1956 年以来,任何关于社会平等政治学的讨论的起点。③

(二)促使工党重新认识社会主义与国有化之间的联系

在把社会主义视为一种价值和理想之后,克罗斯兰不仅放弃了社会主义等于国有化的传统主张,还把国有化降级为实现社会主义的手段之一,而且还不是最重要的手段。虽然对国有化的重新认识是基于艾德礼政府的国有化政策困境所作出的反应,但在当时仍具有远见性。早在

---

① See Patrick Diamond, *The Crosland Legacy: The Future of British Social Democracy*, Policy Press, 2016, p. 54.
② Dick Leonard, *Crosland and New Labour*, Macmillan, 1999.
③ [英]安东尼·克罗斯兰:《社会主义的未来》,轩传树等译,上海人民出版社 2011 年版,布朗序,第 2 页。

1918年，工党就把公有制和国有化写入党章第四条中，但直到第一次世界大战后工党才在艾德礼的领导下首次以执政党的身份将这一纲领和政策付诸实践。这一实践将工党与国有化紧密联系起来，也强化了公有制与国有化是社会主义本质这一观点。但与此同时，国有化自身凸显出很多消极问题。虽然初期国有化对英国经济增长有明显的推动作用，但随着私营企业技术改造的完成和竞争力的增强，国有化和国有企业在推动经济增长中的作用越来越有限，而由其引起的财政负担则越来越重。而且，实践证明，在资本主义社会中，国有企业在经济效率和促进平等方面并不比私有企业更有优势，没有消除不劳而获的收入的存在。所有权在私人手中固然危险，但在公共手中也可能依然是危险的，更重要的是，资本主义也可以实现并维持充分就业。由此，克罗斯兰指出，虽然所有制会对社会特征产生影响，但绝不是决定性的影响，它并不比工业的管理机构、工会的实力、社会总趋势等其他因素更重要，工党应"实现一个完全混合所有制的社会——一个具有多样的、分散的、多元的、不同质的所有制形式的社会"①。这一观点剥离了工党、社会主义与所有制和公有化之间的必然内在联系，有力地论证了克罗斯兰社会主义观的必要性和合理性。

克罗斯兰并不反对公有制本身。实际上，作为曾经的工党政府大臣，他曾试图将租赁的房产归为市政，并接管开发用地。但同时他也坚信公有制在本质上并不优于私有制，谁优于谁完全取决于能否最大程度地促进民主社会主义目标的实现，这些目标既包括与其他政党共同的目标，如促进国家繁荣，也包括民主社会主义者所特有的目标，如促进平等。

二 克罗斯兰社会主义思想的局限性

克罗斯兰是工党杰出的修正主义理论家和政治家，《未来》也被视

---

① [英]安东尼·克罗斯兰：《社会主义的未来》，轩传树等译，上海人民出版社2011年版，第323页。

为工党修正主义的圣经,但这本书在获得广泛肯定和赞扬的同时,也引发了激烈的争论。因为基于变化了的社会、政治现实的分析挑战和重塑了原先在工党内部占主导地位的政治叙事方式,克罗斯兰本身也招致了批评。克罗斯兰社会主义思想本身也具有局限性,主要体现在其关于社会、经济和国家的分析方面存在着缺陷与不足。这种缺陷和不足一方面来源于他对二战后英国政治制度和机构过于乐观,另一方面源于其学术观点的内在弱点。

(一) 对英国政治制度和机构过于乐观

克罗斯兰一直对英国的政治制度和政府机构持乐观态度,认为一旦社会主义者通过民主选举获得权力,就完全控制了国家,有能力实施有效的社会改革,但他从来没有面对过如何在执政过程中实现工党计划中设定的目标这一基本问题,也不关心地方机构权力不断下降的合法性。包括马昆德和麦金托什在内的改革派国会议员们也强调了克罗斯兰策略的不足之处,即未能解决国家的弱点以及由于国家相对衰落而加快的英国旧制度的瘫痪。在他们看来,英国经济恶化的原因在于英国管理机构的固有弱点以及未能建立一个如战后欧洲大陆国家的发展型国家。[1]

(二) 学术观点具有内在弱点

在资本主义发展和经济增长问题上,克罗斯兰过分夸大了资本主义市场经济的弹性和未来的发展潜力。他自信地声称英国已解决经济发展这一长期存在的问题,经济发展不再是社会主义的首要任务,因此不应根据经济领域的表现判断工党政府的表现,但实际上正是战后工党政府在经济管理方面的糟糕表现威胁到工党作为权力竞争者的地位。他对英国经济问题的过于乐观也让人怀疑其对于当代社会的意义。在克罗斯兰看来,英国社会已经克服了传统资本主义的弊端和固有矛盾,可以在不改变社会性质的条件下实现经济的持续增长,继而实现财富公平分配、

---

[1] H. Pemberton, "Relative Decline and British Economic Policy in the 1960s", *The Historical Journal*, Volume 47, No. 4, 2004.

充分就业等直接目标,最终实现社会主义的终极目标。但20世纪60年代后期英国经济开始进入滞涨时期,表明克罗斯兰之前对英国经济形势的估计太过乐观。经济增长观点是克罗斯兰社会主义思想中的重要观点,它意味着克罗斯兰"承认资本主义已经解决了积累问题",既然资本主义能够促进经济增长,那社会主义就可"适可而止",转而关注公平分配问题。也就是说,在克罗斯兰看来,经济增长意味着可以"在取消消灭私有制的斗争的情况下,实现财富分配"。①

此外,克罗斯兰很少关注二战后困扰英国经济的外部问题,未能认识到国内经济受国际力量影响这一客观事实,这意味着他低估了国际收支平衡和英镑平价的挑战。在《未来》的前言中,他轻松地宣称不会考虑英国以外的世界,因此自然也未能预料到市场资本主义可能会变得更加金融化和全球化,也可能会变得更加贪婪和不稳定。制定了重新分配的策略,却没有相应的生产和增长模式,正是《未来》中体现出的战后社会民主主义的局限性。

在克罗斯兰的著作中,平等天然具有重要性,他摒弃了传统的国家控制工业和国有化,为修正后的社会主义概念提供了伦理和道德上的启示,但克罗斯兰的分析并没有解决困扰社会民主主义半个世纪之久的问题,即是什么的平等。是机会的平等?还是结果的平等?他只是总结出仅有结果平等是不够的。20世纪70年代早期,克罗斯兰转向罗尔斯,借用了罗尔斯的"民主的平等"这一概念,但这并没有他的平等主义提供原创的理由。他也从未致力于发展平等的道德观点,怀疑是否能够通过说服而改变公民的价值观,将自己的角色定位于经济技术人员而不是道德家。②

工党20世纪六七十年代的执政环境和困境限制了社会民主主义者对平等的追求,八九十年代撒切尔政府鼓励从战后制度安排的平等主义

---

① [英]唐纳德·萨松:《欧洲社会主义百年史:20世纪的西欧左翼》(上),姜辉、于海青、庞晓明译,社会科学文献出版社2013年版,第281页。

② David Marquand, "Moralists and Hedonists", in A. Seldon and D. Marquand (eds.), *The Ideas That Shape Postwar Britain*, London: Fontana, 1996; J. Nuttall, *Psychological Socialism: The Labour Party and Qualities of Mind and Character*, 1931 to the Present, p. 10.

原则向新个人主义转变,这些实践证明克罗斯兰在英国向平等主义理想转变这一问题上过于乐观。克罗斯兰的支持者曾指责"新工党"为了获得选举胜利而抛弃了工党致力于平等的承诺,实际上到 70 年代末,工党的平等主义价值观似乎已越来越陈腐。但在萨松看来,这种乐观主义对于"作为启蒙运动及其理性主义传统的继承者"的左派来说是必然要运用的一种意愿,因为"为了继续作为一种重要的政治力量而存在,左翼必须坚持'情况会变得更好'的信念"①。虽然这种信念有可能是不现实的,但它是人们应坚持的,因为"如果没有这种秉持进步信念、相信事情会不断变得更好、认为人类的苦难会不断减轻以至消除的政治运动的话,这个世界会变成什么样子呢?"②

重新认识国有化的地位和作用是克罗斯兰社会主义思想的重要内容之一,实际上,克罗斯兰对国有化的认识也具有局限性。国有化政策并不是左派所特有的一种社会主义政策,克罗斯兰出于实现现代化、计划化、消灭私人垄断、保证就业、实现更多的投资和更多的社会支出等原因支持国有化,但这恰恰也是非社会主义者曾引用的支持国有化继续存在的理由,因此可以说克罗斯兰"蓄意抹杀了在社会主义和非社会主义者思想之间苦心营造的界限"③。而更本质的结论是,国有化并没有如社会主义者认为的能使公有制这一最类似于社会主义的财产关系形式变得更近,相反地,它可能是"资本主义现代化及合理化的一个工具",因为它"抑制了成本,提高了生产力,促进剩余劳动的消化吸收",而"一个极富效率、利润可观的资本主义体系,能够使福利国家、收入再分配以及所有人获得更多的社会机会成为可能,但它不会使作为目的状态的社会主义离我们更近"。④ 从这一点上来说,不管克罗

---

① [英]唐纳德·萨松:《欧洲社会主义百年史:20 世纪的西欧左翼》(上),姜辉、于海青、庞晓明译,社会科学文献出版社 2013 年版,第 884 页。
② [英]唐纳德·萨松:《欧洲社会主义百年史:20 世纪的西欧左翼》(上),姜辉、于海青、庞晓明译,社会科学文献出版社 2013 年版,第 884 页。
③ [英]唐纳德·萨松:《欧洲社会主义百年史:20 世纪的西欧左翼》(上),姜辉、于海青、庞晓明译,社会科学文献出版社 2013 年版,第 277 页。
④ [英]唐纳德·萨松:《欧洲社会主义百年史:20 世纪的西欧左翼》(上),姜辉、于海青、庞晓明译,社会科学文献出版社 2013 年版,第 193 页。

斯兰在多大程度上反对或支持国有化，他都未能真正认识到国有化与社会主义的真实关系，即国有化或公有制并没有拉近与社会主义的距离，而只是提高了资本主义的经济效率。

此外，克罗斯兰的著作中很少提及性别、女性主义以及合法性和认同等影响新左派并最终塑造了20世纪90年代"新工党"的议题。伦纳德也曾提过除了忽略国际事务、殖民主义的结束以及海外援助之外，《未来》的缺陷在于未能提及"性别以及后来人们所认为的绿色问题"①。丽塔·德赛认为以克罗斯兰为代表的英国战后修正主义的这一缺点显示了英国文化的社会学缺陷，即主要集中在经济问题而忽略了政治权威和权力问题。② 当然，我们不能过分苛责于他，毕竟90年代整个英国乃至世界的大环境已经发生了巨大的变化，克罗斯兰不太可能超越时代限制而预料到那些塑造90年代的新议题。

三　应客观评价克罗斯兰的社会主义思想

（一）影响英国社会民主主义思想的发展

20世纪初英国工党以理想主义面目示人，但在通过渐进改革实现自身理想方面它又是务实的，不重视理论，道尔顿就曾感叹工党从著作中借鉴的比从口头上借鉴的少，从系统化的思想中借鉴的比从经验行动中借鉴的少③，理查德·克罗斯曼也说过1945年之后的工党"迷失方向了，不是因为它没有地图，而是因为它认为对于经验丰富的旅行者来说，地图是没有必要的"④。工党对理论的漠视也致使选民对其意识形态和政治思想的认识很模糊。有数据表明，1951年到1959年间，不知

---

① ［英］安东尼·克罗斯兰：《社会主义的未来》，轩传树等译，上海人民出版社2011年版，导言，第7页。
② Rita Desai, *Intellectual and Socialism*, Lawrence and Wishart, 1991, pp. 81–82.
③ Dalton, *Practical Socialism for Britain*, George Routledge & Sons, Ltd., 1936, p. 17.
④ R. Crossman, "The Diaries of a Cabinet Minister", Volume 1, Mandarin, 1991. See Patrick Diamond, *The Crosland Legacy: The Future of British Social Democracy*, Policy Press, 2016, p. 2.

道工党主张什么的受访者比例从14%上升到了25%。① 缺乏理论的指导也是英国社会主义发展的一大缺陷："如果用一句话来说明英国社会主义的问题，那就是它没有理论的指导"②，恩格斯也曾评论过"英国工人运动发展缓慢的主要原因之一是对理论的漠视"③。克罗斯兰在本质上是同意这一观点的，他反对工党对学说和理论的偏见，认为若工党要成为权力的有力竞争者，连贯的身份和执政纲领是必要的。

考虑到盛行于英国社会主义发展和工党政治运动中的实用渐进主义和反对理论的偏见，《未来》对英国社会民主主义思想发展的作用是变革性的。正如摩根所言，"自20世纪50年代中期以来，英国——或许任何一个国家——都没有过关于社会主义学说的重大陈述"④，这更凸显出克罗斯兰自二战以来对工党和英国社会主义思想发展影响的持久性。克罗斯兰关于社会主义的目标是福利和平等、国有化只是实现社会主义目标的手段之一的论断引发了工党内部关于社会主义目标的半个多世纪的争论，影响了从50年代到90年代工党及工党政府的竞选纲领、执政理念和施政政策，并导致了布莱尔"第三条道路"理论的提出，最终实现了工党的转型。

（二）影响战后欧洲其他社会党的选择

克罗斯兰对社会主义价值目标的强调也影响了战后欧洲其他社会党的选择。《未来》在欧美引起了很大反响，是最早全面论述民主社会主义的经典著作，甚至被称为与1959年德国社会民主党哥德斯堡纲领齐名的社会主义的里程碑⑤，是欧洲社会党人在经济方面经常引证的文本

---

① Anthony Crosland, *The Conservative Enemy*, Jonathan Cape, 1962, p. 149.
② Cited in Brian Harrison, *Seeking a Role: The United Kingdom 1951-70*, Oxford University Press, 2009, pp. 445–446.
③ See Patrick Diamond, *The Crosland Legacy: the Future of British Social Democracy*, Policy Press, 2016, p. 3.
④ Kenneth Mogan, *Ages of Reform: Dawns and Downfalls of the British Left*, IB Tauris, p. 145.
⑤ 谢宗范：《凯恩斯、熊彼特、克罗斯兰的民主社会主义思想剖析》，《上海社会科学院学术季刊》1990年第4期。

之一。① 他的"后资本主义"论为西欧社会民主党在战后资本主义日趋繁荣的 20 世纪五六十年代摆脱传统思想的束缚,推行以实现社会福利、平等和无阶级的民主社会主义目标提供了新的理论依据;他的关于"政治自由民主、混合经济、福利国家、凯恩斯主义经济学和平等信念"等原则为欧洲社会党所赞同和坚守;② 他关于社会主义价值原则的论述也为战后欧洲民主主义由制度社会主义向价值社会主义的转变提供了理论基础,《未来》也被誉为"战后社会主义理论最重要的贡献"③。以同时期的德国社会民主党为例,1959 年 11 月通过的《哥德斯堡纲领》将公有制视为一种非必要手段,而对生产资料私有制则要保护和促进,同时强调现代国家可以通过税收、货币和信贷制度等方面的决策实现对经济活动的影响。而且,在纲领的一开始,它就明确指出自由、公正、团结互助是民主社会主义的基本价值,社会民主党追求的就是"一个体现这种基本价值精神的生活制度"④,所有这些观点都与克罗斯兰的经济思想和基本观点如出一辙。

(三) 对当下工党政治仍具有重要意义

虽然当今的社会形势与国际环境已与克罗斯兰所处的 20 世纪五六十年代大不相同,但对于工党,克罗斯兰仍是一个常常提起的名字。在《未来》的序中,布朗提到第一次阅读克罗斯兰的著作时,印象最深刻的是克罗斯兰"对社会不公的深恶痛绝,对经济机会洪沟以及低水平社会流动等不公平现象的满腔愤怒"⑤。2015 年工党大选失败之后,《金融时报》曾刊文称如果工党要重新成为英国政治权力的有力竞争者,需要"重新重视如托尼·克罗斯兰等人倡导的现代化对工党的推

---

① 转引自杨光斌《安东尼·克罗斯兰和他的〈社会主义的未来〉》,《国际共运史研究》1988 年第 5 期。
② [英] 威廉·佩德森、阿拉斯泰尔·托马斯编:《西欧社会民主党》,林幼琪等译,上海译文出版社 1982 年版,第 3 页。
③ 转引自杨光斌《安东尼·克罗斯兰和他的〈社会主义的未来〉》,《国际共运史研究》1988 年第 5 期。
④ 张世鹏:《德国社会民主党纲领汇编》,北京大学出版社 2005 年版,第 70—76 页。
⑤ [英] 安东尼·克罗斯兰:《社会主义的未来》,轩传树等译,上海人民出版社 2011 年版,序,第 2 页。

动力"①，科根更是盛赞"克罗斯兰的杰出之处在于他不仅是一位最高水平的学者，还在整个政党政治和结构中发挥了重要作用……克罗斯兰是独一无二的——他的学识、他的将学识直接用于政策的决心、他在长篇大论中展开论证的能力……这些都是独一无二的"②，《未来》中的"很多概念已经成为通用的表达，以至于使用它们的人很少知道它们的起源"③。

我们应从两方面来看待英国工党对克罗斯兰的迷恋。一方面，克罗斯兰清晰、有活力的思想使他成为最伟大的社会主义理论家之一，其作品也受到追捧；但另一方面，对克罗斯兰思想的借鉴和推崇也说明工党内部缺乏后续的理论家，而"'新工党'的批评者和支持者都执迷于克罗斯兰的理论，暴露了二者对工党身份的不确定性"④。

即便如此，克罗斯兰对于当下的英国工党政治仍然具有重要意义，原因在于他在主张将政治原则与政治权力结合起来的同时，还留下了一种在新社会中践行社会民主政治的方法论。一方面，他强调工党必须适应社会的变化，但政治原则和政治权力之间并没有内在的冲突，工党可以在不放弃核心信念的前提下，通过民主的竞选程序上台执政；另一方面，他主张制度手段与意识形态目的的分离，强调这是修正主义的必要条件。他认为工党必须永远以一个以阶级为基础的社会主义政党的身份，又必须以一个真正无阶级社会的名义，成为全国性政党来赢得选民支持。他强调社会主义是一种道德事业——不仅仅是物质产品的生产和分配，还必须提高个人享受和自我实现的权利。他认为工党必须要充分理解英国社会和文化变化的复杂性，并积极地接受和适应这些变化，这种现实主义意味着工党应接受社会的变革和丰裕，即让工党适应社会而不是社会适应工党。

---

① *Labour Needs an Honest Debate About Tony Blair*, The Financial Times, 10 June 2015.
② Maurice Kogan, "Anthony Crosland: Intellectual and Politician", *Oxford Review of Education*, Volume 32（1），2006，pp. 71 – 86.
③ Dick Leonard, "Introduction", in D. Lipsey and D. Leonard（eds.）, *The Socialist Agenda: Crosland's Legacy*, Jonathan Cape, 1981, p. 1.
④ Mark Wickham‑Jones, "The Future of Socialism and New Labour: An Appraisal", *Political Quarterly*, Volume 78（2），2007，p. 224.

当前，全球化、移民、环境变化、高失业率以及阶级的普遍衰落，尤其是工人阶级数量的减少，都需要社会主义者们评估这些变化带来了多大的影响，以及这些变化对民主社会主义究竟意味着什么。工党连续三次大选失利后不仅面临着目标危机，还面临着选举危机。如何在当前变化了的社会、经济以及政治环境下兼顾选举与社会主义目标是当代工党社会主义者面临的难题。克罗斯兰坚持根据社会变化重新思考和调整策略，认为价值才是永恒，政策根据特定的历史时期而改变。而对于工党应如何调整策略以适应物质丰裕、消费增加、追求个人自由的社会这一问题，克罗斯兰的回答是：工党永远不可能作为保守党取得成功，英国的社会民主主义必须成为激进的改革力量，工党必须克服其学说的陈腐性和策略的模糊性，确保激进的人道主义、社会公正和个人自由得以发扬光大。所有这些都是他赋予英国工党和当代民主社会主义政党最宝贵的精神遗产和根本启发。也正因为如此，有学者指出自《未来》发表60多年来，克罗斯兰的分析仍是评价工党政治思想的基准，他的战略和政治学仍是判断工党思想和领导能力的重要参考点。①

（四）从科学社会主义的角度看克罗斯兰社会主义思想的非科学性

作为欧洲左翼政党的主流意识形态和社会运动，无论从历史来看还是从现实来看，克罗斯兰所代表的民主社会主义都与科学社会主义有着千丝万缕的联系，并在历史上发挥过积极的作用。从历史上来看，民主社会主义思潮是众多社会主义流派中的一种，并曾与共产主义、科学社会主义基本属于同义词，只不过后来随着伯恩施坦修正主义思潮的兴起，民主社会主义逐渐成为改良主义的同义词，并逐渐与科学社会主义分道扬镳，成为两种不同的政治思潮与社会运动，"并在此后的大半个世纪中经历了从对立到合作，再到对立、对话与合作的复杂关系"②。

---

① Tony Wright, *Wither Labour：Seeking Reinvention and a Realistic Radicalism*, Juncture, Institute of Public Policy Research, 2015.
② 蒋锐：《对当代社会民主主义的几点认识》，《当代世界社会主义问题》2008年第4期。

在当代，民主社会主义和科学社会主义同属于左翼阵营，对于科学社会主义来说，当今的社会民主主义是科学社会主义可以借鉴和联合的主要力量，以共同批判和改造当代资本主义，推动世界社会主义运动的发展与进步。

但是，需要明确的是，克罗斯兰所代表的社会民主主义与科学社会主义是有着本质区别的。在《共产党宣言》中，马克思、恩格斯明确提出："共产主义的特征并不是要废除一般的所有制，而是要废除资产阶级的所有制。但是，现代的资产阶级私有制是建立在阶级对立上面、建立在一些人对另一些人的剥削上面的产品生产和占有的最后而又最完备的表现。从这个意义上说，共产党人可以把自己的理论概括为一句话：消灭私有制。"① 这是科学社会主义的基本原则，也是"区别一切非马克思主义、共产党与非共产党、科学社会主义与其他社会主义的试金石，是传统社会民主主义与马克思主义渐行渐远并最终分道扬镳、蜕变为社会改良主义的一个主要参照"②。当代社会民主主义放弃了从制度上代替资本主义的激进立场，甘做资本主义病床前的护士，通过局部改良延长资本主义的生命。在价值追求上，它们也越来越趋于中立化，除了追求自由、公正和团结互助等传统价值追求，它们也追求如民主、人权、和平、环保这些不具有明显政治指向与内涵的中性价值目标。

克罗斯兰虽然赞赏马克思的才智和自我牺牲、无私奉献的行为，但他断言马克思的预言"几乎毫无例外地没有得到证实；他的概念工具，现在也已不合时宜了"。实际上，克罗斯兰的社会主义思想都是以马克思主义为参照的，"是透过马克思的理论霸权和马克思主义在组织上的主导地位的棱镜来考察社会主义发展的"③。无论如何，马克思主义的历史进步概念经得起任何修正主义的挑战，也是社会民主主义不可或缺的组成部分。以克罗斯兰为代表的英国修正主义者仅仅"冲淡了"马

---

① 《马克思恩格斯选集》第 1 卷，人民出版社 2012 年版，第 414 页。
② 赵明义、蒋锐、臧秀玲等：《中国特色社会主义与相关"主义"比较研究》，人民出版社 2017 年版，第 398 页。
③ See David Reisman, *Crosland's Future: Opportunity and Outcome*, Macmillan Press Ltd., 1997, p. 9.

克思主义,并没有取得任何重要的理论进展,没有建立起新的理论框架①,这是克罗斯兰社会主义思想的一大理论缺陷。

马克思主义基于对资本主义的科学认识,认为资本主义无法克服其固有矛盾,自然无法实现经济的持续增长,但他们相信不可避免的社会进步,即资本主义必将被更先进的社会主义取代。克罗斯兰认为当时的英国社会已经克服了传统资本主义的弊端和固有矛盾,可以在不改变社会性质的条件下实现经济的持续增长,继而实现财富公平分配、充分就业等直接目标,最终实现社会平等这一社会主义的最终目标,也就是说,他承认资本主义条件下经济的持续向上发展而不相信社会的持续向上发展,即"相信资本主义的发展实力,却对社会进步也就是社会主义取代资本主义的不可避免性提出了质疑"②,这是克罗斯兰社会主义思想的一个悖论。

更重要的是,克罗斯兰社会主义思想漠视资本主义社会中的阶级斗争,否定消灭资本主义私有制这一科学社会主义的基本原则,是非科学的。马克思主义认为,由于剩余价值规律和竞争规律,资本会越来越集中和垄断,工人阶级受剥削程度会逐步加深,工人阶级也会越来越贫困,最终,工人阶级将联合起来反抗资本主义,消灭资本主义私有制。无产阶级与资产阶级之间的对立是由资本主义的经济条件导致的,只要存在资本主义,就会存在剥削阶级和被剥削阶级,它们之间的对立是根本的,代表着资本主义生产方式中的冲突,是不可调节的。克罗斯兰基于当时英国经济发展状况,认为资本主义经济持续扩张带来工人阶级生活水平提高,管理革命产生的经理阶层使英国各阶级进一步分化,股份制使更多的工人参与公司运作,从而减弱了阶级对抗,阶级关系得到缓和,最终得出可以在无须消灭资本主义私有制的斗争的前提下实现社会主义的观点。这一观点夸大了资本主义的新变化,未能认识到资本主义的生产关系和阶级关系并未发生本质的改变,从而否定了阶级斗争在实

---

① 参见〔英〕唐纳德·萨松《欧洲社会主义百年史:20世纪的西欧左翼》(上),姜辉、于海青、庞晓明译,社会科学文献出版社2013年版,第884页。
② 〔英〕唐纳德·萨松:《欧洲社会主义百年史:20世纪的西欧左翼》(上),姜辉、于海青、庞晓明译,社会科学文献出版社2013年版,第281页。

现社会主义过程中的必要性，也就否定了马克思主义消灭私有制的科学性。

  综上，克罗斯兰认为资本主义已经克服了固有矛盾，生产力提高，工人阶级生活水平和地位提高，不存在马克思所预言的阶级关系紧张和阶级矛盾尖锐，但实际上这些变化仅仅是资本主义制度框架内的变化，并不意味着资本主义生产关系、阶级关系的本质变化。他认为所有制不是决定社会性质的关键因素，将公有制或国有化视为实现社会主义的手段之一，以平等这一价值作为社会主义的目标，否定消灭生产资料私有制，认为只要社会主义的因素不断增长，就会逐步实现社会主义，是与马克思主义背道而驰的，是非科学的。

附录 1

克罗斯兰年表

1918 年 8 月 29 日	出生于赛苏克斯郡
1929—1937 年	就读于海格特中学
1937—1940 年	就读于牛津大学三一学院
1940—1945 年	参军
1946 年	回到牛津大学
1947—1950 年	担任三一学院的研究员和经济学讲师
1950—1955 年	任南格洛斯特郡下议院议员
1956—1958 年	任合作运动调查委员会主席
1959—1977 年	任格里姆斯比下议院议员
1964—1965 年	任内阁经济事务部大臣
1965—1967 年	任内阁教育科技部大臣
1967—1969 年	任内阁商务大臣
1969—1970 年	任内阁地方政府和区域规划大臣
1970—1974 年	任影子内阁环境事务大臣
1971 年	竞争工党副领袖，失败
1974—1976 年	任影子内阁环境事务大臣
1975 年	竞争工党领袖，失败
1976—1977 年	任内阁外交及联邦事务部大臣
1977 年 2 月 19 日	因中风病逝于牛津大学

附录 2

克罗斯兰的著作

书籍

The Transition from Capitalism, in New Fabian Essays, 1952

Britain's Economic Problem, Jonathan Cape, 1953

The Future of Socialism, Jonathan Cape Ltd., 1956

The Conservative Enemy, Jonathan Cape, 1962

Socialism Now and Other Essays, Jonathan Cape, 1974

The Politics of Education, with Maurice Kogan and Edward Boyle

费边社小册子

Can Labour Win? 1960

A Social – Democratic Britain, 1971

Towards a Labour Housing Policy, 1971

Social Democracy in Europe, 1975

参考文献

中文著作类

《伯恩施坦言论》，中共中央马克思、恩格斯、列宁、斯大林著作编译局资料室编，生活·读书·新知三联书店1973年版。

《当代西欧社会党人物传》，殷叙彝编，黑龙江人民出版社1988年版。

高放、黄达强主编：《社会主义思想史》（上、下册），中国人民大学出版社1986年版。

高放主编：《当代世界社会主义新论》，云南人民出版社2002年版。

胡瑾主编：《民主社会主义的由来与实质》，陕西人民出版社1994年版。

金重远等：《战后西欧社会党》，上海人民出版社1997年版。

李华峰、李媛媛：《英国工党执政史论纲》，中国社会科学出版社2014年版。

李华峰：《英国工党政坛沉浮与主导思想的关系研究》，中国社会科学出版社2013年版。

刘成：《英国工党与公有制》，江苏人民出版社2003年版。

刘成：《英国现代转型与工党重铸》，生活·读书·新知三联书店2013年版。

刘建飞等：《英国议会》，华夏出版社2002年版。

刘玉安、蒋锐等：《从民主社会主义到社会民主主义——当代欧洲社会民主党的理论与实践》，人民出版社2010年版。

罗志如、厉以宁：《20世纪的英国经济——"英国病"研究》，人民出版社1982年版。

马丁·鲍威尔主编：《新工党，新福利国家？英国社会政策中的"第三条道路"》，林德山等译，重庆出版社2010年版。

《马克思恩格斯选集》第1卷，人民出版社2012年版。

倪学德：《和平的社会革命——战后初期英国工党艾德礼政府的"民主社会主义"改革》，中国社会科学出版社2005年版。

王璐：《英国教育督导与评价：制度、理念与发展》，高等教育出版社2010年版。

谢峰：《政治演变与制度变迁：英国政党与政党制度研究》，北京大学出版社2013年版。

杨冬雪、薛晓源：《第三条道路与新的理论》，社会科学文献出版社2000年版。

易红郡：《战后英国高等教育政策研究》，湖南师范大学出版社2012年版，

殷绪彝编：《当代西欧社会党人物传》，黑龙江人民出版社1998年版。

张世鹏：《德国社会民主党纲领汇编》，北京大学出版社2005年版。

张世鹏：《西欧社会民主主义政党指导思想的历史演变》，山东人民出版社2014年版。

张志洲：《英国工党社会主义意识形态变迁研究》，社会科学文献出版社2011年版。

赵明义、蒋锐、臧秀玲等：《中国特色社会主义与相关"主义"比较研究》，人民出版社2017年版。

中文译著类

［德］爱德华·伯恩施坦：《社会主义的前提和社会民主党的人物》，殷叙彝译，生活·读书·新知三联书店1973年版。

［德］爱德华·伯恩施坦：《什么是社会主义？》，生活·读书·新知三联书店1963年版。

［德］弗里德里希·艾伯特基金会编：《社会民主主义的未来》，夏庆宇译，重庆出版社2014年版。

［德］马克斯·比尔：《英国社会主义史》（下卷），何新舜译，商务印

书馆 1959 年版。

[德] 托马斯·迈尔：《社会民主主义的转型》，殷叙彝译，北京大学出版社 2001 年版。

[美] 劳伦斯·迈耶、约翰·伯内特、苏珊·奥格登：《比较政治学：变化世界中的国家和理论》，罗飞等译，华夏出版社 2001 年版。

[英] 阿伦·斯克德等：《战后英国政治史》，王子珍等译，世界知识出版社 1985 年版。

[英] 阿萨·勃里格斯：《英国社会史》，陈叔平、陈小惠、刘幼勤、周俊文译，商务出版社 2015 年版。

[英] 艾德礼：《工党的展望》，吴德芬、赵明岐译，商务印书馆 1961 年版。

[英] 安东尼·吉登斯：《第三条道路：社会民主主义的复兴》，郑戈译，北京大学出版社、生活·读书·新知三联书店 2000 年版。

[英] 安东尼·克罗斯兰：《社会主义的未来》，轩传树等译，上海人民出版社 2011 年版。

[英] 盖茨克尔：《社会主义与国有化》，李奈西译，商务印书馆 1962 年版。

[英] 亨利·佩林：《英国工党简史》，江南造船厂业余学校英语翻译小组译，上海人民出版社 1977 年版。

[英] 金斯利·马丁：《拉斯基评传》，奚博铨译，商务印书馆 1995 年版。

[英] 肯尼迪·摩根主编：《牛津英国通史》，王觉非译，商务印书馆 1990 年版。

[英] 唐纳德·萨松：《欧洲社会主义百年史：20 世纪的西欧左翼》（上、下册），姜辉、于海青、庞晓明译，社会科学文献出版社 2013 年版。

[英] 威廉·佩德森、阿拉斯泰尔·托马斯编：《西欧社会民主党》，林幼琪等译，上海译文出版社 1982 年版。

[英] 约翰·梅纳德·凯恩斯：《就业、利息和货币通论》，高鸿业译，商务印书馆 1999 年版。

[英] 约翰·斯特拉彻：《现代资本主义》，姚会广、寿进文、徐宗士译，上海人民出版社 1960 年版。

中文期刊类

蔡鑫：《英国政党政治 30 年综述：意识形态、选举绩效与组织化》，《比较政治学前沿》2017 年第 4 辑。

陈挺：《斯图亚特·霍尔的阶级抵抗政治及其与克罗斯兰的潜在对话》，《马克思主义与现实》2016 年第 3 期。

陈挺：《英国二战后马克思阶级理论本土化的路径选择及其启示——兼评安东尼·克罗斯兰和斯图亚特·霍尔的阶级观》，《苏州科技大学学报》（社会科学版）2018 年第 1 期。

陈祥勤：20 世纪西欧社会主义运动的三次修正主义浪潮——兼论马克思主义的历史命运和对左翼政治的启示，《社会科学》2012 年第 9 期。

高莉娟、王斌：《安东尼·克罗斯兰的社会主义观——〈社会主义的未来〉求解》，《知与行》2017 年第 2 期。

蒋锐：《对当代社会民主主义的几点认识》，《当代世界社会主义问题》2008 年第 4 期。

来庆立：《革新将从"新工党"和"蓝色工党"的结合开始———英国工党对未来的政治理念和实践走向展开讨论》，《当代世界与社会主义》2012 年第 5 期。

劳伦斯·布莱克：《2000 年以来的工党及其历史研究》，刘宇译，《英国研究》第 8 辑。

李华锋：《劳工主义而非社会主义：英国工党早期主导思想探析》，《当代世界与社会主义》2019 年第 1 期。

林德山：《英国工党的社会政策解读——观念变化与政变迁》，《欧洲研究》2009 年第 2 期。

刘成：《英国工党主流意识形态形成和变化的原因》，《欧洲》（现更名为《欧洲研究》）2002 年第 2 期。

刘玉安，武彬：《第三条道路：社会民主主义还是社会自由主义？》，

《当代世界社会主义问题》2010 年第 3 期。

沈丹：《选民基础与欧洲社会民主党的选举危机》，《科学社会主义》2019 年第 3 期。

唐凯：《20 世纪五十年代工党内部的左、右翼斗争》，《宜宾学院学报》2010 年第 3 期。

吴韵曦：《英国工党左翼新动向探析》，《当代世界与社会主义》2018 年第 1 期。

向文华：《社会党国际的内部分裂及其原因与评价》，《当代世界与社会主义》2017 年第 1 期。

谢宗范：《凯恩斯、熊彼特、克罗斯兰的民主社会主义思想剖析》，《上海社会科学院学术季刊》1990 年第 4 期。

轩传树：《对社会主义价值目标的一种追问——A.克罗斯兰的理论逻辑与精神遗产》，《当代世界与社会主义》2012 年第 2 期。

阎照祥：《略论 20 世纪中后期英国工党修正主义》，《史学月刊》2019 年第 1 期。

杨光斌：《安东尼·克罗斯兰和他的〈社会主义的未来〉》，《国际共运史研究》1988 年第 3 期。

杨光斌：《论战后英国工党的修正主义理论》，《国际共运史研究》（现已更名为《当代世界与社会主义》）1989 年第 5 期。

杨光斌：《论战后英国工党关于英国社会性质的讨论》，《欧洲研究》1989 年第 4 期。

［英］戴维斯：《资本主义新变化与新左派"丰裕社会"之争——论英国新左派在社会主义论战中的思想贡献》，《南京大学学报》2014 年第 1 期。

郑海洋：《英国工党内部左右翼斗争内涵探析》，《中共党史研究》2018 年第 5 期。

周穗明：《20 世纪西方三大左翼关于社会结构演变的理论沿革》，《当代世界社会主义问题》2008 年第 1 期。

学位论文

崔士鑫：《政策的风向标：英国政党竞选宣言研究（1900—2005）》，博士学位论文，中国社会科学院研究生院，2010 年。

罗星：《从替代到超越——战后英国工党社会主义观的演变》，硕士学位论文，中共中央党校，2016 年。

彭远：《克罗斯兰所有制思想研究》，博士学位论文，南京航空航天大学，2017 年。

仝雯：《米利班德领导下的英国工党变革研究》，硕士学位论文，聊城大学，2014 年。

谢忠文：《克罗斯兰与英国工党意识形态转型》，硕士学位论文，上海社会科学院，2008 年。

外文著作类

A. Harrop, *Crosland and One Nation*, The Fabian Review, London: Fabian Society, 2015.

Alastair Reid and Henry Pelling, *A Short History of the Labour Party*, Palgrave Macmillan, 2005.

Andrew Gamble, *Between Europe and America: The Future of British Politics*, Palgrave Macmillan, 2003.

Andrew Gamble, *Crisis Without End? The Unravelling of Western Prosperity*, Palgrave Macmillan, 2014.

Anthony Seldon (ed.), *Blair's Britain*, Cambridge University Press, 2007.

Benjamin Barber, *Strong Democracy: Participatory Politics for a New Age*, University of California Press, 1995.

Bernard Donoughue, *Downing Street Diary*, Politicos, 2006.

Bernard Donoughue, *Pime Minister: The Conduct of Policy Under Harold Wilson and James Callaghan*, Jonathan Cape, 1987.

Brian Harrison, *Seeking a Role: The United Kingdom 1951-70*, Oxford University Press, 2009.

Bryan Brivati and T. Bale (eds.), *New Labour in Power*, Routledge, 1997.

Cornelia Navari, *British Politics and the Spirit of the Age*, Keenle University Press, 1996.

David Marquand and Anthony Seldon, *The Ideas That Shaped Post – war Britain*, Fontana Press, 1996.

David Miller, *Citizenship and National Identity*, Policy Press, 2000.

David Reisman, *Anthony Crosland: The Mixed Economy*, Macmillan Press Ltd., 1997.

David Reisman, *Crosland's Future: Opportunity and Outcome*, Macmillan Press Ltd., 1997.

Dick Leonard (ed.), *Crosland and New Labour*, Macmillan Press Ltd., 1999.

Douglas Jay, *The Socialist Case*, Faber and Faber, 1937.

E. F. Durbin, *The Politics of Democratic Socialism*, George Routledge & Sons LTD, 1940.

Eric Shaw, *The Labour Party Since 1945*, Blackwell, 1996.

Geoff Dench (ed.), *The Rise and Rise of Meritocracy*, Blackwell Publishing, 2006.

Geoffrey Foote, *The Labour Party's Political thought: A History*, Croom Helm Ltd., 1985.

Gosta Esping – Anderson, *Politics Versus Market*, Polity, 1999.

Harold Wilson, *The Labour Government 1964 – 1970: A Personal Record*, Weidenfeld and Nicolson, 1971.

Henry Pelling, *America and the British Left: From Bright to Bevan*, Adam and Charles Black, 1956.

Herbert Kitschelt, *The Transformation of European Social Democracy*, Cambridge University Press, 1994.

HughDalton, *Practical Socialism for Britain*, George Routledge & Sons, Ltd., 1936.

Hugh Pemberton, *Strange Days Indeed: British Politics in the 1970s*, Contemporary British History.

Ian Geary and Adrian Pabst (eds.), *Blue Labour: Forging a New Politics*, IB Tauris, 2010.

Jim Tomlinson, *The Labour Government 1964 – 1970. Volume 3. Economic Policy*, Manchester University Press, 2003.

John Vaizey, *In Breach of Promise: Gaitskell, Macleod, Titmuss, Crosland, Boyle: Five Men Who Shaped A Generation*, The Pitman Press, 1983.

Kayte Lawton., *The Condition of Britain: Strategies for Social Renewal*, Institute for Public Policy Research, 2014.

Kenneth Mogan, *Ages of Reform: Dawns and Downfalls of the British Left*, IB Tauris, 2010.

Kenneth Morgan, *Labour People: Leaders and Lieutenants: Hardie to Kinnock*, Oxford University Press, 1987.

Kenneth O. Morgan, The People's Peace: British History 1945 – 1989, Oxford University Press, 1990.

Kevin Jefferys, *Anthony Crosland: A New Biography*, Politico's Publishing, 2000.

Lucien Laurat, *Marxism and Democracy*, Gollancz, 1940.

Mark Wickham – Jones, *Economic Strategy and the Labour Party: politics and Policy – mak*ing, 1970 – 1983, St. Martin's Press, Inc., 1996.

Matt Beech and Kevin Hickson, *Labour's Thinkers: The Intellectual Roots of Labour from Tawney to Gordon Brown*, Tauris Academic Studies, 2007.

Matt Beech, *The Political Philosophy of New Labour*, IB Tauris, 2006.

Michael Kenny, *The Politics of English Nationhood*, Oxford University Press, 2014.

Patrick Diamond, *The Crosland Legacy: The Future of British Social Democracy*, Policy Press, 2016.

Paul Addison, *No Turning Back: The Peacetime Revolutions of Post – War*

Britain, Oxford University Press, 2010.

Peter Clarke, *A Question of Leadership: From Gladstone to Thatcher*, Penguin, 1991.

Peter Dorey, *British Politics Since* 1945, Oxford: Blackwell, 1995.

Peter Hain, *Back to the Future of Socialism*, Policy Press, 2015.

Peter Hennessy, *Having it So Good: Britain in the Fifties*, Penguin, 2007.

PeterMandelson, The Blair Revolution Revisited, Politico's, 1996.

Ralph Miliband and John Saville (eds.), *The Socialist Register* 1983, Merlin Press, 1983.

Raymond Plant, Matt Beech and Kevin Hickson (eds.), *The Struggle for Labour's Soul*, London: Routledge, 2004.

Richard Crossman, *The Diaries of a Cabinet Minister*, Volume 1, Mandarin, 1991.

Richard Heffernan, *New Labour and Thacherism: Political Change in Britain*, Palgrave Macmillan, 1999.

Rita Desai, *Intellectual and Socialism*, Lawrence and Wishart, 1991.

Robert Philpot (ed.), *The Purple Book: A Progressive Future for Labour*, Biteback, 2011.

Roger Wicks, *British Politics and the Spirit of the Age*, Keel University Press, 1996.

Roy Hattersley, *Choose Freedom*, Michael Joseph, 1987.

Samuel Beer, *British Politics in the Collectivist Age*, Knopf, 1965.

S. Berman, *The Primacy of Politics: Social Democracy and the Making of Europe's Twentieth Century*, Cambridge University Press, 2006.

Stephen Haseler, *The Gaitskellites: Revisionism in the British Labour Party*, 1951–64, Macmillan, 1969.

Susan Crosland, *Tony Crosland*, Jonathan Cape, 1982.

Tawney, *Equality*, George Allen and Unwin Ltd., 1931.

The Labour Party: A Centenary History, edited by Brian Brivati & Richard Heffernan, Macmillan Press LTD, 2000

Tudor Jones, *Remaking the Labour Party: From Gaitskell to Blair*, Routledge, 1996.

外文期刊类

Anthony Arblaster, "Anthony Crosland: Labour's Last 'Revisionist'?", *Political Quarterly*, Vol. 48, No. 4, 1977.

A. Schlesinger, Jr., "Crosland's Socialism: A Review of The Conservative Enemy", *The New York Review of Books*, 1 June 1963.

Bryan Magee, "Tony Crosland as I Knew Him", *The Political Quarterly*, Vol. 81, No. 2, April – June 2010.

Catherine Eliis, "'The New Messiah of My Life': Anthony Crosland's Reading of Lucien Laurat's Marxism and Democracy (1940)", *Journal of Political Ideologies*, Vol. 17, No. 2.

Chris Harman, "From Bernstein to Blair: One Hundred Years of Revisionism", *International Socialism*, Vol. 2, No. 67, 1995.

David Howell, "The Best and the Worst of Times: Rise of New Labour", *Economic and Political Weekly*, Vol. 32, No. 28, 1997.

David. Marquand, "Crosland Was Wrong", *The Political Quarterly*, Vol. 78, No. 4, 2007.

David Reisman, "Anthony Crosland on Equality and State", *Journal of Income Distribution*, Vol. 7, No. 2, 1997.

Dick Lipsey, "The Meritocracy Myth—What Ever Happened to the Old Dream of A Classless Society?", *New Statesman*, 26 February 2015.

D. Runciman, "Socialism in One Country", *London Review of Books*, Vol. 33, No. 15, 2011.

Geoff Horn, *Crosland's Socialism: A History of the British Labour Party's Revisionist Tradition*, 1951 – 1981.

Gerhard Loewenberg, "The Transformation of British Labour Party Policy Since 1945", *The Journal of Politics*, Vol. 21, No. 2, 1959.

G. Radice, "In Praise of Revisionism: The Social Democratic Challenge Today", *Lecture at Policy Network*, 14 May 2007.

Hamza Alavi, "British Socialism: Long Dead, Now Buried", *Economic and Political Weekly*, Vol. 32, No. 30, 1997.

Helen Thompson, "Post – Crisis, Post – Devolution Politics and the Mansion Tax", *Political Quarterly*, Volume 86, No. 1, 2015.

Hugh Pemberton, "Relative Decline and British Economic Policy in the 1960s", *The Historical Journal*, Vol. 47, No. 4, 2004.

Hugh Pemberton, "Strange Days Indeed: British Politics in the 1970s", *Contemporary British History*, Vol. 23, No. 4, 2009.

Jane Franklin, "What's Wrong with New Labour Politics?", *Feminist Review*, No. 66, Political Currents, 2000.

Jeremy Nuttall, "Labour Revisionism and Qualities of Mind and Character, 1931 – 79", *The English Historical Review*, Vol. 120, No. 478, 2005.

Jeremy Nuttall, *Psychological Socialism: The Labour Party and Qualities of Mind and Character, 1931 to the Present*.

Jeremy Nuttall, "The Labour Party and the Improvement of Minds: The Case of Tony Crosland", *The Historical Journal*, Vol. 46, No. 1, 2003.

Jeremy Nuttall, "Tony Crosland and the Many Falls and Rises of British Social Democracy", *Contemporary British History*, Vol. 18, No. 4, 2004.

John Mackintosh, "Has Social Democracy Failed in Britain?", *The Political Quarterly*, No. 3, 1978.

Josephine Fishel Milburn, "The Fabian Society and the British Labour Party", *The Western Political Quarterly*, Vol. 11, No. 2, 1958.

Kevin Hickson, "Reply to Stephen Meredith, 'Mr Crosland's Nightmare? New Labour and Equality in Historical Perspective'", *Political Studies Association*, Vol. 9, 2007.

Kevin Jeffreys, "Tony Crosland, The Future of Socialism and New Labour", *Historical Review*, March 2006.

Labour Party, "Meet the Challenge, Make the Change: A New Agenda for Britain", London: The Labour Party, 1989.

Let us Work Together – Labour's Way out of the Crisis, The Labour Party Manifesto, The Labour Party, 1974.

Lowell Harrison and Fred Crossland, "The British Labour Party in the General Elections, 1906 – 1945", *The Journal of Politics*, Vol. 12, No. 2, 1950.

Mark Wickham – Jones, "The Future of Socialism and New Labour: An Appraisal", *The Political Quarterly*, No. 2, 2007.

Martin Francis, "Mr. Gaitskell's Ganymede: Reassessing Crosland's The Future of Socialism", *Contemporary British History*, Vol. 11, No. 2, 1997.

Martin Smith, "Understanding the 'Politics of Catch up': the Modernization of the Labour Party", *Political Studies*, XLII, 1994

Matt Beech and Kevin Hickson, "Blue or Purple? Reflections on the Future of the Labour Party", *Political Studies Review*, Volume 12, 2014.

Maurice Kogan, "Anthony Crosland: Intellectual and Politician", *Oxford Review of Education*, Vol. 32, No. 1, 2006.

Mike Finn, "The Politics of Education Revisited: Anthony Crosland and Michael Gove in Historical Perspective", *London Review of Education*, Vol. 13, No. 2, 2015.

M. Mullard and R. Swaray, "New Labour Legacy: Comparing the Labour Governments of Blair and Brown to Labour Governments Since 1945", Vol. 81, No. 4, Political Quarterly, 2010.

Olle Tornquist, "Is Social Democracy Being Undermined?", *Economic and Political Weekly*, Vol. XLVI, No. 15, 2011.

Paul Homan, "Socialist Thought in Great Britain", *The American Economic Review*, Vol. 47, No. 3.

R. C. Whiting, "Ideology and Reform in Labour's Tax Strategy", 1964 – 1970, *The Historical Journal*, Vol. 41, No. 4, 1998.

Ross McKibbin, "Why Was There No Marxism in Great Britain?", *The English Historical Review*, Vol. 99, No. 391, 1984.

Stephen Brooke, "Atlantic Crossing? American Views of Capitalism and

British Socialist Thought 1932 – 1962", *Twentieth Century British History*, Vol. 2, No. 2, 1991.

Stephen Brooke, "Revisionists and Fundamentalists: The Labour Party and Economic Policy during the Second World War", *The Historical Journal*, Vol. 32, No. 1, 1989.

Stephen Merdith, "Mr. Croslands Nightmare? New Labour and Equality in Historical Perspective", *Political Studies Association*, Vol. 8, 2006.

Tony Wright, "Wither Labour: Seeking Reinvention and a Realistic Radicalism", *Juncture*, *Institute of Public Policy Research*, 2015.

网站类

https://www.marxists.org/archive/harman/1995/xx/revision.htm.

http://www.Guardian.Co.uk/politics/blog/2009/apr/24/blue – labour – conservative – socialism, April 6, 2009.

http://www.ihuawen.com/hw/article/18596.html.

http://www.marxists.org/archive/harman/1995/xx/revision.htm.

http://www.newstateman.com/uk – politics/2011/04/english – england, April 7, 2011.

http://www.scottishfabians.org.uk/back – to – the – future – of – socialism/.

www.theguardian.com/business/economic – blog/2014/apr/24/uk – economy – seven – things – need – to – know – ons – g7.

后　　记

　　本书是在我博士学位论文基础上修改完成的，主要研究克罗斯兰社会主义思想及影响。克罗斯兰是英国工党著名的政治家、思想家，是英国民主社会主义的标志性人物。其关于资本主义新变化的"后资本主义"论和关于福利与平等的新社会主义观使他成为西欧民主社会主义思想的主要来源之一，在欧洲民主社会主义发展史上具有阶段性意义，其所处的时空方位和思想理论在工党政治思想史上承上启下的地位也使得他在工党的战后转型过程中堪称中坚。然而，国内关于这样一位在工党历史上，特别是工党政治思想发展史上重要人物的研究却很少。加上我本人对社会主义思想史、社会政治思潮等感兴趣，在导师的指导和建议之下，最终选择克罗斯兰作为研究课题。研究过程掺杂着欢喜与痛苦。研究克罗斯兰，就像是跨越时空结交了一个朋友。你了解他的成长环境，熟悉他的求学经历，为他的学术成就高兴，也为他的从政生涯唏嘘。在写作过程中有获得新资料、新想法的喜悦，有无从下笔的窘迫，更有拙作完成后的忐忑。不管怎样，书稿的完成算是对自己过去几年研究的一个交代。

　　本书的顺利完成要感谢我的导师蒋锐教授以及山东大学当代社会主义研究所的各位老师。回想求学时光，心怀感恩，唯有继续努力，不负师恩。

　　此外，本书的出版得到了中国社会科学出版社的大力支持，特别要感谢田文老师为本书的出版付出的辛勤劳动。由于时间仓促，水平有限，书中难免有不当之处，敬请广大读者和有关专家批评指正。

钟丽丽
2023 年 6 月